A piedade dos outros

RENATO FRANCO

A piedade dos outros

O abandono de recém-nascidos em uma vila colonial, século XVIII

Copyright © 2014 Renato Franco

Direitos desta edição reservados à
Editora FGV
Rua Jornalista Orlando Dantas, 37
22231-010 | Rio de Janeiro, RJ | Brasil
Tels.: 0800-021-7777 | 21-3799-4427
Fax: 21-3799-4430
editora@fgv.br | pedidoseditora@fgv.br
www.fgv.br/editora

Impresso no Brasil | *Printed in Brazil*

Todos os direitos reservados. A reprodução não autorizada desta publicação, no todo ou em parte, constitui violação do copyright (Lei nº 9.610/98).

Os conceitos emitidos neste livro são de inteira responsabilidade do(s) autor(es).

Este livro foi editado segundo as normas do Acordo Ortográfico da Língua Portuguesa, aprovado pelo Decreto Legislativo no 54, de 18 de abril de 1995, e promulgado pelo Decreto nº 6.583, de 29 de setembro de 2008.

1ª edição – 2014

Revisão dos originais: Fernanda Villa Nova de Mello
Revisão: Cecília Moreira e Fatima Caroni
Projeto gráfico de miolo e capa: Ilustrarte Design e Produção Editorial
Imagem da capa: Jean Baptiste Debret. *Negra quitandeira* (detalhe).
Aquarela, c.1817-1829 (Museu Castro Maya, Rio de Janeiro)

Ficha catalográfica elaborada pela Biblioteca Mario Henrique Simonsen/FGV

Franco, Renato, 1948-
   A piedade dos outros: o abandono de recém-nascidos em uma vila colonial, século XVIII / Renato Franco. – Rio de Janeiro : Editora FGV, 2014.
   256 p.

   Originalmente apresentada como dissertação do autor (mestrado – Universidade Federal Fluminense, 2006) com o título: Desassistidas em Minas: a exposição de crianças em Vila Rica, século XVIII.
   Inclui bibliografia.
   ISBN: 978-85-225-1320-8

   1. Menores abandonados – Ouro Preto (MG) – Séc. XVIII. I. Fundação Getulio Vargas. II. Título.

CDD – 362.73098151

*Para meus pais, Fernando (*in memoriam*) e Maria Carmen;
para Adalgisa.*

Há um cego que prefere sair à noite, entre a uma e as quatro da madrugada, com um amigo também cego. Porque está seguro de não encontrar ninguém nas ruas. Se vão de encontro a um candeeiro da iluminação pública podem rir-se à vontade. E riem. Durante o dia há a piedade dos outros que os impede de rir.

Albert Camus, *Carnets I*

SUMÁRIO

Abreviaturas.. 11
Apresentação — Luciano Figueiredo..................... 13
Introdução... 23

CAPÍTULO 1 — Infância, ocupação, assistência 37
   Os significados da infância 37
   As minas e a vila 43
   Assistência em Minas Gerais 49
   Os usos do abandono 62

CAPÍTULO 2 — As crianças em cena 75
   O batismo e seus desdobramentos 75
   Taxas de abandono 83
   As portas dos enjeitados 86
   Laços espirituais: o compadrio 94

CAPÍTULO 3 — A dinâmica do enjeitamento 101
   O segredo como estruturante do abandono 101
   A circulação de crianças 110
   A Câmara e a implantação do auxílio aos expostos 121
   Embates judiciais e a sistematização do atendimento 129
   A piedade em xeque: interdições aos negros e mulatos 135

CAPÍTULO 4 — O peso dos enjeitados................ 149
    O endividamento da Câmara e as tentativas de contenção . 149
    Nascimentos versus entradas na Câmara............. 166
    As folhas de pagamento........................... 168
    A "multidão" de enjeitados........................176
    Desordens administrativas........................184

CAPÍTULO 5 — Os destinos dos enjeitados.............191
    Destinos para os enjeitados: a roda...................191
    A mortalidade infantil............................ 198
    O reencontro com os pais.......................... 209
    A legislação e as novas utilidades dos enjeitados......... 213
    Futuros incertos.................................219

Conclusão... 229
Bibliografia geral e fontes............................235

ABREVIATURAS

AEPNSPOP	Arquivo Eclesiástico da Paróquia de Nossa Senhora do Pilar de Ouro Preto
AN	Arquivo Nacional
BN	Biblioteca Nacional
AHCMM	Arquivo Histórico da Câmara Municipal de Mariana
APM	Arquivo Público Mineiro
CC	Casa dos Contos
CMOP	Câmara Municipal de Ouro Preto
PP	Presidência da Província
SC	Seção Colonial
SP	Seção Provincial
Av.	Avulsos
Cód.	Códice
Cx.	Caixa
Doc.	Documento
Id.	Identificação
Plan.	Planilha
RAPM	Revista do Arquivo Público Mineiro

APRESENTAÇÃO

Como era perverso o meu francês

Luciano Figueiredo
Universidade Federal Fluminense, UFF

O *jantar no Brasil*, gravura publicada por Jean-Baptiste Debret no início do século XIX, é possivelmente a primeira imagem que nos vem à mente quando se trata de evocar o tema da infância na época colonial. O título pode não dizer muita coisa a princípio, mas a cena produzida pelo artista francês decerto está gravada na cabeça de qualquer um que a tenha visto um dia. O casal muito bem vestido que aparece sentado em uma mesa farta cercado de escravos por todos os lados ilustra nove entre dez livros didáticos de história do Brasil. Não raro aparece decorando ambientes que apostam em um estilo mais retrô.

A prancha, publicada na magnífica *Viagem pitoresca e histórica ao Brasil* (1834), ganhou o mundo e não deve ser exagero dizer que é uma das imagens mais populares sobre o país feitas pelo artista, talvez perdendo apenas para outra que retrata um escravo sendo barbaramente açoitado em plena rua no Rio de Janeiro.

O que impressiona na composição que pretende descrever para os europeus a refeição de uma família socialmente bem posicionada no exótico Brasil é um detalhe carregado de certa perversidade. É uma perversidade velada e sutil e, por isso mesmo, encantadora. No centro da sala, o casal divide um momento de intimidade ao jantar, marido e esposa, sentados nos extremos de uma mesa em que há pedaços enormes de carne, um frango assado, laranjas, cálices de vinho e copos de água pura. Tudo servido em uma toalha impecável sob uma discreta elegância. Ao redor deles estão seus escravos domésticos em pé, servindo e esperando para servir: um deles vigia a mesa compenetrado sobre os ombros do senhor, outra aguarda à porta e uma jovem espanta insetos indesejáveis. Estão todos muito sérios.

Jean-Baptiste Debret. Jantar no Brasil. In: *Viagem Pitoresca e Histórica ao Brasil*, século XIX. Família à mesa. Mulher e homem comendo. Crianças negras brincando. Escravos em pé ao lado da mesa. Litografia colorida. Coleção Fundação Biblioteca Nacional.

Apresentação

A cena é irretocável no uso das cores, na simetria da composição, nos elementos da cultura material e nas entrelinhas, como quase tudo que saiu do traço fixado nas pranchas e aquarelas de Debret, exímio desenhista. Sob uma leitura crítica dessa representação, os contrastes oferecidos pelo artista são reveladores. A fartura da comida à mesa e o luxo do serviço de porcelana, das roupas, das joias afrontam a nudez e a privação das crianças, servis e domesticadas nessa tenra idade. A alvura da toalha de mesa imaculada diante do negro dos pequenos escravos sugere um jogo de cores que esconde uma lição da pureza racial e social: ali, entre senhores e escravos, não houve qualquer mistura. A família aristocrática que, no Rio de Janeiro do século XIX, ao redor da Corte, emergia das profundezas dos tempos coloniais, espelha um ideal de hierarquia e distância sociais caro à civilização.

Percorrendo ainda a imagem vislumbram-se três faixas horizontais. Na superior cabem os pajens servindo em pé, atentos, transpirando tensão e desconforto com os braços cruzados de dois deles. A faixa intermediária é ocupada pelo jovem casal dedicado ao repasto cotidiano. O homem, que parece faminto, sacia seu apetite atracado à comida, espalhando cascas de laranjas devoradas. A mulher está entregue a um jogo divertido, esboçando um leve sorriso.

No plano inferior aparecem os personagens que tornaram essa imagem célebre — célebre e chocante — a ponto de fixá-la na memória coletiva. Duas crianças nuas e pequenas, escuras de um negro retinto, estão no assoalho polido e limpo, no centro da cena, diante da mesa com sua toalha muito branca. Na base da cena e da pirâmide social (em um recorte horizontal onde estão os pés dos brancos, os pés da mesa, os pés das cadeiras; mas as crianças, estas sim, de corpo inteiro) os pequenos cuidam em receber e roer os restos de comida que a senhora, sob a indiferença do homem que devora seu prato com apetite, oferece.

15

A criança sentada, com o cenho visivelmente fechado, devora compenetrado o naco de comida que recebeu. A partir desse molecote apoiado no chão com feição de fera, nosso olhar é projetado de volta ao alto da tela, onde estão um pajem observando com seriedade a situação e uma mulher que aguarda para servir na entrada da sala. Ambos reforçam a tensão do olhar com os braços cruzados, ao passo que a jovem cativa espana os ares a fim de garantir o sossego da refeição senhorial. A presença dos negros ladinos no serviço é ali desconfortável: servem porque devem, conforme a cartilha da escravidão.

Toda essa severidade, que atravessa o ar pronto a explodir, é aliviada por um gesto. A pequena menina negra decorada com joias luxuosas, colar, pulseirinha e anel recebe um pedaço de comida pendurado no garfo estendido pelas mãos da jovem senhora. Era costume no Rio de Janeiro, conta o pintor no texto explicativo que acompanhava a prancha, "durante o *tête-à-tête* de um jantar conjugal", que o marido ficasse concentrado com seus problemas de negócios enquanto a mulher, diz, "se distraía com os negrinhos, que substituem os doguezinhos, hoje completamente desaparecidos da Europa". Essa diversão privada da senhora branca que, apoiada no cotovelo usando seu próprio garfo, oferece um pedaço da comida de seu prato a um dos negrinhos, consegue ser uma chave que destrava toda a cena de uma paisagem familiar enrijecida e tensa, uma vez que sinaliza um gesto de generosidade e conciliação.

Há três séculos de história contados ali, no movimento em arco descendo do olhar grave do escravo de braços cruzados ao lado do senhor à mão da senhora que alimenta o inocente. As crianças simbolizam a saída desejada para a preservação do cativeiro, com senhores piedosos, escravos alimentados no leite da subserviência como receita civilizacional de uma nação, ela também, em sua infância. O acerto de contas com o passado colonial perante o país que o francês visita está todo jogado ali.

Dois universos, duas gerações, duas condições em situação extrema, às quais o artista oferece a oportunidade de aproximação e diálogo: do ódio velado à harmonia social, desde que a generosidade da camada superior nutrisse os miseráveis, desde que do alto da sua condição racial não se misturassem.

* * *

Piedade dos outros, de Renato Franco, desmascara a prancha de Debret e vira pelo avesso o pitoresco da cena idealizada pelo artista. O historiador cinzelou em sua obra a vida de milhares de crianças e a experiência de governar a infância em uma vila mineira na segunda metade do século XVIII e início do século XIX. Para isso trouxe para o primeiro plano as atitudes dos moradores de Vila Rica e de sua Câmara Municipal diante da exigência imperiosa e ética de possibilitar a sobrevivência de crianças abandonadas nas ruas pelos pais logo que nasciam.

Vila Rica enjeitava seus filhos como poucas cidades do mundo faziam à época, avisa logo Renato. E havia motivos: dificuldades materiais das famílias para criar os rebentos, razões morais quando o filho ou a filha eram frutos de relação proibida ou inadequada, entre outros. Em uma sociedade atravessada pelo peso da piedade católica, marcada pela culpa e pelo medo dos castigos que a eternidade guardava aos pecadores, expulsar os inocentes era a saída para contornar o indesculpável infanticídio. Em outras palavras: parecia melhor entregar às mãos do destino do que matar um filho indesejado. Afinal, "o enjeitamento não deve ser confundido com relaxamento moral das populações, promiscuidade, falta de amor", salienta Renato.

O livro nos reserva outras ambiguidades. Em plena Idade de Ouro, no centro da América portuguesa, no coração da capitania mais rica do Império, a instituição responsável por sustentar os recém-nascidos padecia graves dificuldades financeiras quando se tratava de cuidar da infância. A Câmara Municipal de Vila Rica, assim como outras em Minas, manteve desde 1750 um auxílio para atender as crianças enjeitadas e deveria apoiar com recursos quem se candidatasse a criador. Alegando problemas de caixa, acirram-se nesse quadro disputas e escolhas que revelam muito do caráter discriminatório das elites em uma sociedade marcada pela mestiçagem. Ainda que 20% das crianças que nasciam livres fossem enjeitadas, índice altíssimo em uma região escravista, o malabarismo retórico da elite na Câmara acusava negros e mulatos como responsáveis pelo grande número de abandonados. Em uma fase inicial, chega a proibir que crianças negras e mulatas recebessem os subsídios, exigindo que oficiais e médicos examinassem os recém-nascidos para atestar sua brancura.

Contraditória sob a condição colonial foi a busca de uma harmonia civil e cristã que mobilizava os súditos no âmbito do poder nas vilas e arraiais para solucionar a implosão daquele ideal perfeito de família que se desmanchava em Minas. As uniões estáveis sem a oficialização do matrimônio pela Igreja dominavam as comunidades; as alforrias de escravos e, por consequência, a presença de libertos chegavam a números aterradores, e cresciam sem controle a aceitação popular ao sacramento do batismo e a ilegitimidade.

Na visão da elite branca e proprietária que comandava a Câmara de Vila Rica, negros e mulatos pariam sem controle, prostituíam-se por vontade, abandonavam sua prole e, maior dos absurdos, queriam se beneficiar dos recursos dos cofres municipais. Financiar enjeitados estimularia ainda mais a devassidão moral, a barbárie, a prostituição e a promiscuidade em que viviam os rebentos de cor. Porém, sob uma cadeia silenciosa de solidariedade, os padres passaram a omitir a cor dos pequenos que batizavam e os bilhetes deixados com o abandonado esclareciam que se tratava de um branco. Isso pode ter amenizado o conflito, mas a luta era dura. Logo a Câmara trata de defender que os enjeitados mulatos e negros deviam servir entre os 7 e 15 anos à família que os criassem, ou que ela própria tinha o direito de usá-los em seus serviços. "A mestiçagem", sintetiza o autor, "foi a ferida aberta na administração dos expostos, frutos que deveriam ser da misericórdia alheia. A despeito de negros e mulatos conseguirem acumular pecúlio, apresentar mobilidade econômica, ocupar cargos administrativos de pouca monta, a visão hierárquica solapou qualquer aspiração de isonomia nos órgãos de administração régia."

O livro faz o giro completo que exige um bom trabalho de história. Desvela as estruturas mentais, a religião e as crenças que orientavam as iniciativas institucionais voltadas para o cuidado da infância na época moderna. Segue além ao decantar a singularidade colonial em relação a Portugal mergulhado na piedade barroca, descreve os comportamentos e as expressões práticas no cotidiano de Minas Gerais em diálogo com outras localidades no Brasil, especialmente Salvador, São Paulo e Rio de Janeiro.

Se já surpreende o abandono aparecer como uma atitude corriqueira entre as populações do passado, muito mais extraordinário foi conhecer o fascinante tema da circulação de crianças entre várias casas ao longo da infância. Afinal, sugere o autor, "o enjeitamento pode ser entendido como parte de uma ambiência que favorecia a mobilidade informal de crianças entre os lares". A raiz era a mesma: "a pobreza, a condenação moral aos nascimentos ilegítimos, o tamanho da prole, a morte dos pais, as doenças, a implantação do pecúlio camarário, o discurso caritativo foram fatores que em maior ou menor grau contribuíram para que as crianças circulassem pelas casas da vila".

As engrenagens complexas que moviam o abandono desde o dia em que nascia o inocente aparecem se movendo com muita clareza neste livro, que mastiga fontes nem sempre fáceis de inquirir por serem fragmentadas, lacunares e enganadoras. Das atas de batismo, óbitos, papéis de câmaras, leis do reino e pedidos de pagamento para criadores brotam mães, padres, vereadores, ouvidores, meninos e meninas dividindo seus dramas cotidianos em uma narrativa cuidadosa e sensível. O autor demonstra ser um investigador minucioso, leitor atento e atualizado ao extremo com os debates historiográficos em seu campo de estudo. Renato Franco foi talhado por uma das melhores escolas de pesquisa do país, os acervos mineiros, e acompanhado em suas pesquisas na graduação na UFMG pela professora Adalgisa Arantes Campos. Essa solidez em pesquisa documental e a agudeza interpretativa acabaram por conduzi-lo ao Programa de Pós-Graduação da UFF, onde, sob minha orientação, desenvolveu seu mestrado.

Renato Franco escolheu um título inspirado, indiscutivelmente melhor do que o original da dissertação de mestrado, *Desassistidas em Minas: a exposição de crianças em Vila Rica, século XVIII*, defendida em 2006. A demora para sua publicação trouxe outros benefícios, além de um belo título, pois incorporou sugestões da banca examinadora formada pelos professores Renato Pinto Venâncio (à época na Universidade Federal de Ouro Preto e hoje na UFMG), referência incontornável no tema, e Sheila Siqueira de Castro Faria (UFF), que renovou os estudos sobre a família colonial. Desde então pôde estudar na Universidade de São Paulo com a professora Maria Luíza Marcílio, historiadora que, partindo da demografia histórica, fundou o campo de pesquisa sobre a infância no Brasil, no qual concluiu uma tese de doutorado em 2011.

Apresentação

* * *

A aproximação entre a obra de Renato Franco e a prancha do francês merece ser retomada. Se há indiferença do senhor à mesa em relação às crianças, cercadas por uma compaixão feminina em *Jantar no Brasil*, a camada senhorial em Vila Rica não lhes dava sossego, conforme se mostra em *A piedade dos outros*. Cavalgando a política da Câmara, ainda que tentasse governar a infância excluindo mulatos e negros, ela não foi adiante graças à moral comunitária que pressiona e reivindica. O direito e a justiça régias, acionados pelos grupos populares, embaraçaram os desmandos habituais da elite escravocrata.

A marca da cor esmaece como estratégia para elidir conflitos potenciais com instintos discriminatórios encetados pela Câmara na perseguição às crianças negras e mulatas. Se Debret carrega no contraste entre pretos e brancos que convivem na irretocável sala de jantar fluminense, os habitantes da capital mineira em seus pedidos de apoio para o sustento desconversam sobre as origens étnicas dos inocentes, com a cumplicidade dos espectadores, inclusive clérigos. O contraste racial de *O jantar no Brasil*, com deliberada acentuação da diferença nos traços de cor de negros e brancos, como seres que deveriam estar apartados, já não fazia sentido há muito no Brasil, como mostra a generalizada miscigenação em Minas Gerais que motivou medidas excludentes da Câmara.

Por outro lado, os negros apresentados pelo artista francês, aprisionados ao trabalho e ao núcleo doméstico graças à forte compaixão da família de proprietários que os veste, os alimenta e os aceita presentes em seu cotidiano íntimo, contrastam com as crianças que compõem o mundo recriado pelo historiador neste livro, quando são expulsas da família para a soleira miserável de alguma porta, expressando por vezes a vontade dos pais cativos de alcançarem a alforria que o direito garantia às crianças escravas abandonadas.

Campo de luta conflagrado desde a década de 1740, o hábito de abandonar os filhos para que circulassem entre as famílias exigia da Câmara de Vila Rica recursos para sustentar a alimentação e o vestuário das crianças. O leite e a comida que tomariam à boca dos enjeitados mineiros eram reivindicados como direito, não uma dádiva que chegava por um ato de piedade dos patrões.

Em uma sociedade colonial e escravista, a liberdade e os direitos nunca foram dádivas recebidas, senão conquistas, ainda mais quando se tratava da luta pela infância. As mães que abandonam seus filhos em Minas não são as mesmas que demonstram compaixão na cena que se passa no Rio de Janeiro. Nas Minas, o gesto de amor; na gravura, o de piedade.

O leitor saberá escolher com qual dos dois quer ficar.

INTRODUÇÃO

Em junho de 1755, o padre Ignácio Correa de Sá, da Igreja Matriz de Nossa Senhora do Pilar, em Vila Rica (hoje Ouro Preto), na capitania das Minas Gerais, alterou o assento de batismo e o de casamento de Cipriana de Jesus Batista. Com o testemunho de vários conhecidos, Cipriana havia registrado junto ao pároco que, na verdade, não era filha da mulher tida como sua mãe, a escrava Joana de Videira, preta mina.

Segundo o relato de Cipriana, Joana sempre a tratara diferente das outras "irmãs": teria sido a única a quem Joana havia terminantemente negado ajuda para a compra da alforria. Quando se casara, de acordo com Cipriana, pedira de presente uma escrava, e Joana teria dito em alto e bom som que Cipriana não era sua filha. Na verdade, dizia Joana, era ela quem esperava algum tipo de retribuição da verdadeira mãe de Cipriana pelo muito que tinha gasto em criá-la.

Ao que tudo indica, depois da morte de Joana, Cipriana conseguiu reunir testemunhas que clarificaram seu passado: a preta Joana de Videira, no fim da vida, por orientação de seu confessor, resolvera tornar pública a história de que fora concubina de seu próprio senhor, Amaro Antônio de Videiros. A certa altura ficara grávida e, quando a criança nasceu, viu que parira um menino crioulo. Como queria "conservar a amizade com o dito seu senhor", decidiu afogar o filho e criar em seu lugar uma enjeitada branca, também recém-nascida, que estava em poder da parteira Mônica da Guarda, à espera de uma família disposta a criá-la.

A criança, que se chamaria Cipriana, era "filha de mulher branca e honrada que a enjeitou por não padecer infâmia na sua honra", mas viveu como uma escrava durante muitos anos, sendo constantemente humilhada pela "mãe" e tendo de pagar por sua liberdade. Embora o documento não revele se Cipriana tinha filhos, naquele ano de 1755 seu desejo era claro: desvincular-se da memória de Joana, fazendo questão de que estivesse explícito na sua retificação não "ter parte de mulata ou negro", "ser filha de gente branca", "exposta e enjeitada por seus pais", o que, na verdade, era óbvio, segundo uma das testemunhas, "pelos sintomas de seu corpo, alvura, cabelo e feições com que a natureza a revestiu".[1]

Essa pequena história conta muito do cotidiano de várias localidades da América portuguesa ao longo do século XVIII, pois, apesar dos casos individuais e específicos, havia uma questão de fundo comum a diferentes espaços: recém-nascidos enjeitados eram frequentes nas atas de batismo de diversos arraiais, vilas e cidades. Desde a antiguidade, crianças abandonadas não eram novidade. Durante a época moderna, o fenômeno tampouco era uma especificidade colonial: por toda a Europa, sobretudo a católica, instituições foram fundadas para acolher essas crianças, que eram deixadas nos mais diferentes lugares à mercê da boa vontade dos outros. Nesse contexto, um dos principais diferenciais da América, como mostra o exemplo relatado, era a questão racial, que se tornou uma variável a mais no complexo sistema do abandono.

---

[1] Arquivo Eclesiástico da Paróquia de Nossa Senhora do Pilar do Ouro Preto (AEPNSPOP), Chancelarias (1742-1761), v. 1776, fls. 203v.-205.

Introdução

No mundo português do qual a América fazia parte, cuidar de enjeitados ou expostos era, na verdade, uma obrigação das câmaras locais. Todos os concelhos, desde as Ordenações Manuelinas, do início do século XVI, estavam juridicamente obrigados a custear a criação de enjeitados até completarem os 7 anos de idade. Por todo o império luso, foi se tornando costume, sobretudo nas maiores cidades, que as importantes irmandades da Misericórdia estabelecessem contratos com as câmaras locais, assumindo o ônus de gerenciar amas de leite, famílias criadeiras, médicos, mortalhas e enterro em troca de valores regulares pagos pelas câmaras. Como na América portuguesa a dimensão das santas casas foi, de modo geral, bastante modesta, apenas os dois exemplos mais bem-sucedidos implantaram rodas dos expostos: Salvador, em 1726, e Rio de Janeiro, em 1738. A Casa da Roda do Recife, inaugurada em 1789, ficava sob o controle exclusivo da câmara local.

Embora o abandono fosse frequente, a maior parte das vilas coloniais não teve auxílio regular por parte das respectivas municipalidades. Em alguns casos, como o de Vila Rica, exemplo estudado neste livro, a Câmara passou a subsidiar o custeio dessas crianças, sem se valer do aparato administrativo de uma frágil e pobre Misericórdia local. Sem uma roda dos expostos que centralizasse o acolhimento das crianças em um único lugar, a maior parte delas era abandonada nas soleiras das portas, nas casas, nas ruas, nas igrejas, de preferência em locais de maior visibilidade. Quem as encontrasse e estivesse disposto a criá-las deveria cuidar do seu batismo e, em seguida, entrar com o pedido de ajuda financeira no Senado. Como se verá adiante, isso não significou auxílio imediato e provocou acirradas discussões sobre as funções do auxílio prestado numa sociedade mestiça.

Longe de ser um exemplo de barbarismo, a exposição ou enjeitamento de recém-nascidos era uma prática bastante corriqueira nas sociedades do antigo regime e se estendeu, em alguns casos — com alterações significativas de sentido —, até o século XX. Tratava-se de um fenômeno complexo em termos de significado: era moralmente condenável, mas tinha o apoio surdo das mais diferentes esferas sociais e foi considerado uma alternativa preferível ao infanticídio. Parte da grande popularidade do abandono pode ser atribuída justamente ao fato de o fenômeno não ser específico de algum grupo social; como era uma prática de todos, manteve o apoio tácito de todos. É notório o fato de, no caso citado, Cipriana — pragmaticamente *recusada* pela mãe honrada — ser colocada no lugar do filho "crioulo" — pragmaticamente *morto* pela mãe escrava. Sem sequer saberem da existência uma da outra, ambas as mães, ocupando diferentes lugares na hierarquia social, valeram-se de um recurso disponível a todas as mulheres (e famílias). É interessante ressaltar também que Cipriana decidiu reescrever seu passado somente a partir da morte de Joana, muito embora a relação entre as duas não fosse das melhores. O abandono deveria ter o segredo como elemento imprescindível e, embora muitos dos conhecidos soubessem, ninguém se deu o direito de denunciar a história de uma preta mina que adotara uma criança branca, legando-lhe a condição de escrava.

Outro elemento a destacar é o fato de a honrada mãe de Cipriana ter se desvencilhado da filha, pouco importando que ela tenha se tornado uma escrava. Se soube ou não do destino da criança, o fato é que nas duas hipóteses o futuro da menina não dizia mais respeito à mãe natural. Alguma alma piedosa se encarregaria de batizá-la e, se tivesse sorte, sobreviveria às dificuldades da primeira infância. A atitude da mãe biológica de Cipriana era entendida como menos cruel do que a de Joana, pois havia apenas abandonado a filha, ao passo que a escrava decidira dar cabo da vida do filho. Como se verá ao longo deste livro, a decisão de Joana pode ter sido influenciada por discursos estigmatizantes que perseguiram reiteradamente mestiços e escravos, e que os acusavam de serem os responsáveis exclusivos pelo abandono. Esse tipo de constrangimento pode ter contribuído para que uma atitude extrema fosse tomada por uma escrava, ao passo que a suposta mãe "branca", para quem o abandono era ação perfeitamente justificável, manteve o anonimato e a honra preservados.

Abandonar não era o mesmo que abortar ou matar. A relação entre fenômenos distintos como o abandono, o aborto e o infanticídio legou, muitas vezes, interpretações historiográficas que endossaram a falta de civilidade das sociedades do passado, associando livre e erroneamente o abandono ao infanticídio; ou até mesmo, corroborou uma visão excessivamente dramática do abandono, visto frequentemente como uma imposição inelutável. Certamente, as histórias de enjeitamento não eram propriamente fáceis, mas expor um filho estava ligado antes a um repertório de ações disponível às pessoas que assim o desejassem.

Nesse universo pretensamente piedoso, algumas características eram bem claras: nas sociedades escravistas, o abandono de crianças dizia respeito, sobretudo, aos nascidos livres. As taxas variavam bastante conforme o tempo e a localidade, mas foram frequentes os índices acima dos 10%. Em Vila Rica, no fim do século, cerca de 20% das crianças nascidas livres eram enjeitadas pelos pais. Era um número significativo, sobretudo se considerarmos que a pequena vila não tinha uma população que ultrapassasse os 10 mil habitantes. No entanto, o abandono era tão "natural" naquelas sociedades que, na América portuguesa, pouco — ou nada — rendeu como tema iconográfico, por exemplo. É surpreendente que, mesmo diante de significativos índices de abandono, o fenômeno tenha começado a aparecer na literatura quando o ato foi sendo progressivamente visto como condenável e abandonado pelas elites letradas. Nesse sentido, somente o século XIX reservaria um momento de virada nas atitudes sobre o abandono. Ou seja, apesar de ser uma ação à primeira vista condenável, o abandono permaneceu vigoroso e com percentuais em crescimento em muitas localidades católicas ao longo da época moderna.

Esses diferentes ritmos por que passou o fenômeno começaram a ser mais bem estudados a partir da década de 1960, com a virada metodológica proposta pela terceira geração dos *Annales*. A história demográfica vinha fazendo significativas descobertas sobre o grande percentual de enjeitados em diferentes vilas e cidades modernas, mas o *boom* de estudos sobre o sentido de família e infância ganhou outra dimensão com a publicação do livro seminal de Philippe Ariès, em 1960, *História social da criança e da família*.[2] Embora não tratasse especificamente o assunto dos abandonados, o livro de Ariès chamou a atenção para a radical alteridade dos universos ligados à infância e à família ao longo da época moderna ocidental. Ambos não eram valores estáticos ao longo do tempo, mas, pelo contrário, vinham sofrendo importantes mutações. Seria preciso, como argumentou Ariès, repensar historicamente essas categorias de modo a não incorrer em anacronismos que compreendiam mal a dinâmica das relações familiares do passado (e do presente).

Não cabe aqui discutir as principais teses de Ariès, aprofundadas e reavaliadas à exaustão a partir de então. No que diz respeito à prática do abandono, as referências de Ariès eram bastante superficiais, mas os estudos sobre os chamados enjei-

---

[2] As referências completas de todas as obras citadas nesta Introdução estão na Bibliografia.

tados ganharam em volume e qualidade a partir da descoberta da infância como um tema fundamental para a compreensão da família. Na década em que os valores familiares foram postos em questão pelos movimentos de contracultura, os historiadores se empenharam em oferecer um universo mais dinâmico e complexo do que se compreendia por família e seus componentes diretamente relacionados. Rapidamente, compreenderam também que o abandono de crianças não dizia respeito exclusivamente a uma questão familiar, mas estava intimamente ligado ao tema das instituições de auxílio e das noções de pobreza e caridade durante a época moderna.

Não era apenas a infância e a família que tinham histórias e alteridades, mas as ideias de compaixão e de pobreza também eram resultado das circunstâncias de cada época. Por isso, além dos assentos de batismo, fontes tipicamente utilizadas para a quantificação dos expostos, as pesquisas se voltaram para os registros dos atendimentos feitos pelas instituições hospitalares. Como dito, no Império português, foram as santas casas as encarregadas de praticar o que se entendia por misericórdia e, muitas vezes, administrar o atendimento aos expostos. Um universo menos piedoso do que se poderia imaginar foi descortinado pelo cotidiano burocrático das misericórdias.

Pesquisas monográficas apontaram o século XVIII como um período-chave para o aumento em massa dos índices de abandono. O enjeitamento não era um fenômeno localizado e exclusivamente ligado a condições de pobreza: os índices poderiam aumentar em localidades com economias pujantes, e diminuir em comunidades pobres. No século XVIII, altos índices de crianças enjeitadas eram registrados em Lisboa, Paris, Roma, Salvador, Rio de Janeiro ou Vila Rica. Também não poderiam se resumir a uma questão de honra: filhos legítimos eram abandonados, junto com ilegítimos.

29

No Brasil, a história demográfica com a constatação de um número significativo de enjeitados teve nos trabalhos de Maria Luíza Marcílio particular ressonância. Suas pesquisas foram fundamentais para o primeiro dimensionamento do abandono em algumas vilas coloniais, influenciando uma geração de historiadores dedicados ao tema da família e da infância. Seguindo os caminhos abertos por Marcílio, Renato Venâncio realizou a primeira pesquisa de fôlego, dedicada exclusivamente ao fenômeno, numa dissertação de mestrado defendida na Universidade de São Paulo, em 1988, sobre o abandono de recém-nascidos no Rio de Janeiro durante o século XVIII. Venâncio deu continuidade às pesquisas sobre o tema na tese de doutorado, defendida em Paris e publicada no Brasil em 1999, *Famílias abandonadas — assistência à criança de camadas populares no Rio de Janeiro e em Salvador,* em que, tal como indica o título, trabalhou com as duas maiores instituições de acolhimento aos expostos existentes no Brasil: as rodas dos expostos das santas casas do Rio de Janeiro e de Salvador nos séculos XVIII e XIX.

Favorecido pelo aumento de publicações sobre a infância e, sobretudo, pelos trabalhos de Marcílio e Venâncio, mesmo que de forma transversal, o tema do abandono se tornou um aspecto a ser avaliado pelos historiadores brasileiros. Especialmente nos estudos sobre família, novas pesquisas deram conta da grande presença e do dinamismo do fenômeno entre os domicílios brasileiros. A menção a enjeitados pode ser facilmente encontrada em atas de batismos, casamentos, óbitos, processos *de genere,* testamentos etc. Em 1998, depois de anos de pesquisa, Maria Luíza Marcílio publicou a mais abrangente síntese sobre o enjeitamento de crianças no Brasil: *História social da criança abandonada.* A partir de uma revisão bibliográfica da historiografia europeia e brasileira, e tendo por base

Introdução

uma sólida pesquisa documental, Marcílio analisou o fenômeno na longa duração, indo, no caso brasileiro, do período colonial até a extinção das últimas rodas, em meados do século XX. Os trabalhos de Marcílio e Venâncio tornaram-se referências incontornáveis para as demais pesquisas que se seguiram.

Os estudos verticalizados sobre o abandono continuam a merecer discussões e ainda há muito que ser feito. Embora a maior parte das pesquisas sobre enjeitados tenha como fonte os registros paroquiais e os testamentos, permanecem pouco estudados os meandros administrativos de santas casas e, sobretudo, das câmaras municipais. Para o período colonial, parte dessa ausência historiográfica está ligada ao fato de muitas municipalidades terem se recusado a pagar pelas criações e de as santas casas coloniais, de modo geral, serem financeiramente precárias para arcar de forma exclusiva com o abandono. Em suma, a maior parte das vilas e arraiais coloniais não instituiu o subsídio financeiro para os criadores dos expostos. Além dessa questão histórica, especialmente no caso das santas casas, o acesso ao que sobrou dos acervos documentais é frequentemente difícil — exceção feita à Misericórdia de Salvador.

De todo modo, apesar dos desafios que os estudos sobre o passado impõem, o acervo documental relativo ao abandono de crianças em Vila Rica é particularmente profícuo. Além das pesquisas produzidas sobre outras regiões, este livro pôde se beneficiar da documentação (avulsa e encadernada) da Câmara Municipal de Ouro Preto, sob custódia do Arquivo Público Mineiro, bem como do levantamento, ao longo de todo o século XVIII, das atas de batismo e óbito dos habitantes nascidos e mortos na principal freguesia de Vila Rica. Assim, a despeito das limitações que as análises aqui contidas certamente possuem, durante a pesquisa foi consultado um número formidável de fontes de diferentes naturezas: atas de batismo das crianças, pe-

31

didos de pagamento dos criadores, justificativas de concessão e interdição de auxílios, listas de beneficiários da Câmara e cartas em que os vereadores vociferavam contra o abandono. Todos esses documentos foram acompanhados temporalmente porque as séries estão preservadas de forma contínua do início do fenômeno, na década de 1740, até o recorte dado para o fim desta pesquisa, em 1808.

A partir dessa variada gama de fontes, foi possível constatar o fenômeno da circulação de crianças também para Vila Rica, nos moldes discutidos pelo livro de Isabel dos Guimarães Sá, *A circulação de crianças na Europa do sul*. Embora a realidade de Vila Rica não possa ser estendida para todo o território colonial, a circulação de crianças parece-me uma categoria analítica fundamental para a compreensão do abandono como uma estratégia a mais no universo familiar. No limite, a circulação de crianças relativiza a ideia de compaixão como valor a-histórico, a infância como um sentimento natural, o abandono como uma imposição inelutável.

O livro está dividido em cinco capítulos. O primeiro, "Infância, ocupação, assistência", resgata, de forma genérica, uma série de questões que condicionaram a exposição de crianças em Vila Rica. Traça o panorama sobre a indefinição do termo infância durante o século XVIII; as principais características de formação do território; as características da assistência prestada nas Minas; e as utilidades do abandono para os diferentes estratos sociais. O segundo capítulo, "As crianças em cena", analisa as variáveis quantitativas do abandono, passando por questões como: quem recebia as crianças, quem as batizava, a que horas eram encontradas — análises feitas com base principalmente nas atas de batismo da freguesia de Nossa Senhora do Pilar do Ouro Preto. O terceiro capítulo, "A dinâmica do enjeitamento", discute questões como a importância

Introdução

do segredo na manutenção da prática do abandono, a grande mobilidade das crianças, a implantação e as querelas em torno do pagamento aos expostos. O quarto capítulo, "O peso dos enjeitados", trata do endividamento e da inadimplência camarária quantificados através das folhas de pagamentos periódicos. O quinto e último capítulo, "Os destinos dos enjeitados", procura observar algumas questões como a multiplicidade dos futuros das crianças, aspecto certamente exacerbado pelo tipo de abandono comum em Vila Rica, menos controlado pelas diretrizes institucionais.

Este livro é o resultado, com algumas alterações posteriores, da dissertação de mestrado *Desassistidas Minas — a exposição de crianças em Vila Rica, século XVIII*, defendida em 2006, no Programa de Pós-Graduação em História da Universidade Federal Fluminense (UFF). Durante a arguição, a banca questionou a imprecisão do título: na verdade, este livro discute o complexo fenômeno do abandono, que, de fato, não dependia exclusivamente da assistência prestada pelas câmaras ou pelas misericórdias. Nesse sentido, as Minas não eram "desassistidas", porque a assistência, embora deficitária, era uma questão secundária, parte de um fenômeno maior — o do abandono —, cujo significado não foi ditado pelos auxílios prestados pela municipalidade. A maior responsável pelos enjeitados era a comunidade que, com ou sem auxílio, continuava a abandonar e a recolher as crianças. Por isso, este livro não conserva o título da dissertação que o originou.

Um quesito que unia famílias, enjeitados e instituições era o ideal de amor ao próximo que teoricamente fundava as ações de auxílio. Todos os aspectos que envolviam o abandono eram compreendidos dentro de uma lógica caritativa que dava sentido moral ao fenômeno. O abandono, na maioria das vezes, tinha caráter definitivo, e as crianças eram entregues a outros,

33

conhecidos ou não, cortando de modo irreversível os laços de afeto que porventura existiriam. No fundo, eram "os outros", ou seja, a comunidade, a principal responsável pelos abandonados: acolher e criar enjeitados significava o cumprimento de expectativas piedosas, disseminadas no imaginário cristão. Mas é preciso ressaltar que a "piedade dos outros" tinha sempre um caráter relativo a grupos ou a pessoas, e não era um valor universal. Pela palavra piedade poderiam ser cometidos atos "condenáveis" e distantes de valores universalizantes. No antigo regime, caridade, piedade e misericórdia eram termos ancorados na noção de hierarquia, portanto, na desigual distribuição de ações.

A piedade, assim, é entendida como uma apropriação feita de forma bastante utilitária pelos habitantes: expor recém-nascidos ao perigo de serem devorados por animais, selecionar as crianças que receberiam auxílio, escravizar enjeitados mestiços, todas as diferentes realidades do fenômeno poderiam, em algum momento, ser justificadas e compreendidas como formas de preservação da honra, da hierarquia e da piedade. Esses valores eram elementos fundamentais de constrangimento e de reafirmação das hierarquias. Por outro lado, não pretendo dizer que o abandono era, na prática, o contrário de uma visão verdadeiramente caritativa e cristã, até porque, em qualquer época, a caridade bem aplicada é antes um ideal a ser perseguido e apropriado do que uma vivência uniforme de conceitos. Desse modo, espero que, uma vez enjeitada a nomeação antiga, o novo título resolva o problema de contradição interna e chame a atenção para outro aspecto caro à pesquisa, a saber, o de que a piedade, em diferentes tempos, é um discurso apropriado e historicamente situado.

* * *

Introdução

Este livro é o resultado de alguns anos de pesquisa, iniciada a partir de um projeto coordenado na UFMG pela prof[a]. dra. Adalgisa Arantes Campos, a quem devo os mais sinceros agradecimentos. Foi graças a uma bolsa de iniciação científica que tive a oportunidade de ouvir falar, pela primeira vez, em crianças enjeitadas. Na UFMG, devo ainda nomear minha admiração e dívida com os professores Douglas Cole Libby, Eduardo França Paiva e Luiz Carlos Villalta.

De modo especial, agradeço ao orientador dessa pesquisa, prof. dr. Luciano Figueiredo, pela confiança, pelas conversas sempre proveitosas, pela palavra certeira, pela generosidade. Luciano desde o primeiro momento dividiu comigo a paixão pelo tema, apontou caminhos de análise, indicou livros.

Sou grato ainda aos professores que leram partes deste trabalho, espalhadas nas disciplinas cursadas na UFF, especialmente Guilherme Pereira das Neves, Maria de Fátima Gouvêa (*in memoriam*), Maria Fernanda Bicalho, Maria Regina Celestino e Ronald Raminelli. Agradeço pelo apoio e orientação on-line, pela disponibilidade e erudição dos professores Donald Ramos (Universidade de Ohio) e Iraci del Nero (USP). Pelas conversas on-line agradeço igualmente a André Cavazzanni e João Alfredo dos Anjos Júnior.

Agradeço aos professores Renato Venâncio (UFMG) e Sheila de Castro Faria (UFF), que participaram das bancas de qualificação e de defesa desse trabalho e foram fundamentais para sua versão final. Depois de terminada, a pesquisa pôde se favorecer ainda de uma cuidadosa leitura de duas das maiores especialistas no tema: Maria Luíza Marcílio (USP) e Isabel dos Guimarães Sá (Universidade do Minho/Portugal), cujas sugestões foram devidamente incorporadas ao presente texto.

Meu muito obrigado aos funcionários que facilitaram minha vida em diferentes arquivos. Em nome de todos, agradeço a uma que se tornou uma grande e inestimável amiga, Elma Amaral. Agradeço a meus amigos queridos que, de diferentes maneiras, me ofereceram aconchego; de modo especial, meu muito obrigado a Ana Luíza Castro, Ana Maria Almeida, Arthur Barbosa, Danielle Sanches, Humberto Leite, Juliana Demier, Marieta de Moraes Ferreira e Silvia Pinho.

Obrigado à minha família pelo apoio, a meus pais — Fernando (*in memoriam*) e Maria Carmen — e a meus irmãos: Fábio, Juliana, Rogério.

Sou grato ao Programa de Pós-graduação em História da UFF, onde cursei o mestrado; à Capes, pela concessão de uma bolsa de pesquisa; à Faperj, pelo apoio à publicação; à editora FGV, pela publicação efetiva.

Rio de Janeiro, junho de 2013.

CAPÍTULO 1
Infância, ocupação, assistência

> *Eis aqui, porque tantas pobres donzelas recolhidas estão penando;*
> *tantas viúvas honestas gemendo;*
> *tantos necessitados órfãos suspirando.*
> *Sim: porque nos ricos das Minas não há ouvidos que ouçam;*
> *porque não há olhos que vejam.*
> *Despertai soberbos ricos e cegos homens,*
> *socorrei tantas misérias,*
> *que clamam pelo alívio enclausurado nas vossas superfluidades.*
>
> "Sermão da quarta dominga da quaresma", 1748,
> José de Araújo Lima

OS SIGNIFICADOS DA INFÂNCIA

A palavra infância, com o sentido que a conhecemos hoje, é o resultado de séculos de mudanças. No entanto, tanto no presente, quanto no passado, o termo comporta um universo de experiências muito distintas entre si. Afinal, qual a relação entre a infância de um menino da classe média de um grande centro e a de um pequeno trabalhador, nascido em uma das regiões mais carentes de qualquer país? Ou, se preferirmos, qual seria a relação entre a infância de um nobre português, nascido em Lisboa, e a de um escravo, nascido em 1730 em Minas Gerais?

Ainda que os discursos insistam sempre em noções ideais, a percepção da infância está diretamente ligada à experiência histórica, às circunstâncias econômicas e às condições sociais de cada comunidade.[1]

---

[1] A ideia de que a criança é um ser dotado de inteligibilidade própria é recente e institucionalizou-se apenas em 1924, a partir da recém-criada Liga das Nações Unidas, com a Primeira Carta de Direitos Universais da Criança. Em 1959,

A época moderna (séculos XV a XVIII) foi um período de transição dos discursos e das práticas medievais, culminando na hoje "inquestionável" ideia de que a criança é um indivíduo dotado de direitos.[1] Embora a clara fronteira entre idades fosse uma necessidade burocrática dos Estados — pois só assim seria possível definir certos trâmites jurídicos, como a questão da menoridade —, a percepção do fim da infância era ambígua e não se dava de forma tão arbitrária.

Segundo o religioso português Raphael Bluteau, que publicou, a partir de 1712, o *Vocabulário português e latino*, a infância era a idade dos meninos enquanto não falassem, ou até que fizessem uso da razão, que, por sua vez, era entendida como a potência intelectiva, primeira e principal faculdade da alma. Embora fosse incensada como valor supremo, a razão não tinha data certa para aparecer, mas sua ausência era usada para definir a infância e a "idade decrépita", ou "última velhice". Era o parâmetro para indicar, de maneira um tanto imprecisa, as fases iniciais e finais da vida humana.

Mesmo Bluteau hesita na definição: "conforme a opinião dos que querem que infância também signifique a idade que se estende até o princípio da adolescência, a saber, aos 14 anos". O limite etário entre infância e adolescência também poderia ser diferente conforme o sexo: a puberdade começava aos 14 anos para os meninos e aos 12 para as meninas. Se as fases da vida eram descritas sem maiores reveses — infância, puerícia, adolescência, mocidade, idade varonil, velhice e idade decrépita —, os limites etários eram confusos e as fronteiras entre infância,

---

a criança conquistou o *status* de *sujeito de direito* através da Declaração Universal dos Direitos da Criança da Organização das Nações Unidas (ONU). Doravante, o mundo ocidental empenha-se na conquista e manutenção de direitos da infância (Marcílio, 1998:308).

[2] Ariès, 1981:50-68; Gélis, 1991:311-329.

puerícia e adolescência aumentavam os desacordos. A "puerícia é a idade do homem entre a infância e a adolescência, começa do terceiro ou quarto ano e acaba aos 9 ou 10 anos".[3] Na prática, essas divisões se moldavam à realidade das populações. Um alvará de 1758 sobre tráfico de escravos definiu como crianças os africanos com altura superior a quatro palmos;[4] em 21 de setembro de 1714, o pároco da Freguesia de Nossa Senhora do Pilar de Vila Rica batizou a africana Rosa por "achar capaz como adulta";[5] em 28 de fevereiro de 1744, na mesma paróquia, Gonçalo, da nação Cabo Verde, foi descrito como adulto com idade de "12 anos, pouco mais ou menos".[6]

No caso dos expostos, a legislação estabelecia o limite de 7 anos para sustento e criação.[7] Até essa idade, o menino ou párvulo, desde que batizado, era também inocente, ou seja, puro de alma e livre de todo gênero de pecado, um dos motivos pelos quais, caso falecesse até a dita idade, era dispensado do sacramento da extrema-unção.[8] O inocente batizado e morto antes dos 7 anos era chamado de anjinho e, frequentemente, tornava-se uma devoção intercessora para as populações locais.

---

[3] Bluteau, 1790. Verbete Razão, v. 7:23-128; Verbete Infância..., v. 4:121; Verbete Idade, v. 4:3-27; Verbete puerícia, v. 6:20-821.

[4] Venâncio, 1999:22.

[5] *Banco de dados...*, Id. 201. Todas as consultas referentes às atas paroquiais da Freguesia de Nossa Senhora do Pilar foram feitas através do *Banco de dados referente às atas paroquiais da Freguesia de Nossa Senhora do Pilar do Ouro Preto* (CNPq, Fapemig), projeto coordenado pela profa. dra. Adalgisa Arantes Campos (UFMG), a quem agradeço a permissão para consultar o banco de dados.

[6] *Banco de dados...*, Id. 3.383.

[7] *Ordenações Filipinas*, Livro 1º, título 88, parágrafo 11.

[8] Bluteau, 1790. Verbete Inocência, v. 4:40. "Não se há de administrar este Sacramento [da Extrema Unção] aos meninos que não têm uso da razão". In: *Constituições primeiras do Arcebispado da Bahia...*, livro I, título XLVII.

Portanto, a infância era (e é) uma construção percebida de forma extremamente variável. Ser criança na América portuguesa, por certo, implicou especificidades, deu longevidade a alguns costumes herdados das diferentes matrizes culturais e alternou discursos num fenômeno novo e específico. A infância *brasílica* não se furtou às condições coloniais, aos choques de culturas, às especificidades de trabalho de inúmeras mães. Da mesma forma que os estudos recentes têm procurado demonstrar as influências do tempo e do espaço na constituição dos núcleos familiares, certamente a infância dos trópicos também aclimatou percepções, fragilizou regras, refundiu conceitos.[9]

Gilberto Freyre chamou a atenção, em *Casa-grande & senzala*, para a conformação original do universo familiar na América portuguesa. Sua análise procurou mostrar, ainda na década de 1930, como as relações de dominação, próprias do mundo colonial, influenciaram a infância, que acabara por reproduzir práticas sádicas e perversas do sistema escravocrata.[10] Em que pese à inovação das considerações, durante décadas, a análise de Freyre foi tomada pelos historiadores como uma síntese dos padrões familiares estabelecidos no Brasil.

Somente a partir dos anos 1960, quando os estudos de demografia histórica começaram a ser conhecidos pelos historiadores brasileiros, percebeu-se que as conclusões de Freyre não traduziam a multiplicidade de padrões familiares da colônia. Ficavam descobertas, por exemplo, as relações familiares nas regiões em que o papel das mulheres era mais dinâmico, como era o caso de muitas forras em algumas das principais vilas e cidades do século XVIII.

---

[9] A bibliografia é extensa. Entre outros vários trabalhos, ver Ramos, 1979:495-526; Costa, 1979; 1981; Figueiredo, 1997; Faria, 1998; Lopes, 1998; Slenes, 1999; Karasch, 2000; Bacellar, 2001; Brügger, 2002; Furtado, 2003; Praxedes, 2003; Pereira, 2004; Lott, 2004.

[10] Freyre, 2004:419.

Infância, ocupação, assistência

De forma geral, a vivência da infância na América portuguesa esteve diretamente ligada a altas taxas de ilegitimidade, à dificuldade de uniões sacramentadas pela Igreja, à grande circulação de pessoas num território pouco habitado e por descobrir, à carência assistencial, à forte presença de mulheres chefiando lares. Nesse pano de fundo, havia um fenômeno cada vez mais representativo, sobretudo a partir do século XVIII, tanto na América portuguesa, quanto na Europa do Sul: o abandono de recém-nascidos, vulgarmente chamados de expostos ou enjeitados.

O elevado número de enjeitados, sobretudo entre os séculos XVIII e XIX, foi um fenômeno sem precedentes na história do abandono no Ocidente. A presença de altas taxas de expostos nas cidades, vilas e arraiais fragiliza as temporalizações propostas por Ariès, ao considerar a época moderna período paradigmático do nascente sentimento de infância, em oposição ao descrédito vivido no medievo.[11] Não é difícil encontrar relatos de lastimável tratamento dado às crianças abandonadas, que muitas vezes morriam em lugares públicos.

---

[11] A preocupação de Ariès a respeito do nascimento do moderno sentimento da infância faz com que o autor aponte temporalizações para o processo. Segundo Ariès, até o século XII não existia sentimento de infância, ou seja, a consciência da particularidade da condição da criança. Através de relatos e iconografia de época, o autor aponta para fins do século XIV a tendência à individualização da condição infantil. Esse lento processo, iniciado nas camadas mais ricas da população, tendeu a um sentimento de "paparicação", diferenciado das atitudes arcaicas medievais, entretanto, ainda não seria a moderna forma de lidar com infantes. A "paparicação, primeiro sentimento de infância", era um misto de "afetação" com o desdém costumeiro. O século XVII seria o responsável por trazer em seu bojo o sentimento de infância veiculado entre moralistas e educadores. A criança deixaria de ser somente divertida e agradável para se moldar psicológica e moralmente. O surgimento de tratadistas preocupados com a educação infantil influenciaria os modelos educacionais até o século XIX. Por fim, o século XVIII, como um coroamento do sentimento moderno de infância e de família, agregaria, às preocupações morais e psicológicas, o interesse pela higiene e saúde física. Nas palavras de Ariès: "a criança havia assumido um lugar central dentro da família". Ver Ariès, 1981:156-164.

41

Do mesmo modo, enfraquece as relações feitas por Ariès entre cristianização e maior percepção do sentimento de infância, uma vez que, nessa época, o número de abandonados aumenta na contramão dos processos de evangelização e contenção das heterodoxias culturais que Peter Burke denominou "vitória da quaresma".[12] Abandonadas em massa, sobretudo a partir do século XVIII, a história das crianças enjeitadas no Ocidente é um intrincado nó entre várias outras histórias, como a da formação das instituições de assistência, das noções modernas de família e dos contraditórios discursos sobre a infância.

Embora os limites etários das fases da vida fossem imprecisos mesmo para a cultura letrada, no caso das crianças enjeitadas, o dever de auxílio institucional ditava pragmaticamente uma data para término dos auxílios (e também da infância?). As idades-limite que afetavam a vida dos enjeitados eram: os três primeiros anos, conhecidos como período de lactação;[13] os 7 anos indicavam o fim da inocência e do auxílio de criação;[14] os 12 anos para as meninas e os 14 para os meninos marcavam a entrada na puberdade; os 25 anos imputavam a maioridade, o que para os expostos ocorria aos 20. Essas fronteiras tinham validade no âmbito das instituições e poderiam, em maior ou menor grau, influenciar o cotidiano das populações.

---

[12] Ainda de acordo com Ariès: "É certo que essa importância dada à personalidade da infância se ligava a uma cristianização mais profunda dos costumes" (ibid., p. 61).

[13] Ver Burke, 1989:202-228. A Câmara de Vila Rica, na maior parte do século XVIII, diferenciou o preço dos soldos pagos até os 3 anos, período conhecido como de lactação, daqueles pagos dos 3 aos 7 anos. Estes eram valores menores que aqueles.

[14] A Misericórdia de Lisboa criava os enjeitados até os 9 anos de idade. Em 31 de janeiro de 1775, Pombal reduziu para 7 anos a idade-limite de permanência no hospital.

AS MINAS E A VILA

Em pouco mais de meio século de existência, Vila Rica de Nossa Senhora do Pilar do Ouro Preto era o resultado de uma das várias e primitivas ocupações iniciadas a partir do anúncio do ouro nos sertões da América, em fins do século XVII. Juntamente com as outras descobertas recentes dos bandeirantes paulistas, rapidamente atraiu uma multidão de "gente de toda condição" em busca do sonhado eldorado dos portugueses.[15] Não era a única vila das Minas, mas, como assinalou Charles Boxer, certamente pode ser entendida como um paradigma das comunidades que floresceram em torno do ouro, ao longo do século XVIII, porque foi favorecida pelo auge da extração e amargou a queda nas produções minerais.[16]

A fundação do arraial que deu origem a Vila Rica, por volta de 1698, coube a Antônio Dias de Oliveira, ao padre João de Faria Fialho e aos irmãos Camargo. Assim como a maioria das povoações mineiras daquele tempo, o arraial era um centro comercial e não propriamente aurífero. Com exceção de Vila do Carmo, que sofreu transformações com a interferência do brigadeiro Alpoim, e o arraial do Tijuco, sujeito a um particular regime de administração, as ocupações mineiras primaram por "configurações longilíneas, esparramadas, sem centros polarizantes definidos". Trata-se de uma conformação que se originou de estradas que ligavam diferentes regiões dos territórios: "Vila Rica é uma estrada que vai do Passa Dez ao Padre Faria".[17]

As descrições frequentemente registram o clima temperado da região e dão destaque ao relevo acidentado. Segundo Burton,

---

[15] Para descrições das primeiras ocupações, ver Vasconcellos, 1904; Andreoni, 1967:63-265.
[16] Boxer, 2000:189-226.
[17] Vasconcellos, 2004:145-147. Ver também, do mesmo autor, *Vila Rica — formação e desenvolvimento...*, 1977.

"o clima é claramente subtropical e as raças nórdicas têm de se aclimatar antes de prosperarem. É frio, contudo". Joaquim José da Rocha descreveu a vila como um lugar constantemente encoberto por névoas "que ordinariamente fazem padecer os habitantes, seus defluxos, que são as moléstias comuns neste país, em razão de ser bastantemente frio"; a situação das terras era igualmente desagradável "não só pela arquitetura das casas, mas ainda pelo elevado de suas ruas, que fatigam a todos aqueles que a passeiam". Diogo de Vasconcellos, em 1807, numa visão da Vila, dá o mesmo aspecto tortuoso do relevo, onde se esgueiram as casas.[18] Essa natureza física das Minas pareceu a alguns administradores um dos componentes que poderiam explicar a enorme instabilidade política e social dos primeiros tempos.[19]

Enfrentadas as fomes generalizadas e controlado o conflito entre emboabas e paulistas, Antônio de Albuquerque, primeiro governador da recém-criada capitania de São Paulo e Minas do Ouro, tratou de organizar a milícia, em 1709, e erigir câmaras nos principais povoados, em 1711.[20] As câmaras ofereciam a possibilidade de cooptação dos *homens bons* na governança, além de estabelecerem ordenamento jurídico e institucional aos primeiros povoamentos. Assim, a partir de 1711, as comarcas seriam subdivididas e suas respectivas cabeças concentrariam autoridades, como ouvidor, intendente, juiz de órfãos e vigário da vara. Vila Rica também se destacava por ser a sede do governo

---

[18] Burton, 1976:289. Ver também Rugendas, 1972:33-40; Rocha, 1995:104-105; Vasconcellos, 1994:80.

[19] Para as relações entre geografia e sublevações no discurso administrativo, ver especialmente o estudo de Laura de Mello e Souza em: *Discurso histórico e político sobre a sublevação que nas Minas houve em 1720*. Estudo crítico de Laura de Mello e Souza. Belo Horizonte: Fundação João Pinheiro, 1994.

[20] Ribeirão do Carmo em 8 de abril, Vila Rica de Albuquerque em 8 de julho e Vila Real de Nossa Senhora da Conceição, no arraial de Barra do Sabará, em 17 de julho.

em Minas, convergindo significativo número de órgãos administrativos.[21] A jurisdição eclesiástica, incerta nos primeiros tempos, deixou a maior parte da área de ocupação antiga sob a tutela do bispado do Rio de Janeiro até a criação da diocese de Mariana, em 1745. Nesse ínterim, as paróquias gozaram de relativa autonomia e caminharam em direção ao processo de institucionalização. A paróquia de Nossa Senhora do Pilar do Ouro Preto tornou-se colativa apenas em 1724, não obstante ter suas funções sacramentais regularmente estabelecidas desde, pelo menos, 1712.[22] As irmandades leigas ocuparam-se das funções devocionais, num território onde foi terminantemente proibida a instalação de ordens regulares. Esta característica *sui generis* do novo território marcou indelevelmente toda a vida religiosa da capitania. Sem a presença institucional de regulares, Minas caracterizara-se por uma religiosidade eminentemente devocional e popular, distanciando-se, de modo geral, dos padrões do ascetismo monástico.[23]

Passadas a euforia e a desordem dos primeiros tempos e sufocado um dos mais importantes movimentos sediciosos do primeiro quartel do século, o de 1720, Vila Rica caminhou rumo à institucionalização e sedimentação efetiva da vida urbana. Um

---

[21] Sobre a administração na primeira metade do século XVIII em Minas, ver Souza, 2000.

[22] O núcleo urbano de Vila Rica era composto por duas paróquias: Nossa Senhora da Conceição de Antônio Dias e Nossa Senhora do Pilar do Ouro Preto. O termo continha ainda os seguintes distritos: Santo Antônio da Itatiaia, Santo Antônio do Ouro Branco, Nossa Senhora da Conceição das Congonhas do Campo, Nossa Senhora da Boa Viagem do Itabira, Nossa Senhora de Nazaré da Cachoeira, Santo Antônio da Casa Branca e São Bartolomeu. Ver Carvalho, 1920. O primeiro batismo registrado é de 2/12/1712 (Id. 129), o primeiro casamento data de 15/12/1712 (Id. 26) e o primeiro óbito é de 31/12/1712 (Id. 02). Ver *Banco de dados...*

[23] Boschi, 1986:71-95. Ver Campos, 1994.

dos momentos ímpares dessa conjuntura pôde ser observado na descrição do cortejo que solenemente transladou o Santíssimo Sacramento da capela de Nossa Senhora do Rosário dos Pretos até a matriz de Nossa Senhora do Pilar do Ouro Preto, em 1733. Por ocasião do relato, a vila era designada como "cabeça de toda a América, pela opulência das riquezas, a pedra preciosa do Brasil". Apesar do tom hiperbólico, é possível depreender uma organização social já estabelecida, objetivando códigos e hierarquias sociais, fruindo de sociabilidades típicas do antigo regime.[24]

A formação social caracterizou-se pela multiplicidade étnica, realimentada durante os primeiros decênios pelo vigoroso tráfico negreiro e pela forte participação minhota. A presença forra, um crescente contínuo ao longo do século, pode ser atestada nos mais diferentes âmbitos da vida mineira. As variadas formas de alforria e de acumulação de riquezas fizeram da capitania o maior contingente de libertos do século XVIII na América portuguesa. A mestiçagem, produto desse contínuo intercâmbio entre portugueses, africanos, indígenas e americanos, incumbiu-se de gerar práticas igualmente mestiças, próprias da experiência colonial, criando um universo cultural dinâmico e multifacetado.[25]

A diversidade de formas de sustento e de acúmulo de pecúlio, que a exploração do ouro trouxe, teve no comércio um de seus mais completos exemplos. Desde muito cedo, as atividades comerciais correram em paralelo com o crescimento social e a demanda por novos produtos; nesse ímpeto, estabeleceu-se a mercancia de todo tipo de gêneros de primeira necessidade a ar-

---

[24] Ávila, 2006. Ver Campos, 1992; Campos e Franco, 2004.
[25] Ramos, 1993:637-662; Scott, 2003; 1999; Paiva, 2001. De acordo com Clotilde Paiva, é provável que parte do grande número de mestiços das Minas fosse também proveniente de migração interna. Ver Paiva, 1996.

tigos de luxo. O comércio a retalho dominado por pretas forras foi fundamental na conquista da liberdade e da ascensão econômica de muitas mulheres.[26] Com diferentes formas de acumulação de riqueza, Minas foi um espaço invulgar de promoção social, aberto à aventura e ao talento, e, ao mesmo tempo, uma região repleta de pobres. Em linhas gerais, continua válida a afirmação de que as Minas conviveram com agudas diferenças sociais e foram o ergástulo de uma população flutuante vivendo sob a égide da miséria.[27] Naturalmente, a região não "inventara" uma nova pobreza, mas o caráter urbano, menos dependente de relações patriarcais, expôs boa parte das populações a situações de fragilidade, temporária ou permanente.

Na segunda metade do século, somavam-se tratados analisando os motivos do escasseamento do ouro, frequentemente apontados no descaminho, na exploração assistemática, na falta de recursos técnicos. A comarca do Ouro Preto, afetada diretamente pela decadência econômica, sofreu significativos abalos nas décadas de 1750 e 1760, comprovados pelos rendimentos cada vez menores provenientes das importações para a capitania, contidos nos gráficos das entradas — indicadores de redução de comércio a partir da década de 1760.[28] De acordo com Bergad, a mineração deixou de ser a principal atividade econômica certamente depois de 1750, e em "algumas regiões bem antes, mas a agropecuária já estava bem estabelecida em toda a província e, com toda probabilidade, ocupava a grande maio-

---

[26] Faria, 2000:65-92.
[27] Souza, 1986.
[28] Bergad, 2004:50. Ver também Carrara, 1997:112-113.

ria da população mesmo no auge da produção mineral".[29] Não obstante a diminuição da atividade mineradora, o ouro, os diamantes e as pedras preciosas tiveram verdadeira importância para a economia mineira até o início do século XIX. A partir da segunda metade do século, a agricultura e a pecuária dominaram a base da economia, procedendo-se, lentamente, à ruralização em detrimento da vida urbana lograda nos primeiros anos de ocupação da capitania. Juntamente à agricultura e à pecuária houve também um pequeno setor manufatureiro, de formação doméstica, produzindo tecidos de algodão cru e lã, em rocas e teares rústicos, que eram consumidos principalmente por escravos e pobres. Também era significativa a importância da agricultura de subsistência, principalmente na produção de milho e mandioca, alimentos básicos da comida mineira.[30]

José Joaquim da Rocha, no fim da década de 1770, ressaltou a pouca extensão da comarca, razão pela qual faltavam víveres, embora seus habitantes não sentissem a carestia "por concorrerem das demais comarcas, todos os dias, imensidade de tropas, carregadas de mantimentos, como toucinhos, queijos, farinha, arroz, milho e feijão, de que se utilizam todos os moradores de Vila Rica e mais povoações da sua Comarca". Contudo a vila era boa produtora de hortaliças, como couves, repolhos, alfaces e cebolas, e em igual abundância eram observadas frutas como pêssegos, marmelos, limas, limões, laranjas e juazes.[31]

---

[29] Bergad, 2004:64.
[30] Paiva, 1996; Libby, 1988; Bergad, 2004:71-72; Vasconcellos, 1994:143-144. Segundo Carla Almeida (2004:63), o milho, o feijão e a carne de porco eram elementos essenciais da comida mineira. Ao contrário do Nordeste, de São Paulo ou do Rio de Janeiro, regiões em que farinha de mandioca era fundamental na dieta, em Minas Gerais a farinha de milho tinha maior importância.
[31] Rocha, 1995:105.

Em 1804, a população de Vila Rica era de cerca de 9 mil almas, menos da metade das 20 mil que chegou a ter. A maioria estava ocupada com comércio, cargos burocráticos e exploração das minas residuais.[32] Nesse cenário de maior presença metropolitana, menor produtividade das jazidas e inconstância de boa parte da população, a sede da capitania assistiu às transformações que reconfiguraram o perfil das Minas. Nesse mesmo contexto, a partir da década de 1740, o número de crianças abandonadas começou a crescer vertiginosamente.

ASSISTÊNCIA EM MINAS GERAIS

Durante a época moderna, o cerne da questão assistencial passou, invariavelmente, pelo ideal de santificação que encontrava raízes em práticas tardo-medievais.[33] A objetivação da caridade era encarada como uma forma de santificação cotidiana: "como o corpo sem alma é morto, assim também a fé sem obras é morta",[34] e, sobretudo após o Concílio de Trento, as doutrinas católicas foram responsáveis por inflar o valor imaginativo e de significado que as *boas obras* tinham no imaginário popular.

A piedade instaurava-se, mesmo que na idealidade, em relações de reciprocidade pelas quais se acreditava formar o corpo social, além de se inscrever num repertório de práticas de salvação. Era tênue o limite que separava a caridade corporal e a espiritual, "a caridade não fazia distinção entre mortos e vivos: realizar pelos primeiros era uma obra tão meritória como tratar dos corpos dos segundos, uma vez que os defuntos ti-

---

[32] Ramos, 1979:495-526.
[33] Sobre os ideais de santificação a partir do século XII, ver Vauchez, 1995:65-124.
[34] Ti 2, 26.

nham vinculado patrimônio para celebração de missas e outras obras pias".[35]

A partir do século XV, os novos padrões de ascetismo leigo, a explosão da pobreza e as diferentes formas de lidar com a miséria foram fatores que, somados às condições específicas de cada localidade, impeliram à reforma das instituições assistenciais por toda a Europa. Observou-se um verdadeiro movimento no intuito de racionalizar e secularizar os serviços assistenciais em grandes hospitais gerais.[36]

Em Portugal, muitas localidades, antes das reformas dos séculos XV e XVI, já dispunham de serviços e instituições estruturados em torno dos concelhos. Uma especificidade portuguesa incide no fato de a maioria das instituições medievais de assistência ser de alçada dos leigos, diferentemente do que acontecia em grande parte da Europa.[37] A uniformização e a centralização promovidas pelas misericórdias, bem como a popularidade e a rápida difusão pelos territórios lusitanos, possibilitaram um sistema hospitalar sem maiores empenhos financeiros da Coroa, pois a maior parte dos custos era financiada por elites locais; em 1525, somente no Reino e na Ilha Terceira foram contabilizadas 61 misericórdias.[38]

As misericórdias eram congregações essencialmente laicas, fundadas a partir de 1498, e que se regiam pelo compromisso inspirado nas 14 obras de misericórdia.[39] Desde o seu

---

[35] Clavero, 1991; Davis, 2000; Sá, 2001:23-24.
[36] Ver Geremek, 1986; 1995.
[37] Sá, 2001:25-27. Para uma visão geral da Europa, ver Geremek, 1986; Dinges, 2004:23-50; Sá, 1997:25-52.
[38] Sá, 1998:34.
[39] *Espirituais:* 1. Dar bom conselho; 2. Ensinar os ignorantes; 3. Corrigir os que erram; 4. Consolar os aflitos; 5. Perdoar as injúrias; 6. Sofrer com paciência as fraquezas do próximo; 7. Rogar a Deus pelos vivos e defuntos. *Corporais:* 1. Dar de comer a quem tem fome; 2. Dar de beber a quem tem sede; 3. Vestir os nus;

surgimento, foram agraciadas com benesses e regalias, constituindo-se instrumento aglutinador das elites. Progressivamente, a depender da situação financeira de cada estabelecimento, foram ampliando e estruturando serviços prestados. A criação dos expostos, por exemplo, não constava como obrigação explícita dos primeiros compromissos, não obstante, no sentido lato, pudesse se enquadrar em vários atos de misericórdia. Em Portugal, os expostos contaram com atendimento *público* desde pelo menos o século X.[40] Contudo, a primeira referência legal foram as *Ordenações Manuelinas* (1521), formalizando que recaísse sobre os concelhos a obrigação de sustentarem, até os 7 anos de idade, os enjeitados nascidos sob sua jurisdição. O item permaneceu na *Legislação Filipina* (1603), acrescentando somente a autonomia de a municipalidade lançar fintas sobre a população, caso não dispusesse de rendas.[41] Esse aparato foi base legal da assistência oferecida à infância abandonada e vigorou sem grandes modificações até o século XIX.

---

4. Dar pousada aos peregrinos; 5. Visitar os encarcerados; 6. Remir os cativos; 7. Enterrar os mortos.

[40] Marcílio, 1998:89.

[41] *Ordenações Manuelinas*, Livro 1º, título 67, parágrafo 10. "Porém, as crianças que não forem de legítimo matrimônio, forem filhos de alguns homens casados ou de solteiros, primeiro serão constrangidos seus pais, que os criem, e não tendo eles por onde os criar, se criarão à custa das mães. E não tendo eles nem elas por onde os criar, sejam requeridos seus parentes, que os mandem criar. E não querendo fazer, ou sendo filhos de religiosos ou de mulheres casadas, os mandarão criar à custa dos hospitais, ou albergarias que houver na cidade, vila ou lugar, se tiver bens ordenados para criação dos enjeitados: de modo que as crianças não morram por falta de criação. E não havendo tais hospitais ou albergarias se criarão à custa das rendas do concelho e não tendo rendas por que se possam criar, os oficiais da Câmara lançarão finta pelas pessoas que nas fintas e encarregos do concelho hão de pagar" (*Ordenações Filipinas*, Livro 1º, título 88, parágrafo 11). "E sem a dita carta de cada um dos sobreditos [juízes, corregedores ou governadores] não poderão os oficiais da Câmara, nem o concelho lançar finta para coisa alguma, salvo para criação dos meninos enjeitados, segundo se contém no título 88: Dos Juízes dos Órfãos" *(Ordenações Filipinas*, Livro 1º, título 66, parágrafo 41).

A piedade dos outros

A ampla rede de serviços oferecidos por algumas santas casas e seus consideráveis quadros de servidores (cirurgiões, capelães, tesoureiro, entre outros) frequentemente foram incentivadores de contratos promovidos entre as câmaras e as misericórdias. Através de ajudas financeiras, o concelho se eximia de administrar o recolhimento e a criação dos enjeitados; caberia à Santa Casa instituir a roda, a contratação e o pagamento das amas, a manutenção até os 7 anos e a recolocação familiar após o término da criação. Alguns contratos eram estabelecidos de forma tácita e outros feitos oficialmente, como os de Lisboa (1635), Porto (1688) e Coimbra (1708).[42]

Muitas vezes a Coroa pôs-se contra a renitente recusa dos vereadores em despender rendas aos enjeitados. Frequentemente, os contratos eram negligenciados e o sustento ficava exclusivamente nos ombros das santas casas. No ultramar, alguns acordos transferiram a custódia para as misericórdias mediante pagamento periódico; esse era o caso de Goa, Macau e Luanda.[43] Em certas ocasiões, não obstante haver divisão de responsabilidades entre as partes, os serviços oferecidos pela municipalidade geralmente não tinham a amplitude daqueles prestados pela confraria e tenderam a desaparecer com o tempo, a partir de um pagamento periódico das câmaras. Esse foi o caso de Salvador e do Rio de Janeiro.[44]

Quando o auxílio era uma decisão exclusiva do concelho, os enjeitados eram frequentemente relegados às últimas prioridades. Os vereadores alegavam que o subsídio acabaria por estimular o abandono, sempre colocado como fruto da decadência moral que se alastrava nas camadas populares. Em 1693, o governo de Lis-

---

[42] Sá, 1992:78-79.
[43] Russel-Wood, 1981:234-235.
[44] Venâncio, 1999:23-31.

boa reagiu contra a pouca piedade que existia na capitania do Rio de Janeiro com os enjeitados, exigindo o cumprimento das *Ordenações*, pois era fácil achar na cidade crianças "mortas ao desamparo, sem que a Misericórdia nem os oficiais da Câmara as queiram recolher".[45] Em 1730, quando o Senado do Rio era o responsável exclusivo pela assistência aos expostos, os camaristas reclamavam do elevado custo do sustento, que progressivamente onerava os cofres públicos, e alegavam que o "católico zelo" provocava o aumento do fenômeno, "causa de se não poderem fazer algumas obras muito necessárias".[46]

Na América portuguesa, as querelas em torno do pagamento aos enjeitados apresentaram-se em termos diferentes da realidade vivida no Reino. Em Portugal, a proximidade das cidades, vilas e arraiais provocava controvérsias de jurisdição. Várias câmaras reclamavam que os enjeitados não eram nascidos na localidade, mas enviados de outras regiões apenas para recebimento do respectivo pecúlio.[47] O sugestivo nome *recoveira* designava a função responsável por transportar as crianças a outras vilas e foi financiada por muitas câmaras a fim de se eximirem da sua responsabilidade legal.[48] De fato, a estruturação de serviços em regiões carentes acabava por atrair parcelas das populações de outras localidades. Em Ponte de Lima e no Porto, observou-se que o número de enjeitados recolhidos pela Câmara era maior que o número de expostos batizados.[49] Para o caso americano, a distância entre as vilas de um vasto territó-

---

[45] Ver Franco, 2011:110-176.
[46] Carta que escreveu o governador desta praça ao Senado, apud Venâncio, 1996/1997:134.
[47] Abreu, 1990:69-106; Reis, 2001:82-89.
[48] Ibid., p. 87-88.
[49] Para Ponte de Lima, ver Fonte, 1996:170. Para o caso da cidade do Porto, ver Sá, 1995:173-174.

rio deve ter dificultado o aparecimento de grandes desajustes, como aqueles observados entre as localidades lusitanas. O caso vila-riquense é pródigo em demonstrar que a questão premente para os camaristas era a seleção dos beneficiados. O anonimato e a extensão do abandono renderam inflamados discursos e tentativas de contenção.[50] Como dito anteriormente, muitas câmaras não instituíram o subsídio dos enjeitados, embora virtualmente todas devessem fazê-lo. As razões pelas quais se recusaram a financiar o sustento das crianças estão ligadas a conjunturas políticas, econômicas e sociais, mas, certamente, o maior entrave ao pagamento era mesmo a falta de prioridade política associada à autonomia dessas instituições. A finta dos expostos era a única taxa extraordinária que o concelho poderia criar sem autorização do ouvidor, no entanto levou anos e repetidas ameaças de implantação até que rendas regulares fossem estipuladas como forma de auxiliar o financiamento das criações.

O argumento utilizado por vereadores de várias câmaras da América — de que o auxílio institucional seria a causa imediata do aumento de enjeitados — deve ser visto com cautela, pois nem sempre os locais sem auxílio institucional indicavam baixas taxas de abandono. Sorocaba, por exemplo, possuiu significativos índices de exposição e nunca contara com o apoio financeiro da Câmara. Na década de 1790, o percentual de enjeitados em relação à população livre foi de significativos 10,38%;[51] o

---

[50] A Câmara de Mariana instituiu o pagamento de Vila Rica antes. A proximidade entre as duas localidades pode ter provocado algum tipo de pressão política sobre a Câmara de Vila Rica, contudo não foi possível encontrar, na documentação camarária vila-riquense, qualquer informação a esse respeito. Havia, depois do estabelecimento dos pagamentos, insinuações sobre a estratégia de levar crianças de um termo ao outro, segundo os camaristas, comum entre as escravas. Ver capítulo 3 deste livro.

[51] Baccellar, 1996:8.

mesmo foi observado na paróquia de Nossa Senhora da Luz dos Pinhais de Curitiba, que, na mesma década, atestou 13,3% de enjeitados nascidos na população livre.[52]

A Câmara de Vila Rica, criada em 1711, durante toda a primeira metade do século, não instituiu pagamento para enjeitados; o auxilio sistemático começou em 1750 e o concelho foi a única instituição a despender recursos para a infância abandonada. A Misericórdia, criada ainda na década de 1730, representava a concretização de mais um desejo de seus ilustres habitantes. Entretanto, por todo o século XVIII, a capitania teve assistência hospitalar precária. Nenhuma irmandade da Misericórdia, durante a *idade de ouro,* deitou raízes na vida social mineira, observando-se ali, de forma paradigmática, o modelo informal de caridade, com irmandades assumindo algumas funções rituais ou enterros "pelo amor de Deus" sem grande extensão ou regularidade.[53]

Em 1726, o vigário Francisco da Silva e Almeida, da paróquia de Nossa Senhora do Pilar, juntamente com os moradores da freguesia, solicitou ao rei a criação de uma casa de Misericórdia e hospital "para refúgio da pobreza e aumento da caridade, como nas mais terras principais, sendo certo que os ditos moradores se oferecem por devoção fazerem a dita Casa às suas custas". Tão piedosa súplica continha, entretanto, o último e significativo requerimento de que a instituição fosse erigida com os privilégios da Misericórdia de Lisboa. O aval régio ao pedido de criação foi concedido, todavia os privilégios foram considerados "incompatíveis" com os da Corte.[54]

---

[52] Cavazzani, 2005:72.
[53] Franco, 2011:177-231. Campos, 1994. Da mesma autora, ver A idéia do barroco e os desígnios de uma nova mentalidade..., 2000b:45-62.
[54] AHU, Minas Gerais. Cx. 09, Doc. 05. 9/10/1726.

Na efetiva criação da confraria e do hospital, em 1735, através do legado do capitão-mor Henrique Lopes de Araújo, Gomes Freire de Andrada enviou a d. João V uma carta afirmando que em nenhum outro lugar, senão na capitania das Minas, era mais "necessária e útil a Irmandade da Misericórdia com hospital, pois ainda as pessoas que possuem bastante riqueza morrem ao desamparo, porque ficam nas doenças sem mais assistência que a de escravos bárbaros e boçais".[55] A confraria surgiu tardiamente e sem maiores privilégios, aos quais os mineiros tanto aspiravam.

A fragilidade das misericórdias e de outras instituições que exercessem funções mais universalizantes de assistência deve ter encorajado o missionário secular José de Araújo Lima a exortar, em 1748, necessidade de caridade entre os mineiros. Naquele ano, o religioso pregou um sermão em que procurava mostrar a cegueira dos ricos soberbos frente aos pobres, ressaltando a aparente ambiguidade entre as riquezas das minas e a precariedade de atos misericordiosos com os mais necessitados:

> Eis aqui porque tantas pobres donzelas recolhidas estão penando; tantas viúvas honestas gemendo; tantos necessitados órfãos suspirando. Sim: porque nos ricos das Minas não há ouvidos que ouçam; porque não há olhos que vejam. Despertai soberbos ricos e cegos homens, socorrei tantas misérias, que clamam pelo alívio enclausurado nas vossas superfluidades.[56]

Na licença do ordinário, frei Francisco Augusto aprovou a publicação e afirmou a grande utilidade do sermão por exor-

---

[55] RAPM, ano XVIII, p.85-86, 1913.
[56] BN, Divisão Obras Raras, Lima, José de Araújo. *Sermão que na quarta dominga da quaresma expôs na Cathedral de Mariana nas Minas do Ouro, ano de 1748.* Lisboa: Officina dos Herd. de Antonio Pedroso Galram, MDCCXLIX:10. (microfilme)

tar a caridade ao próximo e desprezar os "bens caducos", que arruínam almas pelo mal que deles usam os ricos e poderosos do mundo, "especialmente os daquele Estado, aonde os pobres com perigo da sua própria vida desentranham da terra os preciosos metais, que nela se ocultam, para que os ricos com superfluidades viciosas lisonjeiem sua vaidade".[57]

Mesmo que bem recebido pelos censores, o sermão parece não ter provocado sentimentos de piedade cristã aos habitantes das Minas: a Misericórdia de Vila Rica amargou uma existência irregular ao longo de todo o século XVIII. O caráter crônico de fragilidade das misericórdias legou à historiografia a ideia apressada de que a região das Minas acabaria por desenvolver uma vivência religiosa mais prática, no limite, voltada para confrades e parentes mais próximos.[58]

De todo modo, a roda dos expostos nunca foi instituída em Vila Rica, embora os índices de abandono chegassem a números significativos. A criação das rodas estava ligada a estabelecimentos financeiramente estáveis ou que contaram com legados para poder financiá-los. Esse foi o caso da Santa Casa de Misericórdia de Salvador, que recebera o legado de João de Matos Aguiar em 1700 e estabelecera definitivamente a roda em 1726;[59] na Bahia, todos os enjeitados recebiam o sobrenome 'Aguiar', por vezes, 'Aguiar de Matos', em homenagem ao seu maior benfeitor, tradição que perdurou até sua extinção, em 1950.[60] No Rio de Janeiro, a roda fora criada em 1738, com doação, ainda em vida, do confrade Romão Duarte, pela "lástima com que perecem algumas crianças enjeitadas nesta cidade, porque umas an-

---

[57] BN, Divisão Obras Raras, Licença do ordinário Lima, José de Araújo. *Sermão...*
[58] Boschi,1984:25-41; 1986.
[59] Russel-Wood, 1977:239.
[60] Marcílio, 1998:269.

dam de porta em porta aos boléus até que morrem e outras se acham mortas pelas calçadas e praias por não haver quem as recolha".[61] Excetuando-se as duas supracitadas, somente mais uma roda assistiu a infância desvalida em toda a América portuguesa; no Recife fora criada, em 1789, a última instituição do século XVIII.[62]

Em Minas Gerais e, de maneira geral, em todo território americano, a lei do intendente-geral de polícia, Pina Manique, de 10 de maio de 1783, que ordenava a fundação de estabelecimentos para acolher expostos em todas as vilas e cidades do Reino, permaneceu letra morta.[63] Somente em 1795, a Câmara enviaria ao corregedor o pedido de criação de uma Casa da Roda, matéria que continuou sem solução, a julgar pela completa falta de referências após a dita carta e pelo fato de o apoio aos enjeitados permanecer inalterado nos anos subsequentes.[64]

A criação de uma roda várias vezes foi o pretexto ideal para pedidos de proventos. Certamente tratava-se de manutenção onerosa, motivo pelo qual não só a criação mas também a manutenção das rodas tinham forte valor argumentativo. Em 1734, o visconde de Sabugosa pedia ajuda para que a Misericórdia de Salvador acudisse "as excessivas despesas que faz com os doentes e enjeitados", no que d. João V concedeu 400$000 réis por ano, 200$000 pelo rendimento dos açougues e outros 200$000 pela Fazenda Real.[65]

Em 1811, a Misericórdia do Rio de Janeiro argumentou ter as mesmas razões que a de Lisboa para merecer iguais subsídios,

---

[61] Cópia do testamento de Romão de Matos Duarte, Arquivo da Santa Casa de Misericórdia do Rio de Janeiro, Lata 35C. Apud Venâncio, 1988:40.
[62] Anjos, 1997:77; Venâncio, 1999:164-167; Nascimento, 2008:104-131.
[63] Sá, 1995:92.
[64] APM, CMOP, Cód. 120-A, fls. 4v, 5.
[65] AN, Relação da Bahia, Cód. 539, v. 2. fls. 22-22v. Ver capítulo 5 deste livro.

que a favor da última foram estabelecidos em duas cartas régias a respeito dos enjeitados, "pois é manifesto não só o grande aumento da população que tem tido esta cidade depois da feliz chegada de Vossa Alteza Real, mas também a tênues e poucos rendimentos destes tão úteis como louváveis estabelecimentos". O Rio de Janeiro centralizava os poderes do Império e sofria rápida transmigração das instituições portuguesas, a Santa Casa pedia "a graça e esmola de lhes mandar dar a mesma propina em cada um dos tribunais criados e que pelo tempo em diante se forem criando".[66]

Por mais dispendiosa que fosse tal atividade, a Santa Casa do Rio de Janeiro não abriu mão de suas obrigações, tampouco dividiu com outra irmandade a tarefa de cuidar dos expostos. Um abaixo-assinado de 1822 pedia a proteção real para a instituição de "um novo estabelecimento público" para a criação dos enjeitados, dirigido por uma nova confraria de Nossa Senhora da Piedade, no entanto, tal iniciativa não se objetivou e a responsabilidade institucional e financeira ficou a cargo da Câmara e da Misericórdia da Corte.[67]

Em mais de uma ocasião, a Misericórdia de Vila Rica apoiara suas necessidades financeiras na alegação de se criar um estabelecimento para a infância desvalida. Seu lamentável estado, confirmado mais de uma vez por cronistas que presenciaram sua ruína, não deixava dúvidas de sua pobreza. Em 1778, sob a alegação de falta de privilégios e decadência das Minas, a Misericórdia se achava "muito pobre, por ser pequeno o seu patrimônio".[68]

---

[66] "Foi conferida para esse fim [a criação dos expostos] uma propina igual a que em cada tribunal levasse cada ministro dele, conforme se vê do decreto de [11] de novembro de 1693, o qual vem na [?] Ordenação Livro 1º, título 88, parágrafo 11". AN, Santa Casa de Misericórdia, Série Saúde, Notação S$^3_1$, Fundo BD.

[67] AN, Santa Casa de Misericórdia, Série Saúde, Notação S$^3_1$, Fundo BD. Sobre a Misericórdia do Rio no século XIX, ver Venâncio, 2002.

[68] Rocha, 1995:103.

A piedade dos outros

São João del Rei, sede da comarca do Rio das Mortes, a zona mais florescente da capitania a partir de meados do século, criara um hospital em 1768 e estabelecera sua roda em 1832.[69] Em 1818, Luccock descrevia o hospital de São João como "ótima instituição, convenientemente arranjada, mantida em bom estado e que, em grande parte sustentada à custa de contribuições voluntárias, depõe muito em favor do caráter geral dos cidadãos";[70] de sua visita a Vila Rica não há uma referência sequer à Santa Casa. O estado deplorável da instituição vila-riquense indignara Saint-Hilaire quando de sua visita:

> Existe em Vila Rica um hospital civil mantido pela irmandade da Misericórdia; mas este estabelecimento atesta a mais deplorável das negligências. Não é para lamentar que na capital de uma região que se diz cristã, e onde tantas somas se despendem para construir igrejas inúteis não se tenha ainda pensado em oferecer um asilo conveniente à pobreza sofredora? E se os particulares são tão indiferentes ao cumprimento desse dever, não é para espantar que os governos não tenham tomado a menor disposição para suprir o seu pouco zelo?[71]

Ainda em 1803, a mesa da Misericórdia de Vila Rica pediu esmola régia porque se achava "em grande pobreza, sem poder, por falta de créditos que ao princípio de sua fundação pareceram suficientes para assistir a despesa dos enfermos que no Hospital se recolhem".[72] Em 1824, a já imperial cidade de Ouro Preto tinha uma Misericórdia igualmente falida. Contava por

---

[69] Ver: Resende apud Brügger, 2002:218.
[70] Luccock, 1975:304.
[71] Saint-Hilaire, 1975:72.
[72] APM, CC, Av., Rolo 508, Plan. 10455.

essa época com alguns móveis, propriedades alugadas e dois escravos velhos.[73] O presidente da província dera por bem instaurar uma comissão encarregada de examinar o estado e melhorar a Santa Casa da cidade, sendo que "entre os socorros públicos tem um dos primeiros lugares para estabelecimento para criação e educação dos expostos e órfãos desamparados".[74] Novamente a infância desvalida serviria como a grande motivadora de compadecimento, sem presenciar, contudo, a criação institucional e especializada de apoio aos enjeitados.

Em 1827, a mesa da Santa Casa foi questionada a respeito de eleições para os mordomos dos expostos, conforme o parágrafo 7º da lei de 18 de junho de 1806, ao que ela respondeu categoricamente que não havia criado tal função, porque desde seu surgimento, em 1735, "nunca" estivera a cargo da Casa a criação e educação dos expostos. Ademais, a mesa desconhecia tal lei, motivo pelo qual, a partir de então, formalmente instituía o reverendo José Joaquim Viegas de Menezes como mordomo.[75] Todavia, os mesários eram claros quanto à incapacidade financeira do hospital, razão que o impossibilitava de estabelecer, "como desejara, uma roda regular e administração metódica como se pratica na corte do Rio de Janeiro e em quase todas as Casas de Misericórdia, estando semelhante ramo da administração pública a cargo da Câmara deste termo".[76]

---

[73] APM, SP, PP $^{1}{}_{38}$, Cx. 01, Doc. 03.
[74] APM, SP, PP $^{1}{}_{38}$, Cx. 01, Doc. 02.
[75] "nada mais cumpre à mesa que nomear o respectivo mordomo para este executar literariamente a lei a qual determina que nos lugares onde a criação dos expostos é a cargo das câmaras, o mordomo não terá outro cargo mais do que solicitar, zelar e requerer competentemente quando for a bem dos mesmos." APM, SP, PP, $^{1}{}_{38}$, Cx. 01, Doc. 08.
[76] APM, SP, PP $^{1}{}_{38}$, Cx. 01, Doc. 08.

No demonstrativo de despesas de maio de 1884, não há menção alguma a enjeitados.[77] É pouco provável que a Santa Casa criasse a roda após essa data, momento em que esses estabelecimentos começaram a sofrer duras críticas de correntes higienistas e a filantropia assumia novas posturas diante do abandono, favorecendo o aparecimento de outras empreitadas na tentativa de contornar o problema.[78] Em 1897, a velha e barroca Ouro Preto perderia o posto de capital para a moderna Belo Horizonte.

OS USOS DO ABANDONO

Embora existam casos de abandono de recém-nascidos ao longo de toda a história do ocidente, suas motivações poderiam variar bastante, a depender das conjunturas de tempo e espaço. No decorrer da época moderna, uma série de fatores contribuiu para que o abandono fosse visto como uma solução menos negativa que o infanticídio, contribuindo para que o fenômeno fosse utilizado de forma massiva.[79] Sobretudo no mundo católico, os enjeitados foram vistos como consequência natural da fraqueza humana: o abandono era condenado nos discursos, mas tinha a conivência de todos como forma salutar de preservar a honra dos pais, aliviar estados de pobreza etc.

Como era um fenômeno compartilhado por diferentes estratos sociais, a origem dos recém-nascidos é, na maior parte das vezes, resultado de inferências mais ou menos precisas. A condição de legitimidade, por exemplo, é um dos aspectos mais controversos na historiografia sobre o tema, dada a dificuldade

---

[77] APM, SP, PP $^1{}_{38}$, Cx. 01, Doc. 71.
[78] Marcílio, 1998:191-223.
[79] Sobre a questão do infanticídio na época moderna ver, sobretudo, Prosperi, 2010.

de dimensionar o peso que a questão moral teve no cômputo geral do abandono. Em Vila Rica, a exposição tinha, no mais das vezes, caráter definitivo; a descoberta dos motivos da exposição ocorria geralmente pela legitimação do casamento ou feitura do testamento, contudo, tais casos não têm representatividade suficiente que possibilite afirmações categóricas sobre a procedência das crianças.

A primeira relação a ser feita seria entre ilegitimidade e exposição. Para grande parte da historiografia, trata-se de uma consequência quase óbvia que os enjeitados seriam filhos naturais, em maior ou menor grau, frutos de amores proibidos, de decadência moral, filhos de eclesiásticos, entre outros. Russell-Wood defendeu a ideia da dupla moralidade, que, frente ao rigor tridentino, procurou preservar a honra feminina, resguardando a reputação das mulheres brancas. A maior parcela do enjeitamento seria própria das elites, preocupadas em manter a honra das mães, e a ilegitimidade, inerente às classes populares, não tinha o grande peso social que afligia os segmentos mais abastados.[80]

Essa assertiva deveria provocar padrões quase mecânicos nas linhas entre legítimos, ilegítimos e enjeitados conforme a procedência social das mães. Entretanto, observam-se, em grande parte da América portuguesa, consideráveis índices de ilegitimidade entre os vários segmentos sociais.[81] A ilegitimidade não parece ter encontrado grandes entraves de inserção no cotidiano colonial. Quando se observam as altas taxas de filhos naturais, é possível considerar que se tratasse de fato corriqueiro, sem grandes problemas para boa parte das famílias.

Muitas vezes as altas taxas de ilegitimidade conviveram com crescentes índices de abandono (ver quadro 1.1). Não há dúvidas de que existam padrões diferentes conforme a região, mas

---

[80] Russell-Wood, 1981:245.
[81] Lopes, 1998; Pereira, 2004; Praxedes, 2003.

A piedade dos outros

não é possível saber se a ilegitimidade sempre teria sido a grande propulsora do abandono. Certamente, os enjeitados tinham as mais diversas procedências, dados os inúmeros motivos que provocavam o enjeitamento, mas seria de esperar que, em comunidades onde os índices de ilegitimidade e enjeitamento fossem altos, houvesse certa correspondência dos índices nos abandonos. Talvez a melhor pergunta a ser feita fosse: em que medida os impedimentos exclusivamente morais foram desencadeadores do abandono? Embora corra o risco de parecer trivial, é sabido que, não obstante haver ilegitimidade em todos os segmentos sociais, grande parte dos filhos naturais era de extração popular.

A questão moral teve importância central na estabilidade familiar de certos segmentos, mas, repito, é temeroso afirmar qual seria a condição de legitimidade dos enjeitados. São significativas as informações de alguns assentos de batismo, como o de Felipe, enjeitado em 15 de julho de 1803, em casa de Romana Teresa, e que ao lado do assento continha a seguinte anotação: "é filho legítimo do capitão José Fernandes de Lana e de d. Joaquina de Oliveira Jaques ao qual foi legitimado pelo matrimônio subsequente"; Justina, batizada em 21 de junho de 1798, exposta em casa de Ana Patrícia, foi legitimada pelo casamento subsequente de seus pais, o capitão João de Deus Magalhães Gomes e Tomásia Francisca de Araújo; Manoel, batizado no dia 8 de fevereiro de 1802, exposto em casa de Joaquina Teodora do Nascimento, foi legitimado, em consequência de uma provisão do Desembargo do Paço, filho legítimo do coronel Nicolau Soares do Couto e de Angélica Alves de Miranda; ou, ainda, Carolina, enjeitada dia 15 de outubro de 1802, em casa de Francisca Angélica, e legitimada pelo casamento subsequente de seus pais, o sargento-mor José Joaquim de Souza e Josefa Camila de Lelis.[82]

---

[82] *Banco de dados...*, Batizado em 1/8/1803, Id. 8696 (Felipe); Batizada em 21/6/1798, Id. 7995 (Justina); Batizada em 8/2/1802, Id. 8453 (Manoel); Batizada em 27/10/1802, Id. 8518 (Carolina).

A recorrência à exposição como forma de ocultar a prole temporariamente, se, por um lado, comprova a ideia da moralidade como fator desencadeador, por outro, demonstra que o abandono constituía-se numa prática corriqueira das vilas e arraiais e agregava uma variável a mais ao leque de possibilidades que o destino das crianças poderia ter. Frequentemente, esta visão pragmática não se incomodava em publicizar relações ditas ilícitas anteriores ao casamento. Depois de formalizada a cerimônia, muitos casais reconheceram os filhos, hábito que parece pouco afeito aos rigores morais.

Alguns historiadores defenderam que o enjeitamento era uma espécie de infanticídio, esta prática teria declinado em detrimento daquela. O infanticídio estaria diretamente ligado a dois fatores primordiais: à bastardia e às crianças malformadas.[83] Os recém-nascidos com malformações ou problemas mentais foram frequentemente deixados nas rodas;[84] para Vila Rica, cita-se apenas o caso de Maria Josefa Lins, "menina aleijada" exposta no distrito de Cachoeira do Campo.[85] Para a América portuguesa, onde a bastardia não era novidade, não há indicativos de grande recorrência do infanticídio.[86] Existem relatos esporádicos, como o de Margarida, que, em Sabará, tivera um filho natural de Antônio de Freitas. Depois de batizada a criança, colocaram-na em um tabuleiro e "cobriram de roupa em forma que assim abafada morreu".[87]

---

[83] Flandrin, 1988:191-199; Ver também Badinter, 1985:25-144.
[84] Sá, 1995:50-51.
[85] APM, CMOP, Av. Cx. 67, Doc. 82.
[86] Alcileide Cabral do Nascimento, na contramão de boa parte da recente historiografia sobre o tema, defende a ideia de que o abandono seria uma prática infanticida. Ver Nascimento, 2008.
[87] Arquivo Eclesiástico da Arquidiocese de Mariana, 1727-1748, f. 49, apud Figueiredo, 1997:122.

De acordo com a lei romana, o aborto se equiparava ao infanticídio. No Regimento dos Quadrilheiros, legislação portuguesa de 1570, há uma referência a punições contra mulheres "que se tem infamadas de mover outras com beberragens ou por qualquer outra via". Os quadrilheiros, oficiais nomeados pelos municípios, eram responsáveis por impedir tais acontecimentos. Em Portugal, a partir de 1806, houve controle mais rígido sobre a gravidez de mulheres solteiras, obrigando-as a participar sua condição às autoridades locais.[88]

O aborto é prática mais difícil de ser percebida, porque feito geralmente na clandestinidade. Quase não deixou rastros na documentação e poderia se misturar entre os abortos espontâneos, certamente vulgares; nas Minas, a escrava Anita "tem tido várias barrigas que morreram".[89] Decerto, o aumento do abandono e sua generalização entre os diversos setores sociais tendiam a diminuir as ocorrências de aborto e de infanticídio, ambos condenáveis socialmente.

A julgar pelos ideais de moralidade feminina, a honra pode ter se tornado um recurso para encobrir atitudes condenáveis. Expor o filho em nome da honra foi prática recorrente e ia de encontro às expectativas sociais de uma mulher recatada e honesta em oposição a possíveis vexações. Embora se trate de uma questão imponderável, é preciso considerar igualmente o valor retórico que a honra poderia ter junto à comunidade. Afirmar, muitas vezes, no fim da vida, que enjeitou os filhos por "recato" e "decência" não deve induzir a conclusões de excesso de moralismo. Nesse sentido, o uso de testamentos revela-se particularmente rico para se entender a utilização do abandono por parcelas da

---

[88] Sá, 1995:80-82. Esse procedimento foi precocemente adotado nas Minas, ver capítulos 3 e 4 deste livro.
[89] Arquivo Eclesiástico da Arquidiocese de Mariana, 1726, f. 81, apud Figueiredo, 1997:123.

população.⁹⁰ Fica claro que, para certos segmentos, a justificativa moral prevalece sobre as demais: Maria Hilária, em testamento redigido em abril de 1825, em São João del Rei, esclarecia que,

> vivendo no estado de solteira, nele tive vários filhos, que por recato e decência se batizaram por expostos e vem a ser: Narciso José da Costa, já falecido [...], Rosa Maria de Jesus [...], José Joaquim da Costa, João Evangelista da Costa, Antonio Joaquim da Costa, Felisberta casada com José Joaquim Pimenta, todos estes filhos havidos do Capitão José Gomes da Costa, com quem ao depois me casei [...]. Declaro que ao depois do meu casamento com o dito Capitão José Gomes, deste matrimônio tive uma única filha de nome Ponciana Maria de Jesus.⁹¹

Casos como esses foram recorrentes, em maior ou menor grau, para toda a América portuguesa.⁹² A matriz cultural lusa encarregou-se de vincar tradições que participavam de uma ambiência favorável à exposição. A interdependência social promovida pelo abandono ocupou todos os segmentos econômicos e sociais da população. Todavia, é claro que não teve o mesmo significado para todos os setores.

Também os filhos de nascimentos espúrios, ou seja, frutos de relações que possuíam impedimento de natureza legal ou religiosa,⁹³ frequentemente eram enjeitados e, às vezes, reconheci-

---

⁹⁰ Sobre enjeitados e testamentos para o caso brasileiro, ver Faria, 1998:68-87; Brügger, 2002:214-241; Praxedes, 2003.
⁹¹ MRSJDR, Cx. 489. Inventário *post-mortem* do capitão José Gomes da Costa e Maria Hilária da Silva, 1830, apud Brügger, 2002:225.
⁹² Tal recorrência a testamentos também foi observada na América hispânica. Ver Rodriguez, 1997:103-111.
⁹³ Os filhos espúrios se subdividiam em três categorias, a saber: sacrílegos, frutos de relações carnais entre um leigo e um eclesiástico, seja secular ou regular, ou de religiosos entre si; adulterinos, ligações fortuitas ou consensuais, em que ambos,

dos pelos pais no fim da vida. Em 1820, o cônego arcipreste da catedral de Mariana, em seu testamento, declarou:

> Tive por minha miséria, antes de ordenar-me sacerdote, um filho natural, João Caetano da Silva, exposto em casa do Capitão José da Costa, morador na quinta da freguesia de Santa Luzia do Sabará, ao qual instituo herdeiro universal.[94]

No caso de padres, constantemente há referência a filhos tidos antes da ordenação, o que nem sempre era factível. Outra forma de ocultar a prole seria criar os próprios filhos como enjeitados. Esse foi o caso do padre José da Costa Moreira, que, em Sabará, era pai de dois filhos; a mais velha, Maria Narcisa, foi criada por ele como enjeitada, e o segundo, Antônio, que falecera criança, viveu como enjeitado na casa de Joaquim Soares de Menezes, homem pardo, casado, advogado, morador em Raposos.[95]

Todavia, a realidade específica dessas crianças reconhecidas em testamentos não deve ser generalizada a toda a dinâmica do abandono. O testamento era, antes de tudo, um acerto de contas, reconciliação com o sagrado e com os pares sociais. Era o instrumento pelo qual, convencionalmente, se reconheciam as "fragilidades humanas", os ilegítimos, fossem ou não enjeita-

---

ou apenas um dos envolvidos, era casado, apresentando, portanto, impedimento a futuras núpcias; incestuosos, uniões carnais entre parentes, ligados por consanguinidade e/ou afinidade, até o 4º grau. Ver Lopes, 1998:76, 96.

No *Banco de dados* há referência a um espúrio apenas, trata-se de "Caetano, filho espúrio de Caetano Silva. Pai natural de Trucifal, freguesia de Santa Maria Madalena, termo de Torres Vedras. Mãe natural do Rio de Janeiro". Batizado em 9/1/1742, Id. 3468. Naturalmente, é de se esperar que, no mais das vezes, por ser um documento controlado pela Igreja, os espúrios aparecessem como naturais ou expostos.

[94] Testamento do cônego Raymundo da Silva Cardoso, 1º Ofício, códice 242, auto 4459, apud Villalta, 1993:74.

[95] Inventário e testamento, padre José da Costa Moreira, 1827, apud Praxedes, 2003:135.

dos. Por sua vez, os expostos legítimos eram recuperados pelas famílias, circulavam em outras casas ou permaneciam nas casas onde foram expostos, frutos que poderiam ser da pobreza ou da desestruturação familiar, entre outros, razão pela qual quase inexistem nos testamentos.

Outra variável recorrente seria a da pobreza como fator imperativo da exposição. No entanto, nem todos os casais ou mães pobres enjeitavam os filhos. Do mesmo modo, esse argumento não explica o fato de regiões pobres possuírem baixas taxas de enjeitamento, como Ubatuba, que, entre 1786 e 1830, registrou uma média de 0,6%.[96] Outro fator que enfraquece afirmativas sobre a exclusividade da pobreza é o fato de o abandono ser prática mais disseminada a partir do século XVIII, ou seja, nos séculos XVI e XVII, com iguais ou piores condições de sobrevivência, assistiu-se a baixos índices de abandono.

Sheila de Castro Faria argumenta que seria pouco provável que filhos legítimos ou de casais coabitantes, "mesmo pobres", expusessem os filhos, "mão de obra básica das unidades domésticas, a não ser que morassem em áreas urbanas".[97] Como salienta a autora, o sustento da família pobre ficava exclusivamente por sua própria conta. Porém, muitas vezes, a pobreza, sobretudo em áreas urbanas, tinha o caráter imediato e impeditivo, raramente poderia dar-se ao luxo de formar mão de obra para si própria em épocas de instabilidade. O surgimento de um filho poderia agudizar situações já precárias, e abandoná-lo seria o resultado de estratégias familiares, na tentativa de desonerar e restabelecer o equilíbrio conforme as possibilidades econômicas.[98]

---

[96] Marcílio, 1986:201.
[97] Faria, 1998:75.
[98] Sheila de Castro Faria rediscute as motivações do abandono em Faria, 2010:81-98.

A correlação positiva entre abandono e preços de gêneros de primeira necessidade poderia indicar o número maior de pobres, porque são mais vulneráveis às flutuações dos preços.[99] Entretanto, séries longas e confiáveis não são fáceis de ser encontradas e essa correlação pode, muitas vezes, ser mera coincidência, isto é, não deve ser analisada sozinha. Para Minas Gerais, há estabilidade nos preços de gêneros cotidianos (milho, farinha de mandioca e toucinho) de pouco antes de 1750 até 1808, o que torna este tipo de correlação, para o caso vila-riquense, sem maior força analítica.[100]

Gráfico 1 — Condições de legitimidade dos recém-nascidos
Freguesia do Pilar (1740-1810) — população livre

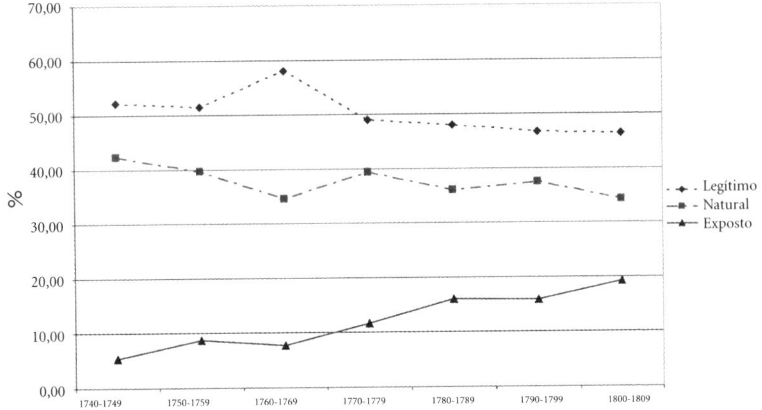

Fontes: Banco de dados..., ver bibliografia.

O gráfico acima mostra a relação de legítimos, naturais e expostos entre a população livre da paróquia de Nossa Senhora do Pilar. O que se observa a partir de fins da década de 1760 é o progressivo aumento das taxas de abandono, acompanhado do concomitante declínio nas taxas de filhos naturais e legítimos. Essa indicação re-

---

[99] Fonte, 1993. Ver também Venâncio, 1999:85-98.
[100] Carrara, 1997:82.

força a ideia de que, para Vila Rica, em primeiro lugar, o abandono estava diretamente relacionado a diferentes condições de legitimidade e, em segundo, o enjeitamento revelava-se uma alternativa, a todos os segmentos da população, de subtrair crianças à responsabilidade familiar e obter pecúlio para sua criação.[101] A partir de meados da década de 1760, quando lentamente a Câmara permitiu o auxílio a negros e mulatos, o abandono assumiu proporções cada vez maiores, dinamizando a circulação das crianças.

Quadro 1 — Condição de legitimidade em diferentes freguesias brasileiras

Localidade	Período	Legítimos	Ilegítimos	Expostos
Vila Rica — Nossa Senhora do Pilar do Ouro Preto	1740-1749	52,22	42,32	5,46
	1750-1759	51,54	39,72	8,75
	1760-1769	57,99	34,50	7,67
	1770-1779	48,95	39,40	11,65
	1780-1789	47,94	36,01	16,06
	1790-1799	46,64	37,53	15,83
	1800-1809	46,43	34,26	19,30
Vila Rica — Nossa Senhora da Conceição de Antônio Dias	1740-1749	-	-	5,1
	1750-1759	-	-	7,4
	1760-1769	-	-	7,8
	1770-1779	-	-	14,2
	1780-1789	-	-	12,4
	1790-1799	-	-	14,4
	1800-1809	-	-	12,2
Catas Altas (MG)	1740-1749	67,5	27,9	4,6
	1750-1759	67,4	26,4	6,2
	1760-1769	53,2	41,2	5,6
	1770-1779	51,7	41,0	7,3
	1780-1789	50,8	41,1	8,1
	1790-1799	51,1	40,6	8,3

continua

---

[101] Sá, 1993:43.

A piedade dos outros

Localidade	Período	Legítimos	Ilegítimos	Expostos
	1800-1809	59,8	28,8	11,4
São João del Rei	1741-1750	-	-	2,9
	1751-1760	-	-	1,7
	1761-1770	-	-	7,3
	1771-1780	-	-	7,9
	1781-1790	-	-	9,8
	1791-1800	-	-	10,3
	1801-1810	-	-	8,8
Paróquia de Sabará	1723-1757	-	48,0	5,0
	1776-1782	-	47,0	1,0
Paróquia da Sé — São Paulo	1741-1755	-	10,24	14,85
	1756-1770	-	18,28	14,72
	1771-1785	-	20,97	21,42
	1786-1800	-	21,08	10,74
	1801-1815	-	26,26	15,64
	1816-1830	-	30,15	18,83
	1831-1845	-	31,49	14,75
Salvador	1770	68,6	26,9	4,5
	1780	55,5	28,5	16,0
	1790	60,9	30,1	9,0
	1800	60,6	32,7	6,7
	1810	56,9	37,4	5,7
Nossa Senhora da Luz dos Pinhais, Curitiba	1761-1770	83,6	10,3	6,1
	1771-1780	79,4	11,4	9,2
	1781-1790	74,1	15,9	10,0
	1791-1800	69,9	16,8	13,3
Rio de Janeiro — Candelária	1718-1719	75,9	14,0	10,1
	1720-1723	72,7	13,6	13,7
Sorocaba	1679-1720	-	7,8	0,2
	1737-1769	-	21,5	4,9
	1791-1810	-	11,5	8,4
	1811-1830	-	5,7	3,7

Fontes: Nossa Senhora do Pilar do Ouro Preto. *Banco de dados...*; Nossa Senhora da Conceição de Antônio Dias. Costa, 1979, apêndice estatístico; Catas Altas, paróquia da Sé de São Paulo, Salvador e Candelária. Marcílio, 1998:232-233; São João del Rei. Brügger, 2002:215; paróquia de Sabará (1723-1757). Pereira, 2004:102-104; paróquia de Sabará (1776-1782). Praxedes, 2003:96. (Praxedes não desconsiderou o nascimento de escravos); Nossa Senhora da Luz dos Pinhais — Curitiba. Cavazanni, 2005:72; Sorocaba. Bacellar, 2001:187.

Há a ocorrência de alguns enjeitados filhos de escravas. Trata-se de um número reduzido e certamente esteve circunscrito a poucos casos. De qualquer forma, evidencia uma das estratégias utilizadas pelas mães para libertar os filhos. Pelo direito romano, toda criança enjeitada era livre. Tal prerrogativa foi confirmada pelo alvará pombalino de 1775, mas quando tal estratagema era descoberto, o enjeitado era devolvido sem delongas ao dono.[102]

Em Catas Altas, distrito de Mariana, Renato Venâncio também observou que a assistência camarária aos enjeitados abria um leque de possibilidades diante da pobreza. O ciclo de maior abandono (1775-1825) correspondia ao período de maior gasto do concelho de Mariana com os enjeitados.[103] Todavia, de acordo com os percentuais de legitimidade daquela freguesia rural, os índices de ilegitimidade foram mais afetados pelo aumento dos expostos do que o percentual de legítimos,[104] conforme se observa no quadro 1.

Seria inútil apontar a causa única do abandono. Essa mescla de possibilidades dependeu das variáveis locais para se tornar específica, mas foi abrangente o suficiente para se tornar vulgar entre os povos católicos. Por isso, o enjeitamento não deve ser confundido com relaxamento moral das populações, promiscuidade, falta de amor.[105] Trata-se de prática difundida e moralmente aceita como alternativa a soluções mais *cruéis*, como o infanticídio e o aborto. O abandono muitas vezes estava calcado

---

[102] Ver capítulo 3 deste livro.
[103] Venâncio, 2000:111-123.
[104] Marcílio, 1998:233.
[105] Grande parte da bibliografia sobre Minas endossou a tese de que os enjeitados estariam diretamente relacionados à promiscuidade e ao desregramento das populações. Para Minas Gerais: Salles, 1963:85; Russell-Wood, 1977:59; 1982; Boschi, 1986; 1984.

em situações imediatas, mas não impossibilitava que, tempos depois, se porventura não existissem condições impeditivas, a família recuperasse o filho ou mesmo criasse outras crianças enjeitadas. Esse foi o caso de Bernardina Clara Manhães, que enjeitara três dos filhos, mas criara, além das filhas, uma enjeitada.[106] Em São João del Rei, o exposto Crispiniano enjeitara o filho João Basílio dos Santos, em 1824, dias antes de legitimar seu casamento.[107]

Todas as variáveis em conjunto serviram para o recrudescimento do abandono; assim, a pobreza, a condenação moral aos nascimentos ilegítimos, o tamanho da prole, a morte dos pais, as doenças, a implantação do pecúlio camarário e o discurso caritativo foram fatores que em maior ou menor grau contribuíram para que as crianças circulassem pelas casas da vila. Numa época de altas taxas de natalidade e mortalidade, meios contraceptivos ineficazes e desigual distribuição de crianças, o sentimento da infância assumia viés pragmático, menos afeito ao indivíduo, fragilizado pelas contingências da vida.

---

[106] Faria, 1998:71-74.
[107] MRSJDR, cx. 411. Inventário *post-mortem* de Mariana Cândida dos Santos, 1840, apud Brügger, 2002:224-225.

CAPÍTULO 2
As crianças em cena

Voltou para a triste casa que lhe haviam emprestado. Tia Mônica arranjara de si mesma a dieta para a recente mãe, e tinha já o menino para ser levado à roda. O pai, não obstante o acordo feito, mal pôde esconder a dor do espetáculo. Não quis comer o que tia Mônica lhe guardara; não tinha fome, disse, e era verdade. Cogitou mil modos de ficar com o filho; nenhum prestava. Não podia esquecer o próprio albergue em que vivia. Consultou a mulher, que se mostrou resignada. Tia Mônica pintara-lhe a criação do menino; seria a maior miséria, podendo suceder que o filho achasse a morte sem recurso. Cândido Neves foi obrigado a cumprir a promessa: pediu à mulher que desse ao filho o resto do leite que ele beberia da mãe. Assim se fez; o pequeno adormeceu, o pai pegou dele e saiu na direção da rua dos Barbonos.

"Pai contra mãe" — Machado de Assis

O BATISMO E SEUS DESDOBRAMENTOS

Em Vila Rica, bem como em todo o mundo católico, a primeira grande necessidade de um recém-nascido era o batismo. Rito de iniciação por excelência, o batismo era, de uma só vez, ato religioso e social. Nas sociedades cristianizadas da época moderna, o sentido religioso frequentemente coincidiu com o reconhecimento cultural; quando se celebrava a incorporação ao mundo cristão, festejava-se também o nascimento da face humana da criatura. Todo aquele que morresse sem batismo estaria relegado ao limbo, local sem martírio nem possibilidade de purificação. Conforme a doutrina tomista, a morte sem esse sacramento condenaria a alma à "morte eterna", porque ali estaria impossibilitada da visão de Deus, desejo maior do homem religioso.[1]

---
[1] Sobre o batismo, ver, sobretudo, Prosperi, 2010:174-202; Campos e Franco, 2004:21-40.

Por isso causava horror a morte sem o sacramento iniciático e urgia a celebração do rito, principalmente para aquelas que corriam perigo de vida. Repetidas vezes a Câmara de Vila Rica tentou conter os porcos que perambulavam pelas ruas com multas e ameaças de prisão; todavia, tal prática parece não ter surtido o efeito desejado, porque os editais pedindo que os donos retirassem seus animais de locais públicos repetiram-se seguidamente, ao longo do século. As crianças seriam alvos fáceis de bichos presentes nas ruas e becos da vila.

O edital lançado em setembro de 1756 ordenava às pessoas "de qualquer qualidade ou condição" que evitassem soltar os animais em virtude dos muitos danos. Salientava que mães "impiedosas" lançavam os filhos às portas e ruas da vila, "expondo-os a qualquer infelicidade; ou felicidade do encontro lhe dê ou a fortuna, viverem e se batizarem, ou a desgraça e perderem com a vida o céu, sepultando-os às portas em suas entradas".[2]

De acordo com as *Constituições Primeiras do Arcebispado da Bahia*, toda criança enjeitada deveria ser batizada novamente "debaixo de condição". Trata-se de certificação do batismo, frente a possíveis inadequações na celebração do rito.[3] Toda pessoa, em caso de necessidade, pode ministrar o sacramento (batismo *in extremis*); entretanto, no caso dos expostos, o rito caseiro poderia ser mais frequente por não se saber ao certo o destino da criança até ser encontrada, além de manter sob sigilo a identi-

---

[2] Por todo o século XVIII, a Câmara tentou inibir a presença de porcos pelas ruas da vila alegando prejuízos e estragos nas cercas, incômodo aos transeuntes e risco de vida aos enjeitados. Ver APM, CMOP, Cód. 64, ff. 72-72v.

[3] "Mandamos, outrossim, que as crianças que se acharem enjeitadas na cidade, e Arcebispado, sejam condicionalmente batizadas, posto que com elas se achem escritos, em que se declare que foram batizadas, porque não se sabe de certo, se tal criança foi validamente batizada; salvo sendo os escritos de párocos, ou de outros sacerdotes conhecidos, ou de pessoa fidedigna, ou por outra via conste legitimamente por certeza moral que foram reta e validamente batizadas". *Constituições Primeiras do Arcebispado da Bahia*, livro I, título XV.

dade dos pais. Os batismos que apresentam a declaração expressa de serem feitos condicionalmente giram em torno de 6,5%, percentual certamente subnumerado, dada a pequena expressividade de bilhetes contendo informações sobre a condição espiritual das crianças, cerca de 3,5%.[4]

Como o sacramento não pode ser ministrado mais de uma vez, batiza-se condicionalmente: "Se estás batizado, não te batizo outra vez; mas se ainda não estás batizado, eu te batizo em nome do Pai, do Filho e do Espírito Santo".[5] Esse foi o caso, por exemplo, de Teresa, batizada *sub conditione*, exposta à porta de Lucas de Souza, morador na rua das cabeças desta freguesia [...] com um escrito de letra desconhecida, que dizia vinha batizada, e que se chamava Teresa"; de Maria, batizada *sub conditione* por ordem da justiça, por se não achar o documento de seu batismo, exposta a Maria Angélica em casa de Luiza de Barcelos, moradora na cidade do Rio de Janeiro".[6]

Muitas vezes, a dúvida em relação ao batismo ministrado aos enjeitados vinha expressa textualmente, como no caso de Joaquim, exposto à parda forra Antônia da Conceição, que foi batizado "*sub conditione* por duvidar se teria sido batizado" ou, ainda, Antônia, enjeitada à porta do padre Estêvão Gomes, batizada "*sub conditione*, por duvidar da validade do batismo, feito em casa, em perigo de vida".[7] Noutras ocasiões, a criança era

---

[4] Cálculos feitos a partir dos assentos de batismo, 1740-1810, sistematizados no projeto *Banco de dados referente às séries paroquiais da Freguesia de Nossa Senhora do Pilar do Ouro Preto, séculos XVIII e XIX* (CNPq/Fapemig), coordenado pela profª. dra. Adalgisa Arantes Campos (UFMG).

[5] *Catecismo Romano*, MCMLVI, p. 400.

[6] *Banco de dados...*, Batizada em 31/1/1786, Id. 6496 (Teresa); Batizada em 13/9/1745, Id. 3643 (Maria).

[7] *Banco de dados...*, Batizado em 2/4/1754, Id. 3908 (Joaquim); Batizada em 25/7/1761, Id. 4335 (Antônia).

entregue sem o sacramento, como o caso de Manoel, exposto à porta de Maria, preta forra, que trazia um escrito "que dizia que não estava ainda batizado".[8] Prevaleciam os casos em que a criança era encontrada "sem cédula" ou "sinal algum" sobre sua ascendência, razão pela qual o batismo teria de ser condicional. Frequentemente especificava-se o nome da criança, mas nem sempre tal pedido era respeitado, como no caso de Antônia, exposta no dia 18 de janeiro de 1756, e que trazia um escrito dizendo "não estar batizada, que era branca e se chamasse Sebastiana, nome que os padrinhos lhe não quiseram pôr". Antônia foi batizada em 2 de fevereiro do mesmo ano; foram padrinhos o capitão Heitor de Sá e dona Ana Paula de Serqueira e dada a criar a Antônio dos Santos Correa e sua mulher, Micaela de Matos, pretos forros.[9] Todavia, grande parte dos bilhetes demonstrava os desejos dos progenitores, ou seja, faziam referências ao batismo, a nomes, padrinhos ou madrinhas, e comumente eram seguidos à risca.

Os nomes das crianças acompanhavam o repertório cristão, encontrando-se, com mais frequência, entre as meninas, Maria (21,9%), Ana (12,4%), Francisca (8,9%), Antônia (5,2%), e entre os meninos, Francisco (12,3%), José (11,9%), Antônio (10,2%), João (7,1%), Joaquim (5,1%).[10] Em Vila Rica, os pais não se valeram de nomes exóticos ou pouco comuns como aqueles encontrados nas rodas de Salvador e do Rio de Janeiro, e que facilitavam o reconhecimento da criança, caso viessem buscá-la tempos depois.[11] Muito provavelmente tal fator esta-

---

[8] *Banco de dados...*, Batizado em 29/7/1752, Id. 3796 (Manoel).
[9] APM, CMOP, Av., Cx. 34, Doc. 51.
[10] *Banco de dados...*
[11] "Cedo, os pais, mães e familiares dos abandonados perceberam que, mesmo quando eles se ausentavam por vários anos, o nome permitia a fácil identificação da criança deixada na Roda. Bastava que eles tivessem a perspicácia de se inspirarem

va relacionado à natureza do abandono nos locais sem a roda dos expostos. Nessas localidades seria mais fácil encontrar ou ter notícias das crianças repassadas às casas, diferentemente da quebra de vínculos promovida pelas instituições assistenciais como a Santa Casa.

O horário do abandono era ao longo da noite, geralmente depois das sete horas até a alta madrugada, a fim de se manter o anonimato. Maria fora exposta "pelas sete horas da noite e não trazia cédula nem sinal algum". Por sua vez, Jacinto foi encontrado à porta do capitão José Cardoso Nunes "pelas três horas da madrugada".[12] É temeroso estabelecer horários mais recorrentes de abandono, uma vez que a criança poderia levar diferentes tempos para ser encontrada, porém, de acordo com os horários descritos nas atas de batismo, grande parte do abandono está concentrada no intervalo de sete até por volta da meia-noite.

Os meses de abandono também variavam bastante. Como pode se observar no gráfico 2, o período de 1750 a 1779, em certos momentos, parece um espelho inverso do período 1780-1810. Enquanto, para o primeiro, março representa um decréscimo na taxa de abandono, no segundo há um pequeno cume; o mesmo acontece para os meses de julho e agosto. De modo geral, o pico do abandono fica entre setembro e outubro, diminuindo no fim do ano, entre novembro e dezembro, período chuvoso. Outro intervalo de baixo abandono ficava entre junho, julho e agosto, quando predominam as baixas temperatu-

---

em uma onomástica, vamos dizer assim, pouco ortodoxa. Com efeito, os registros paroquiais documentaram várias vezes essa prática. Nas atas aparecem nomes femininos pouco comuns como 'Protásia', 'Álvara', o mesmo ocorrendo na documentação da Santa Casa que registrava meninos que atendiam pelo nome de 'Vitélio', 'Geta', 'Nerva' e até mesmo 'Nero'. Venâncio, 2002:146; 1999:78.

[12] *Banco de dados...*, Batizada em 7/5/1767, Id. 4707 (Maria); Batizado em 6/9/1791, Id. 7249 (Jacinto).

ras. Nesses locais, a criança deveria ser abandonada com poucos dias de vida; conservá-la em casa poderia apresentar riscos à preservação do anonimato.

Gráfico 2 — Sazonalidade do abandono
— Paróquia do Pilar — 1750-1810

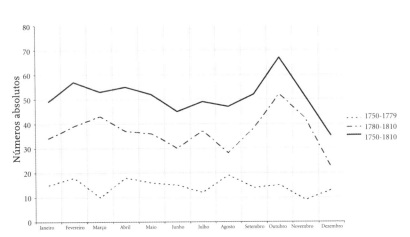

Fontes: *Banco de dados referentes às séries paroquiais da Freguesia de Nossa Senhora do Pilar do Ouro Preto de Vila Rica (batismos, casamentos e óbitos)*. CNPq/Fapemig.

Quanto ao sexo das crianças, houve variação ao longo do tempo, prevalecendo, contudo, em maior número, as meninas. A razão de masculinidade encontrada para a paróquia do Pilar (84,4) foi próxima daquela encontrada em Antônio Dias (89,1).[13] Todavia, ligeiramente mais baixa do que aquelas encontradas na América portuguesa, cujos estudos apontam relativo equilíbrio entre os índices de masculinidade.[14]

---

[13] Costa, 1979, apêndice estatístico.
[14] Brügger, 2002:218; Bacellar, 2001:199-200; Venâncio, 1999:47; Silva, 1980/1981:95-104.

Quadro 2 — Razão de masculinidade, Paróquia do Pilar — 1750-1804

	Masculino	Feminino	Total	Razão de masculinidade
1750-1754	11	9	20	122,22
1755-1759	6	11	17	54,55
1760-1764	8	14	22	57,14
1765-1769	15	11	26	136,36
1770-1774	14	20	34	70,00
1775-1779	27	28	55	96,43
1780-1784	33	30	63	110,00
1785-1789	37	40	77	92,50
1790-1794	50	45	95	111,11
1795-1799	34	57	91	59,65
1800-1804	41	62	103	66,13
1750-1804	276	327	603	84,40

Fontes: *Banco de dados referentes às séries paroquiais da Freguesia de Nossa Senhora do Pilar do Ouro Preto de Vila Rica (batismos, casamentos e óbitos).* CNPq/Fapemig.

O índice encontrado em Vila Rica comprova que se enjeitavam mais meninas que meninos, embora houvesse apenas uma pequena diferença entre os sexos — a população de meninas enjeitadas, entre 1750 e 1804, era 5% maior em relação à dos meninos. No cômputo geral, não é possível afirmar que o abandono se baseava, imperativamente, no gênero das crianças. Contudo, pode ter havido, para algumas famílias, a preferência de se abandonarem meninas, conservando os meninos, futura mão de obra domiciliar. Mas ressalta-se que o índice de masculinidade poderia variar significativamente ao longo dos anos, reforçando a ideia de que não havia um padrão baseado no sexo para a exposição das crianças.

A cor geralmente era um atributo confuso e, frequentemente, os párocos preferiram negligenciar tal característica no registro de batismo. Esse *descuido* poderia facilitar a entrada das crianças na Câmara, uma vez que era forte elemento reivindicativo para se conseguir o subsídio. Como se verá mais adiante, durante os primeiros anos, a Câmara proibiu a entrada de negros e mulatos, e a pigmentação passou a ser elemento primordial em sua admissão. A ascendência desconhecida do recém-nascido poderia muitas vezes causar dúvidas sobre ter ou não sangue mestiço; frequentemente, os bilhetes que vinham com os enjeitados davam fé de que eram de cor branca. Tais bilhetes, como salientou Renato Venâncio, poderiam ser facciosos e formalizavam uma das estratégias utilizadas por essas camadas para corresponder às expectativas institucionais.[15]

Durante todo o século XVIII, mesmo depois de, aparentemente, superada a questão racial, a cor branca sempre foi pretexto para se argumentar a favor do enjeitado. Em 1795, Ana Ferreira Pinta requereu ao procurador da Câmara que alterasse, na documentação daquela instituição, a "qualidade" da criança que cuidava, afirmando que a enjeitada Domitila era branca, e não parda como constava nos papéis do concelho.[16] Porém, por agora, cabe ressaltar que nos registros de batismos da paróquia do Pilar não consta a cor das crianças em mais de 95% dos assentos. Destaque-se que, conforme as leis que vigiam em Portugal, os expostos encontravam-se no grau zero de sua genealogia e o dia da exposição era a data de seu nascimento.[17]

Os assentos de batismo não presumiam idade e alguns poucos registros continham informações vagas quanto à data do nascimento, como Agostinho, "que aos 16 dias deste dito mês foi exposto em casa do doutor João Pita Loureiro sem cédula e nem algum outro sinal e só parecia ser já nascido há alguns dias". Outra enjeitada, Tereza, trazia em seu assento de batismo: "exposta aos 26 deste dito mês em casa de João Gonçalves Bra-

---

[15] Venâncio, 1999:75-85.
[16] APM, CMOP, Av, Cx. 67, Doc. 26.
[17] Ver compilação das leis portuguesas até 1820 em Pinto, 1820.

gança desta dita freguesia, [...] trazia uma carta que dizia que a dita exposta nascera aos 15 deste mês vinha sem batizar".[18] É possível que, se houvesse alguma desestruturação familiar, as crianças maiores circulassem ou na casa de parentes, ou como agregados em outras famílias, uma vez que publicizar a criança como filho impedia as famílias de enjeitá-la anonimamente na comunidade.

TAXAS DE ABANDONO

Em Vila Rica, o abandono de crianças começou a crescer significativamente a partir de meados da década de 1740. Em alguns anos, a mineração daria sinais irrefutáveis de decadência, e a região perderia contingente populacional para outras mais florescentes.[19] No entanto, a associação entre abandono de crianças e decadência da mineração não deve ser aceita de forma irrestrita. De modo geral, há acréscimo na taxa de abandono, a partir da segunda metade do século XVIII, para a grande parte do mundo católico, de formação tipicamente urbana. Amplas áreas da América católica e Europa do sul viveram esse mesmo drama, conferindo universalidade ao fenômeno vila-riquense. Certamente dezenas de variáveis em conjunto tenderam a aumentar os índices em determinados locais, bem como tornaram-nos menores em outros. Durante o século XVIII, os abandonados tiveram dimensões menores nas freguesias fluminenses rurais do que nas urbanas; apresentaram ritmos diferentes, por exem-

---

[18] *Banco de dados...*, Batizado em 25/4/1753, Id. 3853 (Agostinho); Batizada em 28/10/1752, Id. 3838 (Tereza).
[19] Bergad, 2004:169.

plo, em Sorocaba, São Paulo, Salvador, Campos dos Goitacases, São João del Rei e Vila Rica.[20]

Como se pode ver pelo gráfico 3, o abandono de crianças na paróquia urbana de Nossa Senhora do Pilar se avolumou e atingiu a maior concentração na década de 1790. O início do século XVIII, visto por muito tempo como fase de decadência moral e promiscuidade, apresentava baixos índices de abandono. Da mesma forma, o enjeitamento também é frequentemente associado à crise econômica pela qual passou a região mineradora a partir da segunda metade do século. Contudo, como se pretende mostrar ao longo do texto, o abandono estava intimamente ligado a dois fatores primordiais: à circulação de crianças pelas famílias da vila e à implantação do subsídio camarário.

Em primeiro lugar, cumpre lembrar que, desde a década de 1760, o termo de Vila Rica progressivamente sofreu um processo de retração populacional e, ao mesmo tempo, o vertiginoso aumento de enjeitados. De acordo com Bergad, a população da comarca diminuía a uma taxa anual de 0,3%. "Em 1776, 23% de toda a população da capitania vivia em Vila Rica (comarca), mas esse percentual caiu para 13,6% em 1821". Vila Rica, num só golpe, presenciava a contração da mineração e a exaustão dos solos, inadequados para agricultura.[21]

---

[20] *Rurais*: Guaratiba (2%), Irajá (4,1%), Jacarepaguá (3%), Inhaúma (4,3%); *urbanas*: Sé (21,1%), São José (21,5%). Ver Venâncio, 1988:30. Para Sorocaba, Bacellar conclui que "havia nos abandonos um padrão regional, de evolução distinta diretamente relacionada a uma economia específica de transporte e comercialização de gado". Bacellar, 2001:198-199. Marcílio, 1974:159; Venâncio, 1999:41-60; Faria, 1998:70; Brügger, 2002:215. Para Paróquia de Antônio Dias, ver Costa, 1979.

[21] Bergad, 2004:169.

As crianças em cena

Gráfico 3 — Batismo de enjeitados por ano civil
Paróquia do Pilar — 1740-1808

Fontes: Banco de dados referente às séries paroquiais da Freguesia de Nossa Senhora do Pilar do Ouro Preto de Vila Rica (batismos, casamentos e óbitos). CNPq/Fapemig.

Em 1776, a população da comarca era composta por 16,1% de brancos, 21,4% de pardos e 62,5% de negros.[22] O misto de gente pobre associado à migração interna de homens e à decadência de setores primordiais da vida econômica mineira pode ter contribuído em conjunto para o aumento das taxas de abandono.[23]

Fique claro, porém, que o abandono de crianças não deve ser relacionado a uma única causa, pois não houve fator que, sozinho, tenha respondido pela significativa parcela de abandono observada em Vila Rica. Como se pode ver no gráfico 4, os índices foram consideráveis entre as duas freguesias da vila: Nossa Senhora do Pilar do Ouro Preto e Nossa Senhora da Conceição de Antônio Dias.[24] A freguesia do Pilar teve taxas mais altas de exposição, chegando ao valor médio de 17% dos nascimentos dos livres, entre 1782 e 1805.

---

[22] RAPM, v. 4, nº 3, p. 511, 1899.

[23] Sobre a pobreza mineira, ver: Souza, 1986.

[24] Os índices da freguesia de Antônio Dias foram calculados por mim, com base no Apêndice Estatístico contido em Costa, 1979.

A piedade dos outros

Quadro 3 — População de Minas Gerais — 1776-1821

Comarcas (limites de 1776)	1776	%	1808	%	1821	%	Índice anual de crescimento da população 1776-1808
Vila Rica	76.618	23,0%	72.286	16,7%	78.863	13,6%	-0,3%
Rio das Mortes	82.781	24,2%	154.869	35,8%	236.547	40,7%	2,0%
Sabará	99.576	29,1%	135.920	31,4%	171.080	29,5%	1,0%
Serro Frio	80.894	23,7%	69.974	16,2%	94.296	16,2%	-0,5%
Total	341.869	100%	433.049	100%	580.786	100%	0,7%

Fontes: Bergad, 2004:165.

Gráfico 4 — Percentagem de enjeitados sobre a população livre
Vila Rica — 1740-1804

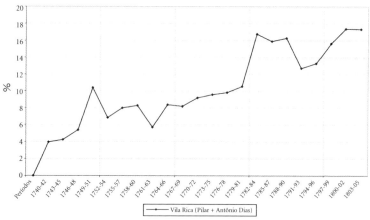

Fontes: Banco de dados referentes às séries paroquiais da Freguesia de Nossa Senhora do Pilar do Ouro Preto de Vila Rica (batismos, casamentos e óbitos). CNPq/Fapemig; Costa, 1979, apêndice estatístico.

AS PORTAS DOS ENJEITADOS

Em Vila Rica, o abandono em monturos ou mesmo em locais públicos, como praças e becos, igrejas e capelas, sempre foi em menor número, predominando o depósito das crianças às portas dos domicílios, prática disseminada nos locais sem a roda.[25] A legislação portuguesa condenava o enjeitamento com "ânimo de os expor à morte", deixando as crianças em "lugares ermos ou onde as feras e animais os podem devorar facilmente".[26] Como dito anteriormente, as referências a porcos perambulando pela vila foram constantes durante todo o século e mais de uma vez a Câmara lançou editais tentando manter os animais presos.[27]

O horror aos corpos mutilados, a morte sem batismo e a condenação da lei e do costume a estas práticas *selvagens* contribuíram para que aqueles que abandonassem seus filhos tivessem ações positivas em defesa do valor sagrado da vida. Mesmo que o destino de muitos não fosse promissor, era mais aceitável que morressem como cristãos e tendo como salvaguarda o céu.

A escolha do lar receptor poderia pautar-se por vários fatores. Do total de crianças enjeitadas, 95,7% foram depositadas em domicílios; destes, 53% foram expostas a mulheres e 47% a homens, certamente casados.[28] Existe, contudo, significativa diferença entre o abandono a lares chefiados por homens (casais) e por mulheres (solteiras ou, em menor número, viúvas). Enquanto na escolha dos lares femininos houve grande presen-

---

[25] O costume de se abandonar em locais públicos ou casas particulares podia ser observado também em lugares onde existia roda; geralmente, todas as práticas eram observáveis. Nos locais com roda, a tendência, naturalmente, seria de que a maior parte das crianças fosse depositada na Santa Casa.

[26] Pinto, 1820, artigo XII.

[27] APM, CMOP, Cód. 64, ff, 72, 72v.

[28] De 645 casos, 290 foram entregues a homens, 327 a mulheres, seis foram enjeitadas em locais públicos, 20 não constam especificação (*Banco de dados...*). Embora fossem feitas referências apenas ao chefe do domicílio, os enjeitados deixados em portas de homens certamente diziam respeito a homens casados. Os solteiros eram o último grupo em prioridade para criação de enjeitados, fato que, obviamente, não acontecia com as mulheres, porque reduziria drasticamente as possibilidades de amamentação das crianças.

ça das forras, no caso dos homens houve o predomínio de lares mais abastados.[29]

O núcleo urbano de Vila Rica, em grande medida, caracterizava-se pela variedade de padrões familiares com grande presença de famílias nucleares e matrifocais. O casamento não se constituíra ainda numa prática amplamente disseminada nos diferentes grupos sociais e, ao longo do século, as mulheres — marcadamente as forras — chefiaram domicílios.[30] Essa presença também pode ser atestada no abandono, influenciado ainda pela alta mobilidade feminina ao longo da centúria.

Das crianças expostas a mulheres, todas livres ou alforriadas, a primeira constatação é a significativa presença de libertas no quadro geral do abandono. Embora apenas 44,6%, 146 de 325 casos, contivessem a condição social declarada (forra ou livre), fica patente a maciça presença de forras recebendo enjeitados em suas portas. O número encontrado é certamente inferior à realidade dos dados e não possibilita maiores inferências devido à dificuldade de atribuir condição social em uma sociedade repleta de homônimos e alta mobilidade. Dos 146 casos declarados, 109 (74,7%) eram mulheres forras e 37 (25,3%) eram mulheres declaradas livres.[31] Houve, entre as mulheres, o predomínio de meninas, 56,9%, contra 43,1% de meninos, resultado da prevalência feminina no quadro geral de abandono da freguesia.

---

[29] Não significa dizer que todas as forras fossem economicamente depauperadas. Sheila de Castro Faria mostrou que algumas mulheres alforriadas conseguiam acumular expressivas quantias. Entretanto, para o caso vila-riquense, a diferença entre as casas chefiadas por homens e mulheres respaldava-se, para além de fatores econômicos, também em posições diferenciadas na hierarquia social. Para mobilidade econômica das forras, ver Faria, 2000:65-92. Ver ainda Figueiredo, 1993; Paiva, 1995.

[30] Ramos, 1975:201-225; Figueiredo, 1997; Lott, 2004.

[31] Também as mulheres livres poderiam ser forras. Frequentemente a mobilidade desse segmento acabou por "apagar" informações sobre sua ascendência. Furtado, 2003.

Quadro 4— Lares chefiados por mulheres com maior número de enjeitados nas portas — paróquia do Pilar — 1740-1810

Nome	Condição Social	Número de Enjeitados
Sebastiana Luíza do Sacramento	"Parda forra"	09
Romana Tereza	"Parda forra"	07
Catarina Dias Ramos	"Parda forra"	06
Maria da Silva e Aguiar	"Forra"	05
Maria Isabel Coutinho	"Livre"	04

Fontes: Banco de dados referentes às séries paroquiais da Freguesia de Nossa Senhora do Pilar do Ouro Preto de Vila Rica (batismos, casamentos e óbitos). CNPq/Fapemig.

Sebastiana Luíza do Sacramento, que recebera em sua casa nove enjeitados, era parda, solteira e forra. Não há registros de filhos em seu nome, o que pode indicar, embora a comprovação seja impossível, esterilidade ou mesmo a hipótese de Sebastiana ter enjeitado prováveis descendentes. Romana Tereza, por sua vez, recebeu sete crianças entre 1792 e 1803. Em 1804, estava com 72 anos, era viúva e parteira, vivia com filhos, agregados e escravos; não há referência a enjeitados recém-nascidos em sua casa, apenas a enjeitada Francisca, de 15 anos de idade.[32] A profissão de Romana era certamente o principal chamariz de expostos. Ela mesma deveria ter realizado o parto de várias crianças e poderia recebê-las num primeiro momento. Catarina Dias Ramos, outra parda forra, entre 1793 e 1804 acolheu seis enjeitados. Catarina era padeira e tinha uma "casa de molhados do reino"; estava com 53 anos em 1804, tinha seis escravos, nenhum filho e duas agregadas sob sua custódia: Maria, parda, de 12 anos, e dona Maria, exposta e com a idade de 8 anos, havia sido batizada em 17 de junho de 1796.[33] Maria da Silva e Aguiar recebeu cinco enjeitados entre 1765 e 1783, mas teve apenas um filho, batizado

---

[32] Mathias, 1969:63.
[33] Ibid., p. 154. Banco de dados..., Batizada em 17/6/1796, Id. 7.686.

na paróquia do Pilar, em 29 de janeiro de 1771.[34] Entre 1758 e 1768, dona Maria Isabel Coutinho teve três filhos legítimos do casamento com o português Antônio Afonso Pereira e, de 1782 a 1791, já viúva, recebeu quatro crianças à sua porta.[35] Há casos em que mulheres em idade fértil foram escolhidas.[36] A parda forra Josefa Ramos batizou Justino, filho natural, em 18 de agosto de 1799; em 10 de outubro de 1802 recebera, em sua casa, Joaquim. Até essa data já havia tido duas crianças enjeitadas em sua porta; todavia, em 1804, não há referência de expostos na residência de Josefa.[37] É possível que as escolhas fossem feitas com base na possibilidade de alimentação natural, contudo, não precisariam pautar-se somente por esse quesito; a estabilidade financeira poderia ser igualmente um forte atrativo. Francisca Tavares França teve sete filhos legítimos com Caetano Rodrigues da Silva. O último, Pedro, foi batizado em 18 de julho de 1780. Em 19 de outubro de 1791, já viúva, com 46 anos, foi madrinha de Cândido, exposto à sua porta.[38] Francisca do Pilar e Lana era filha do sargento-mor Pantaleão da Costa Dantas, português, *homem bom* de Vila Rica, e de sua esposa Mariana de Jesus Lana, marianense. De 1763 a 1772, batizou quatro filhos do casamento com Francisco Barbosa de Miranda Saldanha; em 2 de setembro de 1791, acolhera Claudina, exposta à sua porta.[39] O mesmo acontecera com dona Joaquina Rosa

---

[34] *Banco de dados...*, Batizado em 29/1/1771, Id. 4866.
[35] *Banco de dados...*, Ids. 4092, 4756, 4264 (filhos). *Banco de dados...*, Ids. 5732, 7131, 7398, 7197 (enjeitados).
[36] Bacellar, 2001:213-219; Brügger, 2002:230-231.
[37] *Banco de dados...*, Batizado em 18/8/1799, Id. 8.161 (Justino); Batizado em 10/10/1802, Id. 8509 (Joaquim); Batizado em 26/9/1790, Id. 7383 (João); Batizado em 24/6/1798, Id. 8000 (Alberto). Mathias, 1969:176.
[38] *Banco de dados...*, Ids. 4659, 4775, 5177, 4933, 5276, 5469, 9988. Batizado em 19/10/1791, Id. 7262. Francisca Tavares França vivia em 1804 com quatro filhos, 11 escravos, dois agregados. Ver Mathias, 1969:69-70.
[39] *Banco de dados...*, Batizados Ids. 4367, 4614, 4834, 5080. Exposta batizada em 10/9/1791, Id. 7251 (Claudina).

do Sacramento, que teve sete filhos, entre 1780 e 1793, frutos do casamento com Manoel Francisco de Andrade, e recebera, em sua porta, Carlota, exposta, batizada em 17 de julho de 1803.[40] Das crianças expostas a homens, a condição social dos chefes dos forros se inverte. O número de forros é pequeno, com larga vantagem dos livres. Em 178 (61,4%) dos 290 casos foi possível saber a condição social dos receptores. Desses, apenas 11 (6,2%) eram forros e o restante (93,8%) eram livres. Tal fato pode sugerir que a entrega à figura masculina e livre fosse mais respeitada pela população em geral, dando maior licitude ao abandono.

Quadro 5 — Lares chefiados por homens com maior número de enjeitados nas portas — paróquia do Pilar — 1740-1810

Nome	Condição social (sic)	Número de enjeitados
Sebastião Francisco Bandeira	Livre (Capitão)	08
Manoel Vieira da Cunha	Livre	07
Jerônimo de Souza Lobo Lisboa	Livre	06
José Veloso do Carmo	Livre (coronel)	05
Lucas de Souza Guimarães	Livre	05
Tomás de Aquino Belo	Livre (cirurgião)	05

Fontes: Banco de dados referentes às séries paroquiais da freguesia de Nossa Senhora do Pilar do Ouro Preto de Vila Rica (batismos, casamentos e óbitos). CNPq/Fapemig.

Nesse universo de receptores livres que foi possível identificar, há uma presença maciça das elites, representadas por donos de patentes militares, pessoas ligadas diretamente à Câmara e aos padres, embora o concelho fosse incisivo ao afirmar que o enjeitamento de crianças envolvesse a maior parte de pretas e mulatas. Também entre as casas chefiadas por homens, há o predomínio de meninas, 52,8%, em relação aos meninos, 47,2%.

---

[40] Banco de dados..., Ids. 5716, 5721, 6352, 6873, 7389, 7419, 7274. Exposta batizada em 17/7/1803, Id. 8692 (Carlota). Dona Joaquina Rosa do Sacramento, em 1804, vivia com três filhos, sete escravos, quatro agregados. Ver Mathias, 1969:96.

É difícil saber até que ponto os relatos contidos nas atas de batismos correspondiam, de fato, aos locais do abandono, ou se as crianças foram realmente abandonadas ou entregues em mãos dos criadores. Ainda que houvesse a possibilidade de conluios, é provável que a escolha dos criadores não fosse sempre previamente combinada. No dia 30 de setembro de 1802, batizou-se Rita, encontrada na rua Ouro Preto e recolhida por Francisca Dionísia; em 1º de fevereiro de 1787, batizou-se Manoel, "achado no beco que vai para o Carmo"; em 11 de agosto de 1788 foi a vez de Antônio ser deixado na "Capela do Rosário desta freguesia".[41] Houve duas referências a crianças abandonadas à porta da Misericórdia e recolhidas por enfermeiras, que se encarregaram pessoalmente de cuidar delas. Esse foi o caso de Antônia, inocente, batizada em 30 de novembro de 1805, "exposta no Hospital desta Vila à enfermeira Micaela, crioula forra". Antônia foi matriculada na Câmara em 18 de janeiro de 1806, mas falecera três dias depois;[42] o mesmo aconteceu com Ezequiel, falecido em 8 de junho de 1806, exposto na Santa Casa de Misericórdia.[43]

Nem sempre o enjeite tinha o êxito desejado. Muitas vezes as crianças eram recusadas pelas casas em que eram deixadas e passadas adiante, ou para conhecidos que as queriam receber ou para a Câmara incumbida de conseguir uma família criadeira. Esses foram, entre outros, os casos de Ana, "exposta à porta do tenente João Gonçalves de Crasto [...] entregue à Câmara desta vila, e dada a criar a Maria Gonçalves Dias, crioula forra"; de Vicência, "exposta à porta do capitão Manoel Francisco de Andrade e recebida por Francisca Arcângela de Souza, parda forra"; de João, "exposto pelo Senado da Câmara desta vila em casa de Sebastiana Luiza do Sacramento, parda forra"; Maria,

---

[41] *Banco de dados...*, Batizada em 30/9/1802, Id. 8506 (Rita); Batizado em 1/2/1787, Id. 6645 (Manoel); Batizado em 11/8/1788, Id. 6858 (Antônio).

[42] APM, CMOP, Av., Cx. 79, Doc. 05.

[43] *Banco de dados...*, Óbitos, Id. 7412

As crianças em cena

nascida na freguesia de São Bartolomeu, foi "exposta em casa do reverendo Francisco Alves e entregue por este ao procurador da Câmara desta Vila o qual a entregou a Feliciana Maria Pereira, crioula forra moradora nas cabeças para lá criar".[44] É provável que houvesse enjeitados descendentes de famílias abastadas circulando entre os lares mais opulentos da vila, e filhos de pobres encontrando receptividade entre os domicílios mais depauperados. Porém, enfatiza-se que não havia diferenças *classistas* no abandono. A interação entre os diferentes segmentos foi fator fundamental para que a prática não perdesse o viço e se concentrasse apenas em determinados setores da comunidade. Em 16 de julho de 1746, Isabel, enjeitada inocente, negra, foi batizada depois de ser entregue à porta de Sebastião Francisco Bandeira, capitão e, anos adiante, em 1755, procurador da Câmara de Vila Rica.[45] Ana, infante negra, foi encontrada na casa do coronel José Alves Maciel; Agostinho, exposto negro, foi batizado depois de ter sido entregue na casa do doutor João Pita Loureiro. Maria Angélica, esposa de Sebastião Francisco Bandeira, foi madrinha do dito inocente. Por sua vez, Estêvão, inocente branco, foi encontrado na casa de Vitória Pimenta, preta forra; Antônia, branca, foi enjeitada à porta de Antônio dos Santos Correa, preto forro; em 15 de julho de 1803, Felipe foi entregue a Romana Tereza, forra. Em seu assento de batismo há a observação de que era "filho legítimo do capitão José Fernandes de Lana e de dona Joaquina de Oliveira Jaques, ao qual foi legitimado pelo matrimônio subsequente".[46]

---

[44] *Banco de dados...*, Batizada em 8/6/1786, Id. 6591 (Ana); Batizada em 18/4/1784, Id. 6119 (Vicência); Batizado em 10/1/1779, Id. 5540 (João); Batizada em 13/9/1799, Id. 8166 (Maria).

[45] *Banco de dados...*, Batizada em 16/7/1746, Id. 3697. APM, CMOP, Av., Cx. 32, Doc. 10.

[46] *Banco de dados...*, Batizada em 18/9/1752, Id. 3802 (Ana); Batizado em 25/4/1753, Id. 3853 (Agostinho); Batizado em 22/1/1755, Id. 3982 (Estêvão); Batizada em 2/2/1756, Id. 4039 (Antônia); Batizado em 1/8/1803, Id. 8696 (Felipe).

LAÇOS ESPIRITUAIS: O COMPADRIO

Os estudos sobre o compadrio ressaltam sua importância na formação de laços de clientela baseados na reciprocidade entre os diferentes agentes. O batismo, além do significado espiritual, instauraria importância social ampla, estabelecendo hierarquias e deveres. Análises mais pragmáticas veem sempre a importância estratégica do batismo como forma de escalada de posições sociais. Entretanto, os expostos se apresentam como uma grande incógnita a esse respeito. Quem escolhia os padrinhos das crianças e quais critérios eram utilizados são perguntas provavelmente sem resposta certa.

Em primeiro lugar, o que emerge da análise dos dados é a repetição de certas pessoas, aspecto que pode indicar perfis caritativos entre os padrinhos. Há significativa presença de religiosos seculares apadrinhando as crianças, somando 124 (19,7%) dos 630 (98%) batismos com padrinhos.[47] Os padres exerciam importante papel na vida cotidiana dos paroquianos, e é provável que soubessem a identidade de boa parte da população que expunha os filhos. No limite, preferiram não interferir nessas práticas e, muitas vezes, tornaram-se tacitamente cúmplices dessas ações.

Renato Venâncio aventa a hipótese de parte dos bilhetes que vinham com as crianças ser escrita por padres, dado o tom formal dos recados se comparado à pobreza de grande parte dos pais e

---

[47] Somente os religiosos regulares necessitavam de licenças especiais para apadrinhamento. Segundo o *Catecismo Romano* tridentino, uma das condições necessárias para ser padrinho implicava não ser noviço professo em religião alguma; somente em casos de necessidade urgente e com licença expressa de um superior local tal regra poderia ser infringida. Ver *Catecismo Romano*: 374-375, 53n. As *Constituições Primeiras do Arcebispado da Bahia*, em 1707, positivaram a norma na América portuguesa: "Conformando-nos com a disposição do Santo Concílio Tridentino mandamos que [...] não poderão ser padrinhos [...] nem frade, nem freira, nem cônego regrante, ou qualquer religioso de religião aprovada (exceto o das Ordens Militares) por si, nem por procurador" (*Constituições Primeiras do Arcebispado da Bahia*, livro primeiro, título XVIII). Em 13 assentos não constaram padrinhos porque o ritual foi feito às pressas; em todos esses casos, o batizando estava em perigo de vida. Havia, todavia, crianças batizadas *in extremis* e com padrinhos declarados.

às altas taxas de analfabetismo.[48] De fato, os padres poderiam ser fundamentais na manutenção do segredo, que poderia ser revelado na confissão individual, por exemplo. Foram as microrrelações de poder que dinamizaram o cotidiano do abandono. Não se tratava, portanto, de parcelas das populações sendo enganadas por outras, como queria a Câmara da vila, mas de um convívio ativo em que se tentava manter intacto o anonimato dos pais, tarefa muitas vezes impossível; contentava-se então que a notícia não fosse de domínio público, apenas circunscrita às pessoas de maior confiança.

Quadro 6 — Padres que mais apadrinharam enjeitados,
Paróquia do Pilar — 1740-1810

Nome	Padrinho de expostos	Padrinho População geral de inocentes livres
Manoel Moreira Duarte	15	36
José Carneiro de Morais	12	36
Joaquim Roberto da Silva	8	33
Antônio Correa Mayrinck	6	34
José de Freitas Souza	6	18
Luís Caetano de Oliveira Lobo	6	15
Feliciano José Dias	5	11

Fontes: Banco de dados referentes às séries paroquiais da freguesia de Nossa Senhora do Pilar do Ouro Preto de Vila Rica (batismos, casamentos e óbitos). CNPq/Fapemig.

É interessante notar que as casas de padres não eram alvos preferenciais de abandono, contudo a escolha pelo apadrinhamento era bem difundida entre o clero. Entre 1740 e 1810, apenas 18 crianças foram expostas nas portas de padres; destas, sete foram apadrinhadas por eles. O vigário Antônio Correa Mayrinck, por exemplo, apadrinhou os dois enjeitados colocados em sua porta, ambos com o sugestivo nome de Antônio. Um deles, inclusive, trazia um pedido expresso dizendo ser "filho de mulher branca

---

[48] Venâncio, 1999:78.

e que havia de se chamar Antônio".[49] Em outros casos, as crianças seriam apadrinhadas por pessoas conhecidas e, algumas vezes, permaneceriam no mesmo círculo de convívio dos eclesiásticos, como Manoel, enjeitado à porta do sacerdote João Alves da Mota e "dado a criar pela Câmara a dona Francisca Joaquina Pinto Muniz, irmã do muito reverendo d. José Joaquim".[50]

No entanto, a repetição de padrinhos não aconteceu somente entre padres; outras pessoas da vila apadrinharam expostos mais de uma vez. Antônio da Cruz Machado foi padrinho de Luís, em 1790, Luísa, em 1792, e Emerenciano, em 1795; o coronel José Veloso do Carmo, dono de grande fortuna, teve como afilhados João, em 1765, José, em 1779, e Luís, em 1784, todos enjeitados à sua porta; apadrinhou também Francisca, exposta na casa de Clementina Tomásia, parda forra, em 1768.[51]

As mulheres igualmente se repetiram com frequência, ainda que as madrinhas aparecessem em menor número, tendo crianças, em alguns casos, com dois padrinhos. Sessenta e cinco por cento dos registros contêm nomes de madrinhas.

Quadro 7 — Mulheres que mais apadrinharam enjeitados, Paróquia do Pilar —1740-1810

Nome	Condição matrimonial	Condição social (sic)	Madrinha de expostos	Madrinha População geral de inocentes livres
Ana Maria de Queiroz	Casada	"Livre"	7	24
Ana Maria de Faria	Solteira	"Parda Forra"	6	11
Maria Angélica	Casada	"Livre"	5	35
Francisca Custódia do Pilar	Solteira	"Livre"	4	13
Teresa de Jesus de Oliveira	Casada	"Livre"	4	6

Fontes: Banco de dados referentes às séries paroquiais da Freguesia de Nossa Senhora do Pilar do Ouro Preto de Vila Rica (batismos, casamentos e óbitos). CNPq/Fapemig.

---

[49] Banco de dados..., Batizados em 11/3/1777 e 15/4/1778, Ids., 5354, 5452 respectivamente.
[50] Banco de dados..., Batizado em 11/6/1772, Id. 5006.
[51] Banco de dados..., Batizados em Ids. 7387 (Luís), 7336 (Luísa), 7616 (Emerenciano); Ids. 4572 (João), 5694 (José), 6172 (Luís); Id. 4943 (Francisca).

Embora não fosse maioria, também havia relação entre receber e tornar-se padrinho da criança. Das crianças abandonadas a homens, 26% apadrinharam os enjeitados colocados em suas portas; nos lares chefiados por mulheres, o número ficava em torno dos 12%. Pode-se dizer que o maior dever daquele que recebia o inocente em sua casa era não deixá-lo morrer pagão; batizar era ato misericordioso por excelência.

Nesse sentido, o compadrio parece ter tido um nível de comprometimento maior com a criança, ao passo que o abandono às portas não contava com a mesma cobrança moral sancionada pelo primeiro sacramento cristão. É preciso lembrar que, conforme doutrina católica, o apadrinhamento imputa laços de parentesco, e não é permitido aos pais serem padrinhos dos próprios filhos.[52] Os compadres seriam verdadeiros *pais espirituais*, fator que certamente inibiu que muitos progenitores, caso enjeitassem os próprios filhos, apadrinhassem os mesmos.

Há indícios de que algumas crianças eram apadrinhadas dentro do círculo de convívio das casas que as recebiam. Embora nem sempre houvesse relação entre sobrenome e parentesco, nota-se, por exemplo, que Joaquim, exposto a Antônia Moreira Duarte, tenha tido por padrinho o sacerdote Manoel Moreira Duarte; Manoel, enjeitado a Benta de Oliveira Lima, foi apadrinhado por Manoel Pereira de Oliveira e Antônia Maria de Oliveira; Delfina, exposta a Joaquim José de Barros, foi apadrinhada por Ana Maria e Manoel José de Barros.[53] Alguns desses casos certamente indicam tentativas de solução e acolhimento de crianças ilegítimas no seio da família, afirmativa que não deve valer para todos os casos.

Os laços de amizade e cumplicidade podem ser notados também na estreita relação e repetição de padrinhos de determinadas pessoas que recebiam, em suas portas, as crianças. Por exemplo, o

---

[52] *Constituições Primeiras*. Livro I, título XVIII.
[53] *Banco de dados...*, Batizado em 23/5/1784, Id. 6128 (Joaquim); Batizado em 9/2/1776, Id. 5254 (Manoel); Batizado em 5/9/1805, Id. 1521 (Delfina).

A piedade dos outros

vigário Antônio Correa Mayrinck foi padrinho, em 1778, de duas crianças enjeitadas a Antônio Marinho;[54] Suzana Pereira recebeu dois enjeitados que foram apadrinhados por João Fernandes de Macedo;[55] duas crianças enjeitadas à parda forra Sebastiana Luísa do Sacramento tiveram o mesmo padrinho, Fernando Antônio de Pádua.[56] Esse tipo de recorrência poderia acontecer também entre padrinhos e madrinhas. Manoel Pinto Lopes e Catarina Dias Ramos, ambos solteiros, foram padrinhos em três ocasiões distintas;[57] o mesmo sucedeu com os irmãos Tomás de Aquino Bello, solteiro, e Maria Joaquina da Piedade, padrinhos de duas crianças.[58]

Havia também casais que eram verdadeiros *apadrinhadores* de enjeitados. O casal Ana Maria de Queiroz e o português Jerônimo de Souza Lobo Lisboa receberam em sua casa seis crianças. Ana Maria foi madrinha de sete crianças, duas delas expostas à sua porta.[59] Outra casa com esse perfil era a de Sebastião Francisco Bandeira, que tivera oito inocentes entregues em seu lar; destes, o capitão batizou dois, um com sua esposa, Maria Angélica, como madrinha, que, por sua vez, fora madrinha de mais outros quatro enjeitados.[60]

Com base nos exemplos acima não se pode inferir que o batismo fosse sempre uma estratégia deliberada; no caso dos expostos houve a prevalência do sentido religioso que exortava a função caritativa, comprometimento cristão frente às agruras da infância abandonada. Para madrinhas há casos em que as crianças vinham com pedidos expressos de que fossem batizadas tendo por madrinha uma santa. No cômputo geral não são

---

[54] *Banco de dados...*, Ids. 5479, 5480.
[55] *Banco de dados...*, Ids. 8124, 8385.
[56] *Banco de dados...*, Ids. 5803, 5759.
[57] *Banco de dados...*, Ids. 7885, 7686, 7016.
[58] *Banco de dados...*, Ids. 7870, 8568.
[59] *Banco de dados...*, Ids. 5414, 6590.
[60] *Banco de dados...*, Id. 5671.

atitudes amplamente disseminadas nem exclusivas ao batismo de enjeitados, porém, tendem a relativizar análises demasiadamente funcionalistas. Francisca, por exemplo, foi exposta a Jerônimo de Souza Lobo Lisboa com uma "cédula" dizendo que "fossem padrinhos o reverendo doutor José Alves de Souza e Nossa Senhora da Piedade"; Manoel, enjeitado a Maria dos Remédios, em 1750, e Teresa, exposta em 1752, na casa de João Gonçalves Bragança, tiveram por madrinha Nossa Senhora do Rosário. Em 1767, Ana e Maria foram batizadas tendo por madrinha Nossa Senhora do Terço. Por fim, a enjeitada Quitéria foi batizada em 5 de abril de 1802, e teve por padrinhos Domingos José Ferreira e Santa Quitéria.[61]

É difícil saber a extensão e a efetividade que os padrinhos tinham no caso dos enjeitados. A diversidade de situações que ocasionavam o abandono não possibilita aventar padrões ou tendências de comportamento. Em 1783, com a morte de Hilária Dias, responsável pela enjeitada Maria, Rita Barreta de Gusmão e o padre Antônio de Fontes pediram que Rita recebesse o benefício camarário porque "se acha a dita exposta em tal desamparo que não há quem a receba para acabar de criar, [...] e como a suplicante por razão de madrinha que também é pobre".[62]

O compadrio concentrou mais população livre em seus quadros, diferentemente dos lares em que as crianças eram abandonadas, com forte propensão à participação de libertos. Entre os padrinhos, excluindo-se os livres, foi possível localizar dois escravos, um coartado e quatro forros; entre as madrinhas, quatro escravas e 16 forras. Para os alforriados, esses quantitativos certamente estão subnumerados, dada a inconstância de formas pelas quais

---

[61] *Banco de dados...*, Batizada em 29/6/1781, Id. 10117 (Francisca); batizado em 25/6/1750, Id. 3672 (Manoel); batizada em 28/10/1752, Id. 3838 (Teresa); batizada em 12/9/1767, Id. 4734 (Ana); batizada em 7/5/1767, Id. 4707 (Maria); batizada em 5/4/1802, Id. 12110 (Quitéria).
[62] APM, CMOP, Av., Cx. 58, Doc. 26.

eram tratados. Os escravos Narciso Antônio e Ana Barbosa foram padrinhos de Cândida, batizada em casa, certamente *in extremis*; Lourença, parda, escrava de Maria Angélica e Sebastião Francisco Bandeira, foi madrinha de expostos duas vezes; Ana, crioula, batizada em 4 de fevereiro de 1758, teve por padrinhos Francisco Fernandes, preto forro, e Luíza, escrava do vigário Pedro Leão de Sá; o escravo Brás foi padrinho de Maria, batizada *in extremis*.[63]

É interessante notar que, em mais de um caso, os escravos foram padrinhos de batizandos em perigo de vida, o que pode indicar impossibilidade de escolha prévia.[64] Em todos os outros casos envolvendo padrinhos escravos, as crianças constavam ser batizadas "debaixo de condição", indicativo de batismos realizados anteriormente, cuja graça se desejava confirmar. Nesses casos também, os inocentes poderiam ter sido batizados *in periculo vitae* e sacramentados condicionalmente com os mesmos padrinhos da cerimônia anterior. O compadrio poderia estar ligado a deveres cristãos disseminados no imaginário, ou seja, o comprometimento de *pais espirituais* muitas vezes instaurava o primeiro vínculo social da criança.

---

[63] *Banco de dados...*, Batizada em 9/7/1798, Id. 11269 (Cândida); Ids. 3884, 3983; batizada em 4/2/1758, Id. 4299 (Ana crioula); Batizada em 22/10/1793, Id. 10941 (Maria).

[64] Num universo de 643 batismos, há apenas cinco casos envolvendo padrinhos escravos. *Banco de dados...*

CAPÍTULO 3
A dinâmica do enjeitamento

> *Era uma janela de tábuas,*
> *dura, sem frestas, despintada.*
> *Mas girando-a sobre ela mesma,*
> *ei-la côncava e todo aberta.*
> *Colocavam o recém-nascido*
> *naquele curvo receptivo*
> *e davam-lhe giro contrário:*
> *simples como passe de mágico.*
> "A roda dos expostos da Jaqueira" — João Cabral de Melo Neto

O SEGREDO COMO ESTRUTURANTE DO ABANDONO

De todas as variáveis que compunham o abandono em domicílios, a mais importante era o segredo. Essa afirmativa pode parecer óbvia diante dos muitos discursos de condenação ao enjeitamento. Mesmo a historiografia insistiu no caráter excessivamente infrator e impositivo do abandono, repetindo com frequência a imagem de famílias patriarcais, ciosas da honra de suas filhas, mantendo sob sigilo a gravidez das moças para, meses depois, serem obrigadas a dar cabo dos recém-nascidos. No entanto, como procurarei esclarecer ao longo deste capítulo, o segredo a que me refiro não diz respeito a segmentos exclusivos da população: o abandono de crianças era um segredo comunitário, em que todos procuravam manter o silêncio a fim de que, caso precisassem, também pudessem utilizar o abandono como estratégia em suas respectivas famílias.

O ocultamento de uma gravidez, tarefa árdua dadas as precárias condições de privacidade, faz com que a exposição sempre traga algo veladamente tácito. Custa crer que se tratasse apenas, como insistiu boa parte da literatura da época, de "mães impiedosas" que abandonavam os filhos, deixando a cargo de "almas caridosas" o cuidado dos desamparados, tal como advertia o jesuíta Alexandre de Gusmão: "assim como é impiedade grande enjeitar os filhos próprios pelo não criar; assim é suma piedade criar os alheios para que não se percam".[1] O abandono, até o advento do Estado de direito, servia aos mais diferentes estratos sociais e, como prática de todos, o segredo foi fator que animou e deu coesão e lógica ao enjeitamento.

Alexandre de Gusmão sintetizou a importância do abandono nas regiões católicas: "desta estreita obrigação que têm os pais de criar bem seus filhos, se conhecerá claramente a inumanidade daqueles que pelo não criar, ou por outros respeitos, os enjeitam ou (o que é mais detestável) os matam".[2] O valor sagrado da vida na ética cristã redundou em atitudes contraditórias diante do fenômeno: se por um lado havia a negação de atitudes "condenáveis" dos pais, existia, em paralelo, um aparato legal que, se não fomentava, procurava diminuir empecilhos e conservar o anonimato dos progenitores.

António Gouveia Pinto, jurista que no início do século XIX compilou a legislação existente em Portugal sobre os expostos, afirmava que as mães enjeitavam os filhos "pelo perigo que corriam se fossem conhecidos [...]; pela suma pobreza dos pais ou pela sua perversidade, que sufoca em seus corações os sentimentos de amor paterno e lhes faz considerar a criação dos filhos como um peso de que procuram aliviar-se".[3] A exposição, não obstante ter prós e contras, era a alternativa em defesa da

---

[1] Gusmão, 2004:93.
[2] Ibid., p. 79.
[3] Pinto, 1820:3-4.

vida, motivo pelo qual "acontecendo haver alguma mulher que para evitar sua desonra queira ir ter seu parto à Casa da Roda [...] a ama rodeira a receberá debaixo de todo segredo e lhe procurará uma mulher bem morigerada ou parteira que assista ao parto".[4]

Em 1783, a circular do intendente de polícia, Pina Manique, mandava criar rodas em todas as vilas e cidades do reino e domínios para que "mais facilmente se possam expor as crianças sem serem observados e conhecidos tão facilmente os seus condutores". Durante a entrega, "nenhuma pesquisa ou indagação se fará sobre o condutor ou condutora da criança [...], podendo por isso ser exposta nela de dia ou de noite e a qualquer hora".[5]

O sigilo baseado na cumplicidade de padres, parteiras, familiares e serviçais e a utilização ampla do recurso de abandonar crianças criaram a base para que, implicitamente, no *ouvir dizer*, todos soubessem ou pudessem, caso notícias viessem à tona, denunciar uns aos outros. Justamente por seu caráter aglutinador, manteve-se vigente durante toda a época moderna. Esse é um dos motivos pelos quais, apesar de ser duramente criticado por religiosos, tratadistas e vereadores, o abandono continuou vigoroso e nos mesmos moldes até o início do século XIX.

A Câmara de Vila Rica, a partir de 1750, tomou várias medidas na esperança de conter o abandono, de alcaides nos bairros até editais pedindo que a população denunciasse as mães dos enjeitados — tentativas sempre malogradas. Em março de 1763, o Senado afirmava que o enjeitamento estava diretamente ligado à prostituição, tentativa retórica de estigmatizar as mulheres:

---

[4] Ibid., p. 12.
[5] Ibid., p. 7-8.

havendo nesta Vila e sua Comarca várias mulheres com o ofício de meretrizes públicas as quais não se contentando com as referidas maldades vão à abominável ação de mandarem expor os filhos a que vulgarmente chamam enjeitados sendo dignas de castigo pelo prejuízo que dão às pessoas que costumam criar.[6]

Em tom ameaçador o concelho lembrou à população sua prerrogativa de lançar fintas sobre o povo para o pagamento da criação dos enjeitados e ordenou

> a todas as pessoas de nossa jurisdição que caso saibam no seu distrito ou vizinhanças acham algumas referidas mulheres meretrizes públicas que tenham exposto ou enjeitado algumas crianças e estas estejam fazendo despesa a este Senado o façam a saber a tal Câmara ou a seu procurador; e esta notícia [se ordena] não só para os que já estão expostos na forma referida senão também para as que expuserem para o futuro, haja denúncia será tomada na dita Câmara com todo o segredo e se evitará com esta diligência dos denunciantes a conta que está próxima a lançar-se por todas as pessoas desta Vila e sua Comarca.[7]

O número de denúncias permaneceu episódico e as crianças voltavam às mães, na maior parte das vezes, ou por decisão própria das progenitoras, ou por denúncias e inimizades triviais; raramente por fiscalização taxativa da Câmara. É notório como as situações mais corriqueiras poderiam gerar tensões cotidianas, como é o caso da preta forra Catarina Gonçalves de Miranda, moradora no arraial do Pinheiro, termo da cidade Mariana, que, em 1774, agravou o alferes Félix da Silva, homem pardo, morador

---

[6] APM, CMOP, Cód. 77, Edital de 10/3/1763.
[7] Ibid.

na mesma paragem. Segundo Catarina, sem causa ou motivo, Félix teria a descomposto publicamente, chamando-a de "feiticeira", "preta", "puta" e de outros nomes. Félix, por sua vez, reafirmou as posições, acrescentando que Catarina era pessoa de má consciência, porque criava uma enjeitada, com ajuda financeira da Câmara de Mariana, mesmo sabendo quem eram os pais da criança.[8]

Em Vila Rica, dezembro de 1782, a crioula forra Bernarda, moradora na casa da preta forra Rita Soares, solicitou à Câmara o parecer do médico do partido, porque estava sendo acusada de ter enjeitado uma criança que há poucos dias havia aparecido nas redondezas. Afirmou que estava doente e em uso de remédios há quatro meses por causa de uma "obstrução", quando o alcaide a conduziu para a Câmara, onde foi obrigada a aceitar uma enjeitada que os camaristas diziam ser sua filha. Bernarda negou que a criança fosse sua e disse que só assinou o termo de entrega da exposta por temer a prisão, e embora fosse a suplicante de "inferior qualidade, estima em muito a sua reputação", razão pela qual pediu que fosse também diagnosticada por duas parteiras assinadas.

O cirurgião aprovado Francisco Antônio de Souza certificou que tratava de Bernarda há meses, por causa de algumas "obstruções" e "palpitações no ventre". O médico Tomás de Aquino Bello igualmente atestou que duas parteiras, Vitória de Almeida e Josefa da Silva, examinaram a suplicante e juraram, "debaixo dos Santos Evangelhos", que Bernarda não tinha sinais de que havia tido algum filho recentemente. O boato vinha do repouso que Bernarda vinha fazendo.[9]

---

[8] Casa Setecentista, Processo Crime — Libelo de Injúria: 2º Ofício, Cód. 229, nº 5.717, Data de abertura: 10/11/1774, Autora: Catarina Gonçalves de Miranda, Réu: Alferes Félix da Silva. Agradeço a Fernanda Domingos Pinheiro que gentilmente cedeu-me a transcrição desse documento.

[9] "que a dita crioula não só não tem sinais de que se acha parida de pouco tempo como se quer imputar, mas que nela reconhecem que nunca parira, o que eu também, junto com o cirurgião abaixo assinado, assim o atesto e que suas

Ao fim de toda a controvérsia, descobriu-se que a enjeitada Maria era filha de Antônia Angola, escrava de José Borges, que foi presa na "enxovia [...] por determinação do procurador desta atual Vila".[10] No limite, o abandono deveria ser exclusivo aos segmentos livres. Não é possível afirmar que todos os casos envolvendo escravos foram descobertos; por outro lado, parece não ter contado com o costumeiro sigilo por parte da população.[11] As denúncias *à boca miúda* certamente foram a principal ameaça ao abandono com o intuito de que a Câmara pagasse o subsídio. Observe-se que muitas vezes não houve, por parte do concelho, condenação ao ato de enjeitar, mas sim ao ato de enjeitar para a Câmara pagar.

Algumas pessoas se dispunham a criar os expostos sem onerar os cofres públicos. Certamente esses eram casos que envolviam menos intrigas quanto à ascendência da criança, porque estavam desprovidos de qualquer interesse institucional. Numa sociedade em que o ato de abandonar era corriqueiro, poderiam passar despercebidos da maioria. Ana Maria, moradora em Antônio Dias, em 1782, pediu para criar "gratuitamente" a enjeitada Antônia, branca, "pelo muito amor que lhe tem, e porque a mãe da referida menina é amiga da mesma, só pede a quem a tem confiado este segredo e o não quer revelar a qualquer outra pessoa". A Câmara prontamente deferiu o pedido em dezembro de 1782.[12]

---

moléstias são naturais de obstruções e palpitações no ventre para as quais tem andado no uso de remédios e fomentações que o seu cirurgião assistente lhe tem aplicado, e porque era preciso que as ditas fomentações as cobrisse com as baetas e panos e por isso lhe fosse preciso algum maior resguardo é que deu motivo a pessoas que lhe são mal afeitas a julgarem mal do seu procedimento". APM, CMOP, Av., Cx. 58, Doc. 02.

[10] APM, CMOP, Av., Cx. 58, Doc. 02.
[11] Para Mariana, ver Souza, 1999:63-79.
[12] APM, CMOP, Av., Cx. 56, Doc. 57.

A cumplicidade dos párocos às vezes aparece expressamente escrita, como foi o caso do padre Antônio Ferreira de Araújo, que batizou em perigo de vida um menino "que pus o nome de Antônio por me pedir uma preta *cujo nome ignoro*, dizendo-me que era exposto na sua porta da casa em que vivia". Mais adiante, o clérigo afirmou que "o menino acima declarado é o próprio que tornaram a expor em casa de Ana da Silva Teixeira de Menezes" (grifo meu).[13] Às vezes a preservação do anonimato provocava situações pouco usuais, como o furto de crianças, que foi o caso de Francisca, exposta na casa do padre Zacarias, no distrito de Cachoeira do Campo, termo de Vila Rica, e que "se criou com o mesmo cuidado até o tempo que já andava bem pelos seus pés, e em um dia de domingo, estando o dito a quem foi exposta celebrando a sua missa conventual, dois homens mascarados a furtaram, como foi público e notório".[14]

Em certos casos, eram descobertas as mães; no entanto, não é possível saber se as mães resolveram reaver os filhos ou se foram denunciadas. No assento de Jacinto, há a observação de que era "filho natural de Maria Antônia de Mello que assim o confessou e desde a infância o tornou ao seu regaço"; Rufina, exposta a Manoel André Pinto, também era "filha natural de Romana Teixeira da Costa".[15]

As ocorrências envolvendo escravos eram diferentes, pois ameaçavam propriedades particulares. Apesar de o direito romano, vigente em Portugal, prescrever que todo enjeitado era livre, condição reafirmada pelo decreto pombalino de 31 de janeiro de 1775, nos casos encontrados, o direito de posse sempre falou mais alto; também por isso é pouco provável que filhos

---

[13] APM, CMOP, Av., Cx. 58, Doc. 14.
[14] APM, CMOP, Av., Cx. 69, Doc. 17.
[15] *Banco de dados...*, Batizado em 5/6/1803, Id. 8673 (Jacinto); Batizada em 27/1/1785, Id. 6226 (Rufina).

de escravas fossem abandonados frequentemente. Em 7 de janeiro de 1760, o padre Antônio José de Moura batizou Ângelo, filho de sua escrava, Ana mulata, exposto em casa de Sebastião Francisco Bandeira. O assento foi retificado por "despacho do reverendo doutor vigário da vara, por se haver feito no livro dos forros como enjeitado por engano da mãe que mandou enjeitar, o que se justificou perante ele".[16]

Em 1782, outro caso, envolvendo mais um padre, dessa vez Francisco de Palhares, levou mais tempo para ser descoberto. O reverendo Francisco entrou com pedido na Câmara alegando que o enjeitado Bernardo, criado na casa de Joaquim da Silva Guerra, era filho de sua escrava. O reverendo solicitava, através de um auto de perguntas, o esclarecimento e a restituição de seu "escravo mulatinho exposto furtivamente à Câmara desta Vila", pedindo ao juiz que "pela sua idade e qualidade *interina* de exposto, vulgarmente enjeitado, e liberdade em que se acha, que Vossa Mercê, como juiz dos órfãos e menores de semelhante figura lhe dê e nomeie curador" (grifo meu).[17]

Isabel, escrava do dito padre, "reputada geralmente dos que a conhecem", havia "pejado e parido ocultamente" e enjeitara o filho pessoalmente na casa do doutor Cláudio Manoel da Costa, juiz ordinário, o qual, por sua vez, deu a criar a Joaquim da Silva Guerra, "pardo ferreiro", e à sua mulher Vitória Correa Maciel, por conta da Câmara, "o que tudo sucedeu em dezembro de 1780". Quando Isabel enjeitou Bernardo, ele estava envolto "com uma fralda grossa em vez de toalha, com duas camisinhas e um ou dois côvados de baeta amarela". Conforme depoimento do poeta e inconfidente Cláudio Manoel da

---

[16] *Banco de dados...*, Batizado em 7/1/1760, Id. 9313.
[17] APM, CMOP, Av., Cx. 58, Doc. 04.

Costa, "passados alguns tempos lhe meteram uma carta por baixo da porta no que lhe diziam que aquele menino era da casa do padre Francisco Palhares".

Essa história deveria ser confirmada por um rol de depoentes diretamente envolvidos e outras testemunhas que conheciam a dita escrava. Antes disso, porém, o advogado da Câmara e curador do exposto alertou sobre a necessidade de se averiguarem a fundo os fatos. Uma vez que "não se pode duvidar que a liberdade é coisa amável para se reduzir ao cativeiro da escravidão", pelo menos deveria haver prova clara e concludente sustentada por pessoas de crédito.

A parda forra Ana Maria de Jesus, de 25 anos, costureira, confirmou a história do padre e acrescentou que Isabel, assim que tivera o filho, contara pessoalmente para a testemunha que havia enjeitado a criança, fato que sabia também "por notícia certa de várias outras pessoas". Ana Maria, todavia, deixou claro que Isabel "*havia lhe pedido segredo*" e nunca o havia publicado, e fazia naquele momento por ter sido intimada. Outras testemunhas também confirmaram a história: Maria Cecília, parda, de 30 anos, vivia na casa de sua mãe; Antônia Gomes Ribeiro, crioula forra, casada com Antônio João e com 48 anos; o licenciado Joaquim Coelho Pereira, homem branco, farmacêutico, 24 anos; Vitoriana Correa Maciel, 30 anos, parda, esposa de Joaquim da Silva Guerra, casal que recebera a criança do dito juiz ordinário, mas ressaltou que nada sabiam sobre o enjeite; Cláudio Manoel da Costa, cavaleiro professo na Ordem de Cristo, 53 anos, advogado. O último depoimento foi o de Isabel, a própria mãe, de 21 anos de idade. A escrava sustentou o acontecido, esclareceu que "no mesmo ato de sua parição" enjeitara o menino, "pelas quatro horas da manhã", na casa do doutor Cláudio Manoel da Costa, e depois teve notícia de que Bernardo tinha sido dado a criar a Joaquim da Silva Guerra e sua esposa.

Feitas todas as diligências, ouvidas todas as testemunhas, o exposto escravo foi reintegrado ao dono, o padre Francisco de Palhares, em 18 de janeiro de 1783. O malogrado ato de Isabel havia contado com o sigilo das pessoas mais próximas até que fora denunciada anonimamente, surpreendentemente não à Câmara, mas a Cláudio Manoel da Costa. As brigas e diferenças pessoais foram as responsáveis pela descoberta das mães de algumas crianças. Levando-se em conta que o enjeitamento era prática disseminada, somente a murmuração e/ou indignação poderiam publicizar casos de abandono. Todavia, essas descobertas foram episódicas, sem grande presença cotidiana. A circulação das crianças era aceita desde que não afrontasse a propriedade das pessoas. Esse controle foi exercido no dia a dia pela gente comum, conivente com a maior parte dos casos de enjeitamento, mas interessada em conter a prática entre os escravos.

A CIRCULAÇÃO DE CRIANÇAS

A alta mobilidade das crianças no antigo regime foi uma das hipóteses aventadas por Ariès, em *História social da criança e da família*. As sociabilidades alargadas, de forte cariz coletivo, teriam se retraído à medida que a ideia de família burguesa se objetivava.[18] O pressuposto da grande movimentação dos entes familiares estaria intimamente ligado à noção de família como uma grande coletividade e, por isso, responsável por todas as crianças nascidas. Apesar de Ariès não ter se referido diretamente ao abandono de crianças — não chegou a analisar o fenômeno detidamente — a ideia de que as famílias faziam parte

---

[18] Ariès, 1981:272-274.

de grandes coletividades tem sido trabalhada também para a exposição.[19] É justamente nesse sentido que pretendo destacar a importância da noção de "circulação de crianças" como um importante elemento para a compreensão da dinâmica do abandono de recém-nascidos também nas sociedades coloniais. Como tenho procurado demonstrar, o abandono de crianças não era exatamente a última alternativa para as famílias, tampouco o resultado isolado de momentos de pobreza extrema; pelo contrário, o abandono partilhava de uma ambiência propícia para a desresponsabilização dos pais, tinha o apoio silencioso das comunidades, favorecendo a circulação das crianças como uma solução de todos e para todos (no caso colonial, excetuando-se, naturalmente, os escravos).

Alguns historiadores procuram demonstrar a relação direta entre o caráter estrutural do abandono e uma "mentalidade" que propiciava tal prática. Nesse sentido, os estudos de antropologia têm contribuído para reforçar a ideia da redistribuição de crianças como prerrogativa de grupos urbanos depauperados na contemporaneidade. Cláudia Fonseca, em estudos sobre as favelas brasileiras, aponta para a circulação como estratégia de populações empobrecidas no Brasil contemporâneo. Em locais onde a presença institucional é tênue, a miséria grassa de forma imperativa, os padrões e modelos sociais são próprios e adaptativos, as crianças circulam explicitamente entre o grupo de relações dos pais, sem maiores dramas. Segundo Fonseca, em sua pesquisa sobre bairros populares de Porto Alegre, a circulação de crianças é a "estrutura básica da organização de parentesco em grupos brasileiros de baixa renda", o que provoca um

---

[19] Entre os trabalhos recentes, destacam-se Sá, 1995; Fonseca, 2002; Milanich, 2001; 2004; Blum, 1998:240-271.

deslocamento analítico do "problema social" para um "processo social", em que não há "colapso dos valores tradicionais", mas "formas alternativas de organização vinculadas a uma cultura popular urbana".[20]

Tal como acontece no presente, as sociedades do passado também faziam circular suas crianças quando fosse necessário. Isso significava, basicamente, que o abandono de recémnascidos, embora duramente criticado por autoridades e pela cultura letrada, era parte fundamental das estratégias de sobrevivência das populações. A ideia da circulação de crianças não pretende, como sugeriu certa historiografia, naturalizar os dramas vividos pelas famílias que enjeitavam os filhos.[21] Apenas ressalta que as diferentes motivações para o abandono encontravam na circulação das crianças uma prática frequente e comum a todos. Nesse sentido, as instituições que acolhiam os enjeitados — como as rodas de expostos no caso português — integravam um sistema mais amplo, responsável por redistribuir as crianças entre as populações. A institucionalização de auxílios regulares poderia aumentar a circulação de expostos, mas o abandono era uma prática anterior e comum a todos os segmentos que, por algum motivo, necessitavam se desvencilhar da criação dos filhos.[22]

---

[20] Segundo Fonseca, "é preciso evitar o determinismo econômico que vê, em práticas como a circulação de crianças, nada além de 'anomia', resultado da pobreza. Em nossa análise sobre a circulação de crianças, a privação econômica é obviamente um fator-chave. Todavia, sem um exame cuidadoso dos fatores sociais e culturais através dos quais ela é mediada, a miséria nada pode explicar. Além do mais, a evidência histórica até aqui trazida à baila, embora parca, indica que a circulação de crianças tem sido comum entre os pobres urbanos do Brasil pelo menos nos últimos dois séculos". Fonseca, 2002:15-17.

[21] Na Europa, a "redistribuição de crianças" foi criticada por ser demasiadamente generalista e acabar por produzir uma visão amena sobre a dura realidade dos enjeitados. Sobre a historiografia recente da exposição, ver Sá, 1995:7-22.

[22] Para o acolhimento de crianças anterior à época moderna, ver Boswell, 1988.

Renato Venâncio criticou a tese da circulação por ser "excessivamente genérica" e "pouco operacional". Concluiu que, em termos gerais, no Brasil antigo o abandono dizia respeito, em sua maioria, aos pobres, mas não a todos os pobres indiscriminadamente. Segundo Venâncio, o abandono estaria associado a condições de vida em que a presença da criança se tornaria excessivamente onerosa, pois "a maioria das famílias humildes resistia a enviar o filho à roda".[23] No entanto, a argumentação de Venâncio não invalida, necessariamente, a noção da circulação. Em primeiro lugar, porque, como tenho procurado argumentar, o abandono não era um fenômeno *classista*: dizer que as crianças circulavam não significa negar os possíveis dramas pessoais que uma decisão dessas poderia acarretar. No mesmo sentido, é certo que, publicamente, o abandono não era uma ação apreciada; tampouco o discurso de condenação moral ao abandono era inócuo e sem efeito. Por isso, o enjeitamento era feito às escuras e deveria ser, virtualmente, anônimo.

No entanto, abandonar um filho era uma alternativa absolutamente plausível a todos os que, por algum motivo, não poderiam criar os filhos. Não era a solução encontrada por todos, mas foi utilizada em massa por grande parte das populações. A pobreza material como principal motivação não deixa claro o porquê de a concentração temporal do fenômeno ser a partir de meados do século XVIII, nem mesmo explica os baixos índices de determinadas localidades pobres. Além disso, porque a circulação de crianças era uma ação válida e legítima entre diferentes segmentos sociais, um grande número de pobres poderia, pragmaticamente, dispor dos filhos, temporária ou definitivamente, em troca de recursos institucionais. Em sociedades marcadamente desiguais como eram as do antigo regime e, em

---

[23] Venâncio, 1999:86-94.

maior grau, as escravistas, é de se esperar que a grande parte dos enjeitados viesse mesmo dos setores depauperados. Mas, ressalte-se, por motivos hoje considerados triviais, os pais poderiam se negar a criar os filhos. Não se trata de valorar o nível de sofrimento das famílias, apenas constatar que o abandono não era o resultado inequívoco de pobreza material.

O abandono não apresentou altas taxas apenas em locais com mínimas formas de apoio camarário e/ou hospitalar. Há, para toda a América portuguesa, exemplos de significativos índices de exposição onde não havia nenhum incentivo institucional.[24] O enjeitamento pode ser entendido como parte de uma ambiência que favorecia a mobilidade informal de crianças entre os lares. Diferentemente do que acontece nas favelas brasileiras, o abandono envolvia, até boa parte do século XIX, todos os segmentos populacionais, com suas respectivas crianças redistribuídas, anonimamente, conforme as contingências familiares. A generalização de tal prática permitia que circulassem pelas casas informalmente, sem grandes problemas de ordem psicológica ou moral.

O abandono de crianças está também relacionado a sociedades com altas taxas de natalidade e precários métodos contraceptivos. Embora a comarca do Ouro Preto tenha sofrido decréscimo populacional na mesma época em que os enjeitados progressivamente aumentaram, deve-se levar em conta que a queda na população não dizia respeito a baixas taxas de natalidade, mas à migração interna, importante variável na conjuntura do abandono.[25]

Como se procurou mostrar anteriormente, as crianças tinham alta mobilidade pelas famílias da vila. Abandoná-las nas

---

[24] Ver, entre outros, Bacellar, 2001:193-195; Cavazzani, 2005:72.
[25] Ver Bergad, 2004:145-196; Libby e Botelho, 2004:69-96.

portas não significava que o lar as receberia, e, mesmo se as recebesse, não garantiria a permanência na casa. Ambos os casos estavam presentes, ou seja, havia aquelas que encontravam receptividade já no primeiro domicílio e outras que passavam de mão em mão até serem acolhidas. Essa circulação poderia ter, novamente, uma infinidade de motivos. Em 10 de novembro de 1789, o vigário colado da matriz de Cachoeira do Campo remeteu à Câmara de Vila Rica a enjeitada Justina, porque, "querendo entregar a dita inocente ao alferes Antônio Ribeiro, este a não quis receber dando por desculpa ter já dois enjeitados em sua casa"; Isabel foi deixada na casa de Manoel Martins dos Anjos, e "por ser o dito solteiro a mandou para uma casa de família também muito capaz de lhe dar uma boa educação"; Antônia Marques passou para a mão de Teresa Pereira Pinta a enjeitada Ana.[26]

Muitas atas de batismo contêm informações sobre crianças recusadas nas casas em que foram entregues. Elas poderiam ser pessoalmente repassadas a conhecidos ou entregues à Câmara que se incumbia de arranjar um lar disposto a criá-la em troca do subsídio camarário; foi o caso, entre vários, de João, "exposto pelo Senado da Câmara desta Vila em casa de Sebastiana Luíza do Sacramento, parda forra"; de José, exposto à porta do contratador João Rodrigues de Macedo e criado por Rosa Maria de Jesus; de Antônia, exposta à porta de Jerônimo de Souza Lobo Lisboa e entregue aos oficiais da Câmara que, por sua vez, a mandaram criar por Edvirges Rodrigues de Souza, parda coartada pelo reverendo Antônio de Souza Lobo, o qual foi padrinho;[27] dona Ana da Silva Teixeira de Menezes aceitou um en-

---

[26] APM, CMOP, Av., Cx. 63, Doc. 20 (Justina); APM, CMOP, Av., Cx. 71, Doc. 07 (Isabel); APM, CMOP, Av., Cx. 43, Doc. 11 (Ana).
[27] *Banco de dados...*, Batizado em 10/1/1779, Id. 5540 (João); batizado em 22/10/1779, Id. 5648 (José); batizada em 29/6/1781, Id. 10118 (Antônia).

jeitado colocado à porta de Rosa da Silva "por esta não o querer em seu poder".[28]

Se a primeira parada das crianças concentrou fortemente o segmento feminino e forro, não foi diferente quando foram repassadas ou "dadas a criar" pelas pessoas que não as queriam ou podiam criar. São vários os relatos sobre os enjeitados "dados a criar" a mulheres forras, que adquiriam formas de rendimentos adicionais, fosse diretamente pelo concelho ou por pessoas particulares que as contratavam. Nem todos os domicílios aceitaram crianças para amamentar, havendo famílias que contratavam outras mulheres para servir de amas.

Seria um erro pensar que todas as crianças foram entregues diretamente a amas de leite. Todavia, eram a grande mão de obra do abandono, podiam ser mais um passo na circulação das crianças e estavam, geralmente, entre os setores pobres da população: brancas, forras e escravas depauperadas.[29] Muitas vezes as famílias contratavam essas mulheres para amamentar os expostos à custa da Câmara, relacionamento frequentemente tenso pela dilação dos pagamentos aos criadores. O preço cobrado pelas amas deveria variar, conforme algumas petições de criadores, de três a quatro oitavas por mês. Como não há documentação sobre contratos escritos, não é possível confirmar se os preços correspondiam de fato a esse valor ou se os pedidos dos criadores não passavam de tentativas de conseguir o aumento da mensalidade.

O valor pago pelo concelho deveria ser responsável pelo vestuário e alimentação das crianças. Como se verá adiante, essa quantia teve variações ao longo dos anos. Mas as petições fa-

---

[28] APM, CMOP, Av., Cx. 70, Doc. 13.
[29] "Porém se a mãe for de qualidade, que com razão não deva criar seu filho aos peitos". *Ordenações Filipinas*, Livro IV, Título XCIX.

ziam sempre questão de lembrar que os enjeitados não eram providos somente pelo financiamento camarário, conforme petição do alferes "Manoel Francisco Carneiro que se lhe acha criando um enjeitado por nome José com o qual tem feito e gasto despesa com ama de leite a quem pagou quatro oitavas por mês fora sustentos".[30] A amamentação não era tarefa somente de forras. As escravas também eram bastante procuradas, pois o segmento apresentava altas taxas de natalidade, o que facilitava o encontro de mulheres aptas para aleitamento.[31] Elas poderiam ser contratadas ou participavam da escravaria da casa. Não é possível saber até que ponto o fenômeno do abandono profissionalizou o serviço de amas. Essa dimensão fica nebulosa pela falta de instituições que contratassem oficialmente tais mulheres. Contudo, deve ter sido normal alimentar mais de uma criança ao mesmo tempo, muitas vezes com o enjeitado a dividir o leite com os próprios filhos, ou sendo alimentado por quem tivesse leite disponível no momento.

Nos pedidos por pagamento da Câmara, os matriculantes faziam referência a "alugar uma ama", "uma negra" ou "uma escrava". A petição de José Antônio, morador da vila, afirmava que o suplicante "não tem quem lhe dê leite", razão pela qual pede pagamento da Câmara;[32] Manoel Carvalho recebeu uma enjeitada branca e, "como é homem já de idade e não tem negra de leite que a crie [...] foi preciso alugá-la".[33] Dois anos mais tarde, Manoel insistia quanto ao pagamento, alegando que "pretende vir à sua presença [da Câmara] e entregá-la ou, aliás, satisfazer-se ao suplicante o que está

---

[30] APM, CMOP, Av., Cx. 40, Doc. 16.
[31] Libby e Botelho, 2004:69-96.
[32] APM, CMOP, Av., Cx. 26, Doc. 24.
[33] APM, CMOP, Av., Cx. 28, Doc. 24.

vencido, pois a tem criado por uma mulher a quem paga";[34] o tenente-coronel Manoel de Souza Pereira acolheu o enjeitado João, que "há três anos ocupa uma escrava";[35] Inês Sebastiana pediu pagamento por ser "mulher pobre, nem tem leite, nem escrava";[36] Vicente Ferreira Fonseca pediu pagamento para poder "alugar uma negra".[37] Maria do Nascimento, parda forra e casada, criou o inocente Manoel, exposto em sua casa, "nos seus peitos";[38] por sua vez, Antônio de Pádua Coimbra alugou uma ama para o exposto Mariano, "com quem tanto se tem acostumado o dito menino, que estranha e repugna a nutrição de outro qualquer leite [...] quer o suplicante fazer entrega do referido menino pelo risco que pode correr à vida do exposto, faltando-lhe a dita ama".[39]

As informações sobre as amas não fogem a esse lacunar indicativo de sua existência. As petições feitas à Câmara, muitas vezes hiperbólicas quanto à pobreza e real necessidade dos matriculantes, só permitem ter uma pequena noção do relacionamento daquelas mulheres com os responsáveis pelos expostos.

Durante os primeiros meses de lactação, é provável que as amas contratadas ou ficassem com as crianças ou fossem morar nas casas dos responsáveis. É factível supor que os inocentes passassem temporadas nas casas das amas até poderem diversificar a dieta. Este foi o caso de Cândido,

> que se estava criando em casa de Baltazar Gomes de Azevedo, e este por lhe faltar ama o tinha mandado para se criar para a casa da parda Inácia da rua da barra de Antônio Dias [...] o dito enjeitado

---

[34] APM, CMOP, Av., Cx. 31, Doc. 22.
[35] APM, CMOP, Av., Cx. 30, Doc. 43.
[36] APM, CMOP, Av., Cx. 31, Doc. 80.
[37] APM, CMOP, Av., Cx. 36, Doc. 56.
[38] APM, CMOP, Av., Cx. 77, Doc. 23.
[39] APM, CMOP, Av., Cx. 75, Doc. 91.

é branco e se tinha botado na porta de José Marques Guimarães, porém logo foi para casa do dito Baltazar Gomes para o criar.[40]

Doravante, poderia ficar definitivamente na casa da ama ou retornar para o domicílio inicial. Essa movimentação poderia gerar confusões, como foi o caso de Vitoriana Teixeira, que pediu alteração no livro da Câmara, pois "nunca entregara o exposto Francisco para a responsabilidade de Arcângela Gomes"; esta ficara criando por apenas um tempo, enquanto Vitoriana se recuperava de "uma grave moléstia".[41]

Em certos casos, o responsável poderia mudar-se e o vínculo com o enjeitado ser quebrado. José de Almeida Figueiredo, porque estava de mudança para a comarca do Serro Frio e não podia levar a criança consigo, transferiu a criação para Antônio Manoel Duarte, "em que se dê não só o que vai vencendo, como tudo o que mais venceu do dito exposto de criação desde o dia de sua exposição até o presente".[42] Mesmo sem motivos aparentes a criança poderia mudar de tutor, como foi o caso de Antônia, exposta ao advogado Luís Henrique de Freitas e que, a partir de dezembro de 1751, "ficara a cargo de Manoel Ferreira da Rocha, homem casado morador no Ouro Fino desta Vila por ser este o que já tem tomado a seu cargo a criação da dita enjeitada".[43] Algumas vezes os pais, depois de um tempo, tentavam reaver os filhos — este foi o caso da mãe de Antônia, que, em 1802, logo apareceu e "carregou para a criar";[44] Bento Ferreira de Abreu também recuperou José, que ficou em "mão de seu pai".[45]

---

[40] APM, CMOP, Av., Cx. 60, Doc. 47.
[41] APM, CMOP, Av., Cx. 58, Doc. 09.
[42] APM, CMOP, Av., Cx. 59, Doc. 42.
[43] APM. CMOP. Av., Cx. 26, Doc. 38.
[44] APM, CMOP, Av., Cx. 75, Doc. 83.
[45] APM, CMOP, Av., Cx. 48, Doc. 13.

A circulação redistribuía no interior daquela sociedade as crianças indesejadas para pessoas dispostas a criá-las. A movimentação ajuda a esclarecer como e por que, até o advento do Estado de direito, essas populações controlavam o tamanho da prole, mantinham a honra pessoal, aliviavam-se de crianças em estados de pobreza extrema, entre outros vários motivos. Essa possibilidade, enquanto prática, prescindiu em parte da maior ou menor institucionalização hospitalar. A despeito da criação de hospitais, tanto a Europa católica quanto a América hispânica e portuguesa vivenciaram tal experiência histórica.[46]

Para a época moderna, dadas as muitas diferenças e utilidades do abandono, as crianças também poderiam passar de mão em mão. É possível inclusive que esse costume se estendesse de forma mais ampla e explícita entre algumas famílias, como já advertiu Ariès.[47] Todavia, uma pergunta fundamental a ser feita é sobre o porquê de essas crianças circularem anonimamente, se o abandono era uma forma socialmente aceita. Em parte, essa resposta pode ser encontrada nos incentivos dados à circulação anônima, ou seja, as crianças poderiam ter a criação paga pelos concelhos ou hospitais, sua ascendência protegida e, institucionalmente, o exposto era considerado no grau zero de sua genealogia, ou seja, não deveria ser impedido de galgar cargos públicos e eclesiásticos.

Ademais, seria ingenuidade crer que todos os segmentos se utilizavam do abandono da mesma forma: o valor sublime da infância foi tarefa árdua de ser empreendida, mas não significa dizer que houve banalização do valor dos menores, apesar de a circulação ser prática disseminada e aceita. Além disso, publica-

---

[46] Sá, 1995. Para o Chile, ver Milanich, 2004; 2001:79-100. Para o México, ver Blum, 1998:240-271.
[47] Ariès, 1981:226-279.

mente, os discursos jurídicos e religiosos procuravam realçar a "inumanidade" dos pais que expunham os filhos. A circulação de crianças enjeitadas era tolerável justamente porque era anônima.

A CÂMARA E A IMPLANTAÇÃO
DO AUXÍLIO AOS EXPOSTOS

Como foi dito anteriormente, a Câmara de Vila Rica foi instituída em 1711 e durante todo o século XVIII não gozou de privilégios especiais como os do concelho do Porto, Salvador ou Rio de Janeiro. É interessante notar que nem a Câmara nem a Misericórdia de Vila Rica foram instituições sistematicamente agraciadas por benesses régias, embora estivessem na mais importante região econômica da América portuguesa.

O concelho era, no âmbito regional, a representação política da monarquia e constituía-se, frequentemente, no melhor vínculo institucional entre os vassalos e o rei. Na vida cotidiana era o responsável direto pela administração e pela manutenção da justiça em primeira instância. A justiça exercida limitava-se à alçada admitida nas *Ordenações*, causas de menor monta, e a matéria julgada era de temas criminais e cíveis (família, sucessões, propriedades e obrigações contratuais). A legislação maior previa formalidades do processo, com possibilidade de recurso a outras instâncias, contudo, ressalta-se que "os vereadores e as justiças do concelho, uma vez investidos, tinham uma área autônoma de competência prevista na lei e garantida pelo direito".[48]

O concelho vila-riquense regulava o comércio de alimentos, zelava pela qualidade das carnes, do milho, do pão — elementos básicos na dieta dos habitantes —, além de fiscalizar lojas e ven-

---
[48] Wehling e Wehling, 2004:44; Hespanha, 1995:163.

das desses produtos. Cabia-lhe também a tarefa de licenciar os ofícios mecânicos, fornecer água, fiscalizar arruamentos e edificações particulares, construir e manter pontes, fontes, cadeia e demais prédios públicos. Ao mesmo tempo, custeava procissões anuais, como a de São Sebastião, Anjo Custódio do Reino, a Visitação de Santa Isabel e, a mais importante, de Corpus Christi, bem como cortejos extraordinários, pelo nascimento e morte de membros da família real, entre outros.[49]

Segundo Russell-Wood, as rendas derivadas dos contratos perfaziam a maior fonte de renda do município. Os quatro maiores contratos eram o de pesos e medidas (rendas de aferição), que deveria assegurar que os mercadores, vendedores e artesãos usassem os pesos e medidas de acordo com padrões oficiais; o contrato de inspeção (renda do ver), que deveria fazer cumprir decretos sobre saúde pública e aspectos mais físicos do comércio (era da alçada desse contrato, por exemplo, controlar os porcos que perambulavam pela vila); o contrato das meias patacas (renda das meias patacas), que tinha a função de coletar moedas de prata (160 réis) sobre cada cabeça de gado abatido no termo; e, por fim, o contrato das taxas da cadeia (rendas da carceragem), que asseguraria o pagamento das multas e custos com os presos.[50] Uma taxa era cobrada para cada preso e a alimentação deveria ser custeada por senhores de escravos presos ou familiares de livres.[51] De acordo com Joaquim José da Rocha, no fim da década de 1770, os rendimentos da Câmara de Vila Rica foram despendidos com propinas dos oficiais, criação de

---

[49] Sobre a estrutura do concelho de Vila Rica, ver Ramos, 1972:296-383; Russel-Wood, 1977:25-79.

[50] Em 1778, segundo Joaquim José da Rocha, o contrato de meias patacas era de 300 réis. De acordo com Russell-Wood, tal valor, em 1795, subira para uma pataca (320 réis). Ver Rocha, Joaquim José, RAPM, v. 2, 1897:446; Russell-Wood, 1977:56.

[51] Ibid., p. 50-57.

enjeitados, conserto de fontes, calçadas, pontes, quartéis de soldados e festas religiosas. A renda era proveniente das cabeças de gado cortadas no termo, aferições e foros, "que têm diminuição e aumento conforme as rematações que fazem".[52]

A primeira referência encontrada sobre a responsabilidade da Câmara de tutelar enjeitados foi a de Mateus, em 1745, exposto criado pelo capitão Antônio Lopes Leão, que logo faleceu, ficando a criança sob a responsabilidade de Narcisa Lopes, preta alforriada pelo capitão e que viveu com o dito até a sua morte. Narcisa enviou uma petição ao Senado da Câmara, em 2 de junho daquele ano, recusando-se a criar o enjeitado, e alegou que o mesmo iria "prender o serviço de sua escrava", pois "a dita criança ainda carece de trato porque tem oito meses de idade". Os oficiais da Câmara aceitaram-no e mandaram que se arrematasse, "na forma da lei", "quem por menos o fizer [...] por não haver forma nesta vila para se inscrever enjeitados".[53]

Apesar da obrigação de pagamento aos expostos, contida nas *Ordenações*, a Câmara instituiu financiamento sistemático somente a partir de 1750. Em meados da década de 1740, os enjeitados começaram a aumentar e, muito a contragosto, os *homens bons* da vila optaram por pagar quantia fixa para a alimentação e o vestuário da infância abandonada até completar 7 anos de idade. O procedimento a ser feito era, caso encontrassem alguma criança enjeitada, batizarem-na; se estivesse em perigo de vida, deveria ser imediatamente batizada, *in extremis*, por qualquer pessoa. O assento de batismo geralmente continha o local onde a criança foi encontrada e demais informações relevantes,

---

[52] "Foro era pensão que aquele que tem propriedade em phateosim (foreiro) paga por ela ao senhorio direto." Ainda de acordo com Bessa, *Fateusim* significava "por longo tempo, perpetuamente". Ver Bessa, 1981:76. Rocha, Joaquim José, RAPM, v. 2, 1897:446.

[53] APM, CMOP, Av., Cx. 16, Doc. 59.

como hora do encontro, possíveis vestes, quem a encontrou e quem foram seus padrinhos. De posse da cópia do registro de batismo, ou a criança era deixada na Câmara, que se encarregava de arrumar um lar disponível, ou pedia-se a sua inclusão no quadro de beneficiados. Esse pedido era analisado primeiramente pelo procurador da Câmara, que emitia o parecer ao corpo do concelho, recomendando ou vetando, o que em acórdão teria a palavra final dos vereadores.

Os primeiros anos foram os mais tensos na administração dos pagamentos em Vila Rica.[54] Para a Câmara, o pagamento aos enjeitados ressignificava o fenômeno do abandono, que deixava de ser parte de dramas familiares para se tornar um sério problema social, envolvendo altos custos. Conforme os discursos camarários, o abandono tinha por função preservar a honra de famílias honestas e, de uma hora para outra, via seu sentido primordial sucumbir frente a uma população multiétnica.

De acordo com a própria instituição, o pedido que desencadeou o pagamento continuado foi o de José Antônio Martins, casado, que, em 1750, enviou uma petição ao concelho:

> há poucos tempos lhe botaram uma enjeitada à porta de noite e tem ela [a vila] quantidade deles que só ao coronel Manoel de Souza Pereira lhe tem botado nove e às várias pessoas sem terem muitas pessoas com que os criar como sucede ao suplicante que não tem quem lhe dê leite e não pode o suplicante sustentar do preciso, pela muita despesa que faz e assim parece que deve haver por este Senado ajuda de custo como o há na cidade de Mariana, tão pró-

---

[54] A jurisdição da Câmara estendia-se ao termo de Vila Rica. A comarca de Vila Rica era composta por dois termos com câmaras e jurisdições respectivas: Vila Rica, sede da comarca, e Ribeirão do Carmo, depois de 1745, cidade de Mariana, sede de bispado.

xima que consta da certidão que apresenta o dar-se a cada pessoa que cria enjeitados a 3 oitavas por mês para o seu alimento.[55]

A Câmara de Vila Rica não deferiu o pedido de José Martins, que imediatamente recorreu ao ouvidor da comarca, Caetano da Costa Matoso, pedindo "alguma coisa" para ajuda da criação de Francisca, exposta em sua casa, "fundado no costume que há na cidade de Mariana" e na "Ordenação livro primeiro, título 88, parágrafo 11". Além das *Ordenações,* José Martins referia-se à prática da municipalidade marianense de pagar aos criadores, reafirmada pelo acórdão da dita Câmara, datado de 21 de junho de 1749, que instituía a esmola mensal de 3 oitavas por criança.[56] O ouvidor da comarca mandou que o procurador respondesse "dando razão para não deferir ao suplicante".

Em 22 de outubro de 1750, o então procurador, em resposta ao ouvidor, argumentou que no Senado de Vila Rica não havia estilo em admitir despesas para "mulatos enjeitados" como constava ser o requerimento do suplicante, "que muito bem o pode criar sem embargo de ter família e não é pobre e dando o Senado o resto para semelhantes enjeitados serão poucas as suas rendas para esta alimentação, e pelos muitos que contam nesta vila na roda do ano".

Nesse trecho somente, o procurador reivindicava sobre três pressupostos sem fundamento em lei ou costume, a saber, a prerrogativa de negar auxílio a negros ou mestiços; de restringir

---

[55] APM, CMOP, Av., Cx. 26, Doc. 24.
[56] Tudo indica que a Câmara de Mariana pagava aos criadores de enjeitados antes de 1749, este acórdão procurou tão somente uniformizar a quantia paga: "E logo requereu o procurador deste Senado que vista as despesas em que atualmente está este Senado e o poderia comodamente alimentar qualquer dos enjeitados com a porção de 3 oitavas de ouro cada mês, requeria outrossim que daqui por diante se não contribuísse a pessoa que criasse o enjeitado com mais de 3 oitavas" (Cópia do acórdão de 21/6/1749 feita pelo escrivão da Câmara de Mariana, João da Costa Azevedo em 2/10/1750. APM, CMOP, Av., Cx. 26, Doc. 24).

o pagamento a pobres; e negar-se a cumprir qualquer obrigação em relação aos expostos, alegando falta de verbas. A cláusula era clara quanto à autonomia camarária em lançar fintas sobre os povos, caso faltassem recursos.[57] Adiante, ainda no parecer do procurador, defendia-se que tais despesas deveriam ser cobradas primeiramente do hospital, "a quem em primeiro lugar compete este requerimento". Como já esclarecido anteriormente, a Misericórdia da vila jamais instituiu apoio aos expostos. Certamente, tratava-se de mais um infundado argumento, na tentativa de eximir o concelho do dever legal. O ouvidor Costa Matoso emitiu novo parecer, em resposta ao procurador, ordenando que o Senado satisfizesse ao suplicante e acrescentou que se atenderia a todo requerimento nessa matéria, por ser obrigação.

A enjeitada Francisca, de que tratava a petição de José Martins, faleceu pouco tempo depois, em outubro de 1751. Naquele mês, foi requerido pagamento restante por seis meses e 11 dias de criação; tais cálculos ficavam a cargo do tesoureiro. A disputa, ainda marcada na memória do procurador, foi relembrada no parecer sobre o valor devido, "o suplicante foi o primeiro que abriu caminho para este Senado fazer semelhantes despesas". Conforme Donald Ramos, o procurador era o "mais controverso oficial da Câmara", uma vez que era o elo entre o povo e o concelho. Como já salientado, as petições enviadas à municipalidade geralmente tinham de passar por ele, responsável

---

[57] "Sob o nome de finta (do latim *finitus*, de *finire*, isto é estabelecer, regular), entendia-se o tributo que recaía sobre os rendimentos da fazenda dos súditos ou vassalos. Este tributo destinar-se-ia a custear melhoramentos públicos: estradas, pontes, fontes, outras obras públicas" (Bessa, 1981:70). "E não havendo tais hospitais ou albergarias se criarão à custa das rendas do concelho e não tendo rendas por que se possam criar, os oficiais da Câmara lançarão finta pelas pessoas que nas fintas e encarregos do concelho hão de pagar" (*Ordenações Filipinas*, Livro 1º, título 88, parágrafo 11).

direto por defender direitos e propriedade da instituição, apresentando, inclusive, um dos papéis de mais fácil identificação na vida concelhia.[58] De fato, essa *nova* atribuição que a Câmara se dispôs a cumprir gerou verdadeira inflação de pedidos. Ao que tudo indica, a primeira enjeitada, Francisca, era negra ou mestiça. Daquele ano em diante, o tom geral que marcou os pedidos foi o da suma pobreza dos matriculantes, o que não denuncia, necessariamente, pauperização; muitas vezes, como se verá ao longo do capítulo, esse argumento constituiu-se em uma das estratégias para provocar o compadecimento concelhio. Outro efeito imediato foi o das famílias que criavam enjeitados sem auxílio requererem pagamento retroativo. A Câmara viu-se obrigada instantaneamente a arcar com os expostos passados, presentes e futuros. Inegavelmente uma despesa brutal aos cofres públicos acostumados a não despenderem absolutamente nada com esse tipo de assistência.

Em 1751, João Fernandes Guimarães, morador de Lavras Novas, freguesia de Itatiaia, entrou com pedido à Câmara para satisfazer as criações da enjeitada Ana, batizada em 14 de junho de 1745, "porque o suplicante sempre pretendeu ser pago das ditas criações tanto por ser pobre e não poder fazer caridade tão avultada, como recorreu para isso".[59] João Fernandes ainda conservava os requerimentos feitos em 1748 à Câmara da Vila, alegando dificuldades econômicas. Com o pagamento da primeira criação, João Fernandes ameaçou entregar a enjeitada aos oficiais, ao que o procurador prontamente respondeu que só seriam aceitos pedidos feitos daquela data em diante e não retroativamente, porque essas criações anteriores estavam sendo

---

[58] Ramos, 1972:303-305.
[59] APM, CMOP, Av., Cx. 25, Doc. 29.

feitas voluntariamente. O parecer datado de outubro de 1748 indica que a Câmara pode ter, pelo menos formalmente, atendido petições sobre expostos antes de 1750. Porém, tudo leva a crer que tal prática não tenha se efetivado antes do início do decênio seguinte.

No mesmo processo de João Fernandes, a jurisprudência de agravar o ouvidor parece ter aberto novo caminho diante dos malogrados pedidos anteriores. Depois da vitória de José Antônio Martins, no mesmo ano de 1751, João Fernandes entrou com o pedido de pagamento diretamente ao ouvidor e alegou que o fato de não pedir logo que puseram a criança em sua porta não lhe tirava o inegável direito que tinha "para todo o tempo o pedir". Esses documentos surpreendem pela riqueza de argumentação e conhecimento das leis, frequentemente citando os artigos das *Ordenações*. Entretanto, casos retroativos eram realmente peculiares, porque *de jure* o concelho deveria pagar as criações até os 7 anos de idade. De qualquer maneira, "atenta à pobreza do agravante de que somos informados", foi arbitrado o valor de 16 oitavas de ouro por "esta vez somente" de ajuda de custo.

Abria-se aqui mais uma porta repleta de enjeitados, mas a decisão da Câmara era a de não pagar por crianças maiores de 7 anos. No limite, dispunha-se a custear o resto do financiamento, sem arcar com as prestações precedentes. Jerônimo Lopes Ulhoa tinha dois enjeitados em sua casa, "um macho e uma fêma", Felizardo e Antônia. Solicitou a inclusão de ambos, Felizardo, batizado em 11 de junho de 1749, admitido a partir de 1751, e Antônia, batizada em 7 de julho de 1743, cujo pedido de admissão "não tem lugar por passar já de 7 anos e ficar cessando a precisa obrigação deste Senado o que não tem passado eles".[60]

---

[60] APM, CMOP, Av., Cx. 26, Doc. 12.

Uma vez admitidos, os criadores começaram a lutar pela efetivação do pagamento, outro fator controverso que se agravou ao longo dos anos. O próprio Jerônimo Lopes Ulhoa conseguiu o primeiro pagamento de Felizardo mediante agravo contra o Senado, virtualmente seis meses depois de sua matrícula. Nota-se que, já a partir de 1751, o argumento da cor da pele das crianças passou a ser o grande trunfo dos matriculantes. Invariavelmente, quando o enjeitado era branco, tal característica era ressaltada. Foi rara, nos pedidos dos matriculantes, a menção a expostos mestiços. Tal designação era explicitada geralmente pela Câmara como justificativa para recusar tais crianças.

O endurecimento quanto à admissão de infantes não se restringiu somente ao argumento da cor. Rapidamente o concelho procurou, por meios diversos, dificultar a entrada no quadro de beneficiados, utilizando outros artifícios. Mais uma série de atitudes que tendeu à autonomia da Câmara travou novo embate entre os criadores e a municipalidade.

EMBATES JUDICIAIS E A SISTEMATIZAÇÃO DO ATENDIMENTO

Luís Henrique de Freitas, bacharel formado em Coimbra, advogado nos auditórios da vila, ainda em 1750, entrara com pedido de pagamento pela criação de Antônia,

> exposta no corredor de suas casas e como o suplicante seja homem solteiro e não tinha quem criar a dita enjeitada, razão porque a deu a criar na forma da Ordenação [...] está este Senado a concorrer para a criação da dita criança e assim se deferiu a José Antônio Martins.[61]

---

[61] APM. CMOP, Av., Cx. 26, Doc. 38.

Mais uma vez, o dever contido nas *Ordenações* vinha reforçado pela jurisprudência criada localmente. Entretanto, em novembro de 1750, o procurador José Correa indeferiu o pedido e alertou ao Senado que, "caso se facultasse este requerimento sem mais averiguação, fica aresto para todos os mais enjeitados, não só brancos como mulatos e crioulos". De fato, a advertência do procurador não tardou a se tornar realidade. O primeiro pedido fora para uma criança mestiça, e Antônia, ao que tudo indica, era mais uma delas.

O procurador ordenou que o advogado declarasse "debaixo de juramento se tem notícia dos pais incógnitos da criança enjeitada", ao que o bacharel se negou terminantemente e declarou não saber sobre os pais da criança, mas que "ainda que soubesse não estava obrigado". A Câmara então pagou as 3 oitavas mensais até segunda ordem, valor que passaria a ser efetuado "deste mês" em diante e, se o criador não comparecesse no fim do mês, a instituição não lhe pagaria coisa alguma. Para infelicidade da Câmara, Luís de Freitas era advogado e conhecedor dos trâmites burocráticos. Mais uma vez, entrou contra o Senado e alegou ter o direito de receber os pagamentos pretéritos "desde que a dita exposta se acha em poder do agravante"; acrescentou que a Câmara não poderia obrigá-lo a comparecer mensalmente, sob pena de perder o pagamento, "porque semelhante ônus e condição, nenhum poder há nos oficiais da Câmara para o porem, pois não há lei de estatuto ou costume que tal jurisdição lhe dá". Não foi possível saber se a Câmara pagou os atrasados, contudo foi deferido o pecúlio regular, embora não tenha havido juramento sobre o desconhecimento dos pais das crianças.

Mais um costume instaurado, mais conflitos por vir. Em alguns casos, os termos de juramento foram aplicados ao longo dos primeiros anos aos que se sujeitaram, e tiveram de fazê-lo, outros se recusaram e abriram processos contra o concelho, terminando por eximirem-se de tal obrigação. O termo de juramento procurava constranger pela palavra, através do ato público de jurar debaixo dos Santos Evangelhos, que não se tinha notícia dos pais do enjeitado. Joana Correa de Andrada, mesmo depois de tê-lo feito diante do juiz ordinário e do escrivão da vila, pediu que, com base no agravo entre Luís Henrique de Freitas e o corregedor, deferissem seu pedido sem este termo.[62]

A primeira sistematização feita na tentativa de organizar a administração foi objetivada na correição anual do corregedor Caetano da Costa Matoso, em 1751.[63] Segundo os camaristas, a despesa de 3 oitavas por mês em todo o tempo, que se fazia com as amas, "lhes parecia exorbitante". O corregedor determinou "que nos dois anos de leite se pagasse às ditas amas 3 oitavas por mês e daí por diante se lhes pagasse daí para baixo o que entendessem era conveniente à proporção do trato de cada um dos enjeitados". Instituiu também "um livro em que especialmente se lançassem todos os enjeitados que a Câmara houver de pagar"; estipulou a trimestralidade nos pagamentos, "não se fazendo pagamento algum que não seja neste tempo"; mandou fazer toda diligência necessária para averiguar se tinham mãe ou parente que os sustentassem "e achando o obrigarão a sustentá-los e de nenhuma forma se sustentarão pelos bens do concelho procedendo em tudo na forma da lei"; criou mais outro livro para lançar a despesa e recebimento que faziam com as amas, "cujo pagamento se fará na presença do corpo do Senado em um dia que se destinará para isso, fazendo vir à sua presença os mesmos enjeitados para se examinar se estão ou não bem tratados"; res-

---

[62] APM, CMOP, Av., Cx. 25, Doc. 23.

[63] O cargo do corregedor não chegou a existir e, na América portuguesa, os ouvidores acumularam ambas as atribuições. Ver Souza, 2000:15-16. Cópia da correição contida no processo de Joana Correa de Andrade, APM, CMOP, Av., Cx. 26, Doc. 15.

tringiu o pagamento a pessoas que não tinham bens suficientes para criação, negando a entrada a pessoas que criavam expostos "por compaixão"; reafirmou a prerrogativa camarária de, não tendo verbas, lançar fintas sobre a população.[64] A administração de Caetano da Costa Matoso é conhecidamente um ponto de inflexão na organização do poder em Minas.[65] O ouvidor reafirmou as prerrogativas régias no ímpeto de subordinar os costumes locais às leis da monarquia, o que lhe rendeu uma série de desafetos e perseguições culminando em sua prisão no Rio de Janeiro.[66] A primeira tentativa de normatização de Costa Matoso, excetuando-se a restrição aos criadores menos afortunados, não continha grandes novidades em relação ao texto das *Ordenações*. Os outros quesitos eram administrativos e procuravam facilitar trâmites institucionais, não faziam alterações no quadro legal do abandono. Todavia, tinham o mérito de objetivar e normalizar a assistência aos expostos em Vila Rica.

A questão do preço também foi problema difícil de resolver e, ao longo de toda a segunda metade do século, sofreu constante alternância de valores. Os camaristas, de acordo com a correição de 1751, decidiram pagar 3 oitavas por mês durante os dois primeiros anos e duas oitavas nos anos subsequentes. Jo-

---

[64] No Arquivo Público Mineiro há cinco códices referentes a esses livros para toda a segunda metade do século XVIII e início do XIX. Ver: APM, CMOP, *Enjeitados* — Cód. 61 (1751-1768); Cód. 88 (1751-1784); Cód. 111 (1781-1790); Cód. 116 (1790-1796); Cód. 123 (1796-1804). O Arquivo Público Mineiro possui apenas um livro de despesa e recebimento com os criadores. APM, CMOP, Cód. 62 (1751-1771).

[65] Segundo Luciano Figueiredo, "qualquer que fosse o campo de atuação de Caetano [da Costa Matoso], o que diferencia sua carreira em Minas é a plenitude com que ele se investe nas funções que ocupa, seja na de ouvidor, corregedor ou provedor. Sobressai ainda na figura de Caetano um ordenador incansável, aquele com vocação para pôr tudo em ordem". Figueiredo, 1999:98.

[66] Sobre Costa Matoso, ver Figueiredo, 1999:39-154.

sefa Maria de Jesus, moradora em Antônio Dias, em fevereiro de 1751, solicitou pagamento pela criação de José, "porque a suplicante é pobre e não tem posses com que sustentar"; ademais, segundo a petição, o exposto "para quem se pedem os alimentar é branco como Vossas Mercês se poderão informar e ver quando sejam servidos e não deve arbitrar-lhe menos do que se arbitra a outros que têm mescla de sangue".[67] A declaração de brancura da criança foi dada pelo procurador José Gomes da Rocha, vizinho de Josefa. O exposto não era recém-nascido, razão pela qual a Câmara arbitrou 20 oitavas anuais à criadora. Insatisfeita, Josefa requereu as costumadas 3 oitavas, alegando "que o não necessitar a criança de ama de leite não é por estar criada, pois é de tão pouca idade que ainda não anda e por não mamar é que carece de ser mais alimentada". Durante o ano de 1751, ela teve de contentar-se com as 20 oitavas, mas em fevereiro de 1752 recebeu 24 oitavas, de acordo com o decidido na correição do ano precedente.

Josefa não se dera por satisfeita e, no mesmo ano de 1752, fez petição ao Senado esclarecendo que deveria receber a "pequena quantia" de 20 oitavas de 1$500 e não 24 oitavas de 1$200, valor que a oitava passou a ter a partir de 1751; Josefa requereu o valor de 30$000, ao que o procurador indeferiu pedido. Os muitos recursos dirigidos à Câmara acabaram por criar maior permissividade do povo com a instituição. A partir de 1750, nenhuma decisão do concelho em relação aos expostos foi tomada como irrevogável. Até a sedimentação de algumas regras, o caminho foi repleto de avanços e retrocessos, vitórias e derrotas de ambas as partes.

O acesso ao pagamento da Câmara passou também por redes de clientela e influências pessoais. Há petições que sequer con-

---

[67] APM, CMOP, Av., Cx. 24, Doc. 27.

seguiram resposta da Câmara, ou foram indeferidas com base na riqueza dos matriculantes. Esse foi o caso de Manoel Fernandes Saragosa, que, em agosto de 1751, solicitou pagamento pela criação de Maria, por ser o suplicante "pobre e não pode suprir".[68] A Câmara negou-se a pagar por estar a menina perto dos quatro anos e por "ser homem abastado de bens". O preto forro João Gomes da Costa não obteve resposta do procurador quanto ao pedido para a criação de José, em 1751.[69] Por sua vez, em 1752, mesmo depois do provimento de 1751, o procurador recomendou e a Câmara admitiu criadores como o dr. Agostinho Monteiro de Barros;[70] e o tenente-coronel Manoel de Souza Pereira, que pediu pagamento para João, exposto em Antônio Dias.[71] Porém, João Gomes da Costa novamente fora preterido quando, em 1752, pediu pagamento para Timóteo, menino branco. De acordo com a petição de João Gomes, a criança teria sido admitida em 13 de novembro de 1751; o procurador titubeou e, outra vez, justificou ser o "suplicante homem casado e abastado de bens temporais". O Senado admitiu a criança a partir de 13 de janeiro de 1752 e mandou pagar João Gomes em 26 de fevereiro do mesmo ano.[72]

De fato, no ano de 1752, o número de entradas de crianças diminuiu. A Câmara concentrou-se no pagamento dos contratos já firmados e os pedidos não tiveram grandes atrasos. Os matriculantes enviavam petições contendo o tempo de criação a que tinham direito, uma certidão de vida emitida pelo pároco ou por pessoas de altas patentes e a Câmara deferia pagamento em questão de dias, depois da conferência do prazo, feita

---

[68] APM, CMOP, Av., Cx. 26, Doc. 05.
[69] APM, CMOP, Av., Cx. 25, Doc. 01.
[70] APM, CMOP, Av., Cx. 27, Doc. 26.
[71] APM, CMOP, Av., Cx. 28, Doc. 45.
[72] APM, CMOP, Av., Cx. 27, Doc. 24.

pelo escrivão, sem maiores dilações de tempo. Quando a criança morria, a Câmara pagava os dias relativos, meticulosamente calculados. O enterro, a mortalha, a encomendação e a cova ficavam por conta do matriculante. Durante todo o século XVIII, apesar dos vários pedidos, a Câmara se furtou a pagar os serviços funerários dos anjinhos.

A PIEDADE EM XEQUE: INTERDIÇÕES AOS NEGROS E MULATOS

Embora a discriminação aos negros e mulatos fosse prática comezinha, em 1752 a Câmara trouxe à tona o primeiro de uma série de discursos eminentemente discriminatórios. Na correição do dito ano, os vereadores reclamaram do aumento das despesas e propuseram que não se admitisse "tão detestada casta e condição de sangue e assim se escusasse as crianças expostas que conhecidamente fossem mulatas, cabras ou pretas da mesma forma que não se admitiam na Câmara de Mariana".[73]

Os discursos objetivados institucionalmente dão respaldo às afirmações de Boxer sobre o forte preconceito racial português.[74] A sociedade mineira dos setecentos, não obstante tenha assistido de forma paradigmática a mestiçagens culturais das diversas matrizes, conviveu também com visões institucionalmente estabelecidas, emblemáticas de um norteamento hierárquico. Os raros exemplos de ascensão social de negros e mulatos, presentes no século XVII, tornaram-se ainda menos frequentes no século seguinte, assistindo-se ao endurecimento legal em favor da *limpeza de sangue*. Durante todo o século XVIII, os negros e

---

[73] APM, CMOP, Cód. 22, Correição de 2/11/1752.
[74] Boxer, 2002:262-285; 1967; Marcocci, 2011:41-70.

mulatos eram interditados, por exemplo, nas câmaras, às altas patentes militares e em várias irmandades exclusivas dos brancos.[75]

O endurecimento em relação aos negros e mulatos foi acompanhado por entraves aos pagamentos, mesmo depois de os matriculantes já estarem formalmente aceitos nos livros de entrada do concelho. A partir de 1753, os criadores deveriam trazer à presença da Câmara duas "testemunhas idôneas" que conhecessem a criança e um atestado de vida emitido pelo pároco ou pessoa reconhecida socialmente. Quando Manoel de Sousa Azevedo pediu o pagamento de Águeda, em março de 1753, o atestado de vida não foi suficiente; o procurador solicitou dias depois duas testemunhas que juraram "debaixo dos Evangelhos" sobre a idoneidade da criação.[76]

As testemunhas geralmente eram vizinhos ou conhecidos, e havia grande presença de setores médios da população, como oficiais mecânicos; os termos de juramento receberam também os nomes de "termo de justificação" ou "de assentada".[77] Essas declarações eram a forma escolhida para evitar pagamento a crianças mortas, maltratadas, ou mentiras sobre a procedência dos enjeitados. Era, à primeira vista, uma tentativa um tanto ingênua, pois as testemunhas eram escolhidas pelos matriculantes. Por outro lado, o juramento sobre a ascendência das crianças, exigido nos anos precedentes, fora abolido por agravos do povo contra a instituição. De forma alternativa, ordenava juramento aos conhecidos dos suplicantes. Os termos diziam respeito às formas de tratamento da criança e à veracidade sobre a exposição:

---

[75] Ver Schwartz, 1996:7-27.
[76] APM, CMOP, Av., Cx. 29, Doc. 14.
[77] Ver entre outros, para o ano de 1753: APM, CMOP, Av., Cx. 29, Doc. 14; Cx. 29, Doc. 42; Cx. 29, Doc. 45; Cx. 29, Doc. 50; Cx. 29, Doc. 61; Cx. 29, Doc. 67; Cx. 30, Doc. 07; Cx. 30, Doc. 24; Cx. 30, Doc. 42; Cx. 30, Doc. 43; Cx. 30, Doc. 49; Cx. 30, Doc. 55; Cx. 30, Doc. 58; Cx. 30, Doc. 59.

e perguntado pela enjeitada de que trata requerimento retro disse que sabe pelo ver que a dita enjeitada foi exposta à porta de Paulo Pereira de Sousa e que este a mandou para a casa de Sebastião Francisco Bandeira, donde se está criando com todo o cuidado, o que sabe ele.[78]

Tratava-se do público comprometimento sobre a ascendência desconhecida. O juramento tinha grande relevância, visto que os matriculantes recusavam-se a prestá-lo indiscriminadamente. No agravo de Jerônimo Lopes Ulhoa contra o ouvidor Caetano da Costa Matoso, a sentença que impediu aos camaristas de exigirem juramento sobre a ascendência desconhecida dos pais alegou "o perigo de perda de crédito", mandando que se devessem procurar outros meios mais proporcionados para esse exame.[79] A nova jura requerida pela instituição não ordenava a denúncia pública dos pais, mas não deixava de ser tentativa de inibir fraudes.

Grande parte das medidas tentava diminuir custos. A Câmara jamais negou permissão para que uma criança fosse criada gratuitamente. A diminuição do valor a ser pago poderia ser também argumento para reivindicar a criação. Em dezembro de 1751, Manoel da Rocha pediu 3 oitavas mensais pela criação de Antônia, conforme costume iniciado pelo pagamento a Luís Henrique de Freitas. Entretanto, "agora tem notícia de que um Davi [Ferreira]", seu "inimigo", ofereceu duas oitavas para criar a mesma criança, ao que o suplicante mandou avisar que também aceitava criá-la por esse mesmo preço.[80] Não satisfeito, em janeiro de 1752, Davi [Ferreira] reduziu sua oferta a oitava e

---

[78] APM, CMOP, Av., Cx. 30, Doc. 59.
[79] Cópia do termo de agravo contido no processo de Josefa Maria de Jesus. APM, CMOP, Av., Cx. 24, Doc. 27.
[80] APM, CMOP, Av., Cx. 26, Doc. 52.

meia por mês, "por ter o suplicante comodidade e mulheres que a crie". O Senado priorizou Manoel, "por ser homem casado e a está criando e o suplicante é solteiro que com pensão e pouco cuidado a dita poderá padecer", mas teve também de aceitar oitava e meia mensalmente.[81]

Um ano depois, em fevereiro de 1753, Manoel pediu ao Senado que aumentasse sua prestação, porque, apesar de ter se sujeitado a criá-la a oitava e meia, "seus filhos se lhe aumentaram e as conveniências diminuíram como assim se acha pobre e impossibilitado para o poder criar por menos do que se paga pelos mais". A Câmara aceitou normalizar o valor do pagamento sem maiores reticências.[82] Certamente, havia uma série de problemas e mal-entendidos por trás dessas negociações de preço, mas a Câmara procurou tirar ganho enquanto pôde dos desentendimentos, sem entrar a fundo nas suas motivações.

O desdém do concelho por alguns matriculantes provocou uma seleção surda, sem maiores embates. Essa indiferença fez com que a população procurasse no tribunal da Relação do Rio de Janeiro, instalado em 1751, formas de pressionar, por meio da lei, pelo pagamento das mensalidades. Apesar de ser prática corriqueira a não aceitação de mestiços, os discursos camarários foram adquirindo cada vez mais ortodoxia, fortalecidos pelo mútuo apoio entre Mariana e Vila Rica.[83] A posição dos camaristas impressiona pelo tom discriminatório, corroborando a visão negativa do mestiço generalizada durante o século XVIII. Em 1753, a virulência do discurso reafirmou ações de marginalização e reiterou a insistente ideia de que o abandono era, na verdade, um arranjo feito para retirar dinheiro da Câma-

---

[81] APM, CMOP, Av., Cx. 27, Doc. 12.
[82] APM, CMOP, Av., Cx. 29, Doc. 13.
[83] Sobre a discriminação na Câmara de Mariana, ver Souza, 1999b:63-79.

ra.[84] Esse problema de fundo não foi solucionado pelo concelho. Para o Senado, o enjeitamento deveria ser privilégio de poucos, o que, efetivamente, nunca se concretizou. O abandono serviu a todos os segmentos, ainda que a municipalidade tenha repetidamente tentado impedir os avanços de mestiços:

> sendo maior fundamento para esta credulidade a lassidão com que neste país não se faz caso, que as mulatas cheguem a pejar; pois ou sejam escravas ou forras nenhum descrédito se segue a semelhante casta de gente de se lhe saber do sucesso de sua leviandade e assim não sendo por esta causa, menos pode obrigar para o enjeite a razão da pobreza porque para a primeira criação bastante é a natural criação das mães, principalmente não sendo estas da qualidade de que trata a Ordenação, livro primeiro, título 87, parágrafo 11.[85]

A mestiçagem foi a ferida aberta na administração dos expostos, frutos que deveriam ser da misericórdia alheia. A despeito de negros e mulatos conseguirem acumular pecúlio, apresentar mobilidade econômica e ocupar cargos administrativos de pouca monta, a visão hierárquica solapou qualquer aspiração de isonomia nos órgãos de administração régia.[86] No tocante à

---

[84] "vejo excessiva despesa que faz este concelho com a criação dos enjeitados, que até nesta ação há gente de tão grande consciência, que procuram utilizarem por este meio, fiados na aceitação, que a Câmara faz dos tais inocentes, quando é de presumir não concorrer a qualidade de verdadeiro enjeite, mas sim um conluio entre os pais, ou mães com as pessoas que os enjeitam ou apresentam fingindo serem expostos só para perceberem o lucro que esperam" (APM, CMOP, Cód. 22, Correição de 14/12/1753). Existe no livro de receitas e despesas da Câmara de Mariana a cópia dessa correição, com acréscimo de algumas adjetivações, e que conserva o mesmo sentido e deliberações: AHCMM, Cód. 176, Livro de Receita e Despesa, 1752-1762. Agradeço à profa. dra. Adalgisa Arantes Campos a transcrição desse documento.

[85] APM, CMOP, Cód. 22, Correição de 14/12/1753.

[86] Ver Russell-Wood, 2000:105-123. Sobre a fluidez das camadas sociais em Minas, ver Souza, 1986.

assistência, o caso vila-riquense esclarece como a retórica administrativa sobre as diferentes dignidades sociais tentou frear o acesso ao auxílio camarário. A seleção de beneficiários nas instituições de assistência não era exatamente uma novidade nas sociedades de antigo regime, mas passavam ao largo de questões puramente raciais.

O arremate das deliberações da correição de 1753 era a legalização da prática aplicada de forma irregular nos anos precedentes. A partir de então, a Câmara estabelecia que "em caso nenhum se praticará esta providência com os enjeitados mulatos e pretos, que mando que se não aceitem, evitando-se também assim o prejuízo público considerado na maliciosa cautela com que as mães comumente escravas ocultam os fetos, e os expõem como enjeitados por ficarem libertos".[87]

Como dito anteriormente, é difícil dimensionar a exposição de crianças escravas, contudo não deve ter sido uma prática disseminada. Certamente foi mais um argumento retórico por parte dos homens da governança para se eximir da tarefa de subsidiar financeiramente todos os expostos. Todavia, as decisões de 1753 não diziam respeito somente aos negros e mulatos. Constava também do texto daquele ano a possibilidade dos criadores de poderem "servir-se" dos enjeitados após os 7 anos até os 15. Essa prática era possibilitada pela legislação portuguesa: depois dos 7 anos, os expostos poderiam ficar com as famílias que os quisessem, com preferência para aqueles que os criaram até a dita idade; caso fossem criados por lavradores, os filhos estavam dispensados do serviço militar, "tantos filhos quanto forem os expostos que atualmente estiverem criando e educando".[88]

---

[87] APM, CMOP, Cód. 22, Correição de 14/12/1753.
[88] Pinto, 1820, artigo LI, p. 42.

A dinâmica do enjeitamento

Com o provimento do corregedor da comarca, Francisco Ângelo Leitão, ambas as câmaras marianense e vila-riquense começaram a pagar 3 oitavas mensais aos enjeitados brancos, somente durante o primeiro ano de vida; aqueles que já tinham um ano de pagamento teriam suas mensalidades cortadas a partir de então. Essa atitude, contra a *Ordenação*, para infelicidade do concelho e do ouvidor, foi contestada pelo preto forro João Gomes da Costa. Embora a correição de 1751 tivesse priorizado o subsídio dado aos criadores pobres, desde então João Gomes vinha tentando fazer valer seu direito, sendo repetidas vezes desconsiderado pela Câmara. Mais uma vez, João esclareceu

> que ele tem em sua casa um exposto por nome Timóteo a quem assiste com o necessário no sustento e vestuário e há dois anos pouco mais ou menos se lhe não satisfaz a taxa que por este Senado se fez para alimento dos enjeitados que são 3 oitavas cada mês e requerendo o suplicante o pagamento se lhe duvidou pagar neste Senado de que resultou agravar o dito corregedor e por não ter provimento o seguiu para a Relação do distrito onde se lhe mandou pagar como consta do acórdão copiado na certidão junta e duvidando ainda o satisfazer se lhe tornou agravar outra vez para o doutor corregedor onde [deu] provimento e se lhe mandou satisfazer ao suplicante os alimentos vencidos.[89]

A atitude de João Gomes, além de demonstrar posição ativa por parte dos segmentos subalternos, foi o estopim para mais uma série de litígios em relação aos enjeitados. Depois de longa batalha judicial, João Gomes conseguiu, no Tribunal da Relação do Rio de Janeiro, ainda em dezembro de 1753, revogar decisões do provimento de 1753. A Câmara teve de reconhecer toda

---
[89] APM, CMOP, Av., Cx. 32, Doc. 07.

a dívida precedente e foi obrigada a "pagar todo o resto dela, para criação e conservação da vida do exposto". Francisco Ângelo Leitão remeteu sua sentença em junho de 1754 e justificou que seu provimento era válido somente para o futuro, revogando os despachos quanto aos vencimentos passados. O Senado deveria pagar os vencimentos atrasados conforme o primeiro provimento de 1751 e depois o estipêndio cessaria.

Os pleitos judiciais reafirmam a complexidade do direito durante a época moderna. Ao contrário do que se poderia pensar, várias deliberações camarárias foram revogadas por processos encabeçados por negros e mulatos. Embora seja ainda uma discussão incipiente na historiografia brasileira, vale a pena ressaltar que os *direitos* pelos quais esses negros e mulatos lutavam não diziam respeito a um segmento ou *classe*. Pelo contrário, as decisões do Tribunal da Relação rapidamente se estendiam à população local, eram conquistas da comunidade, fator que pode ter contribuído para a pulverização das vitórias contra a Câmara, independente da ascendência dos agravantes.

A nova prática observada na documentação a partir de 1757, mas certamente instaurada pela correição de 1753, foi o pedido expresso da Câmara de "atestados de brancura" emitidos por médicos licenciados pela municipalidade. Essa especialização do saber deveria aparar as arestas deixadas pela avaliação de leigos. Frequentemente houve declarações em que a imprecisão da cor era dada por párocos; "pareceu-me branco" era designação que comumente figurava entre atestados de vida emitidos pelos seculares ou pessoas conhecidas da vila.

Em janeiro de 1757, Miguel Borges, por ser "pobre" e sem ama de leite, requereu pagamento para um enjeitado "que viera por batizar". O então procurador Antônio de Souza Mesquita respondeu que "na forma do provimento [...] deve o suplicante fazer certo ser branco e inocente por meios probatórios, pois só mostrando-se ser branco é que o suplicante deve requerer e não só pelo seu dizer". Os dois profissionais do partido da Câmara, Matias Francisco Melo Albuquerque, formado pela Universidade de Coimbra, e José Pereira dos Santos, cirurgião examinado pelo decreto de Sua Majestade, emitiram o parecer sobre o enjeitado:

> Nós abaixo assinados certificamos que vimos e examinamos um menino por nome Silvério, exposto a Suzana Borges, preta casada, o abriga [...], pelos sinais com que a este manda se conheçam semelhantes crianças, achamos pelos ditos sinais ser branco, por lhe faltarem os que o contrário indicam o que afirmamos. A [?] juramento dos Santos Evangelhos e por esta nos ser pedida, a passamos.[90]

Não foi possível saber ao certo quais eram os critérios que imputavam brancura às crianças, ou quais seriam os "sinais" que denunciariam mestiçagem. Mas parece inconteste a inferiorização por parte das crianças mestiças que agora se mascarava pelo saber especializado. À medida que os anos passavam, a Câmara tentava, de todos os modos possíveis, evitar que se escancarassem as portas para a entrada dos negros e mulatos.

As certidões passaram a ser exigidas também para pagamento de crianças já aceitas pelo concelho. Aquelas admitidas após a correição de 1753 teriam direito a apenas um ano, num total de 36 oitavas de ouro. Essa deliberação vigorou até, pelo menos, o fim de 1757. No início de 1758, Manoel de Carvalho ganhou no Tribunal da Relação o direito de receber os três primeiros anos de lactação a 3 oitavas por mês, ao que Francisco Ângelo Leitão ordenou que a Câmara pusesse em prática.[91] Em 31 de dezembro do mesmo ano

---

[90] APM, CMOP, Av., Cx. 34, Doc. 02.
[91] Cópia do acórdão da Câmara de Vila Rica, processo de Manoel Ferreira da Rocha, APM, CMOP, Av., Cx. 35, Doc. 35.

A piedade dos outros

de 1758, o ouvidor proveu à Câmara o valor de oitava e meia por mês para os últimos quatro anos até se completarem sete.[92] Os recursos a instâncias superiores eram verdadeiros retrocessos nos desejos políticos locais, alternando derrotas e vitórias parciais.

Não era o abandono em si, mas sua prática disseminada e dependente de pagamento camarário que o concelho condenava, não obstante os próprios oficiais utilizarem-se também dos recursos institucionais. O ouvidor da comarca, Francisco Ângelo Leitão, recebeu em sua porta e foi padrinho de Maria em 1758; a inocente fora dada a criar a Antônio dos Santos Correa, preto forro, e foi incluída na folha de pagamentos da Câmara.[93] Jorge Duarte Pacheco, escrivão da Câmara durante vários anos, criou quatro enjeitados à custa da instituição. O mesmo aconteceu com o coronel José Veloso do Carmo, capitão Veríssimo da Costa Pereira, procurador da Câmara em 1756, entre outros.

Todavia, Joana Lopes, preta forra, também encaminhara repetidas vezes o pedido de criação de Joana, enjeitada branca.[94] A exposta havia sido batizada em março de 1754, e até 1758 a criadora não recebera nada para sustento da criança, embora tenha requerido "várias vezes" ao Senado. Esse procedimento foi adotado para alguns matriculantes. A *má vontade* da Câmara podia ser expressa por entradas sem pagamento. A própria Joana teve sua admissão autorizada pelo procurador em 1757, porém, em 1758, o procurador negou o estipêndio e afirmou que o requerimento "parece já não ter lugar por ter quatro anos e nove meses"; somente em 1759 Joana receberia o primeiro pagamento, retroativo a 1757, "um ano e onze meses à razão de oitava e meia", conforme o novo provimento de 1758.

---

[92] APM, CMOP, Cód. 22, Correição de 31/12/1758.
[93] *Banco de dados...*, Batizada em 6/1/1758, Id. 4261.
[94] APM, CMOP, Av., Cx. 35, Doc. 63.

Em 2 de maio de 1759, Manoel de Carvalho novamente ganhou, em terceira instância, um agravo contra a Câmara, sentença de lei dada na Relação do Rio de Janeiro. O tribunal ordenara o pagamento de 3 oitavas mensais durante os sete anos da criação, "não havendo razão para que depois do dito leite fossem menores as despesas do que antes, devendo nestes termos ser igual ao menos uma e outros".[95] Em outubro de 1760, Manoel Carvalho recebera 103 oitavas e meia, referentes ao restante do pagamento da enjeitada Rosa, à razão de 3 oitavas mensais.

A correição realizada em 1759, virtualmente 11 dias após o acórdão da Relação, trouxe expressiva diferença de visão dos discursos anteriores.[96] A Câmara argumentou que a despesa com os enjeitados era excessiva pelo grande número deles "assim brancos, como mulatos e negros e que os rendimentos da Câmara não poderão suprir a tanto". Pela primeira vez em anos, o concelho reconheceu que o abandono de crianças não dizia respeito somente a negros e mulatos, afinal, apesar de seu duro controle, a exposição manteve taxas médias constantes ao longo de toda a década de 1750. Manoel Fonseca Brandão respondeu ao concelho enfaticamente:

> Não há necessidade de providência mais do que a dada na lei que se deve observar e quanto ao mais se há sentença da Relação como dizem os mesmos oficiais da Câmara deve executar-se, porém não pode deixar de se observar e cumprir a disposição da lei em favor de criaturas humanas deixadas e desamparadas até das próprias mães.[97]

---

[95] Cópia do acórdão do Tribunal da Relação contido no processo de Manoel Carvalho, APM, CMOP, Av., Cx. 36, Doc. 35.
[96] APM, CMOP, Cód. 22, Correição de 13/5/1759.
[97] Ibid.

A resolução do corregedor associada à recente decisão do Tribunal da Relação foi entrave às tendências de endurecimento da Câmara. Os atestados de brancura desapareceram dos processos a partir desse período. Para admissão era requerido o termo de juramento com testemunhas, apresentação do enjeitado e cópia da ata de batismo. Para os recebimentos exigia-se apresentação do exposto, ou atestado de bom tratamento emitido pelo pároco ou pessoa de importância reconhecida.

Em 22 de novembro de 1759, o Senado de Vila Rica enviara representação ao então governador requerendo, entre outras solicitações, a diminuição dos preços das mensalidades dos enjeitados, a diferenciação entre mulatos, crioulos e brancos.[98] Essa representação não obteve resposta imediata, e na correição de 1761 a Câmara recorreu ao ouvidor afirmando que "vários enjeitados prejudicam grandemente os bens do concelho e cada vez mais vão em aumento".[99] Solicitou, como havia feito ao governador, que se pagassem 3 oitavas mensalmente nos três primeiros anos de lactação e os quatro seguintes a oitava e meia porque "a terra estava muito cômoda nos seus mantimentos". O ouvidor deu por bem aprovar tais providências.

Novamente os camaristas retornavam aos mestiços, responsabilizando-os por grande parte do abandono:

> Porquanto a maior parte dos enjeitados procede de algumas mulheres pardas e pretas solteiras que por não criarem seus filhos cuidam em os enjeitar por terem a criação certa pelos bens deste concelho, achavam ser justo dar alguma providência para que as ditas mulheres criem seus filhos por não serem pessoas em que perigue a reputação.[100]

---

[98] AHU, Minas Gerais, Cx. 88, Doc. 44.
[99] APM, CMOP, Cód. 22, Correição de 1761.
[100] Ibid.

A dinâmica do enjeitamento

No entanto, o texto de 1761 propôs novas diligências para a contenção do abandono. Dessa vez, o concelho de Vila Rica sugeriu a permissão "conforme a lei, de inspetores jurados nos distritos e ruas que lhe parecerem desta Vila para que sejam obrigados dar parte a esta Câmara das qualidades de semelhantes mulheres que andarem prenhes e se saber das crianças que pariram". Os inspetores de Vila Rica seriam obrigados a jurar, sob pena de prisão e multa de 6 mil réis por negligência. O ouvidor aprovou tal solução e estendeu tal obrigação aos juízes de vintena do termo.

A medida tomada em Vila Rica assemelhava-se substancialmente àquela deliberada em Mariana em 1748. Naquele ano, a Câmara marianense ordenou através de editais que o alcaide notificasse sobre todas as mulheres solteiras e grávidas do termo, "para que depois de seu parto a 20 dias venha dar parte a este Senado do feto que teve com a combinação de que não fazendo assim a dita pejada, e não dando conta do dito termo de sua barriga pagar 50 oitavas de ouro para a criação do mesmo enjeitado".[101] Como dito anteriormente, em Portugal a obrigação de as mulheres solteiras declararem sua gravidez foi reafirmada em 1806.[102]

Na Vila Rica setecentista, para que a "mágica" fosse completa faltava o "curvo receptivo", tal como nas lembranças de infância de João Cabral de Melo Neto. A ausência da roda deu azo a uma série de conflitos que certamente seriam dificultados, caso houvesse uma Casa da Roda anônima e de acesso universal. Há menção a tentativas de interdição a mestiços, em Goa, e, ao que tudo indica, enfrentaram dificuldades para se concretizar.[103] Na

---

[101] Edital de 26/9/1748, AHCMM, Livro 52, apud Figueiredo, 1997:125.
[102] Sá, 1995:81-82.
[103] Ibid., p. 29.

América portuguesa, não há notícias de que as santas casas tivessem se negado a receber algum exposto negro ou mulato;[104] por sua vez, nas Minas, receber um enjeitado, muitas vezes, era apenas a primeira tarefa de uma série de enfrentamentos para a manutenção dos *direitos* dos matriculantes.

---

[104] Venâncio, 1999:163.

CAPÍTULO 4
O peso dos enjeitados

*Uns dizem que das rendas do Senado
Tiradas as despesas, nada sobra.
Os outros acrescentam que se devem
Parcelas numerosas impagáveis
Às consternadas amas dos expostos*

Tomás Antônio Gonzaga, *Cartas chilenas*

O ENDIVIDAMENTO DA CÂMARA E AS TENTATIVAS DE CONTENÇÃO

A partir da vitória de Manuel de Carvalho, ocorrida no fim de 1759, de súbito todos os criadores tiveram o direito de receber 3 oitavas mensais durante os sete anos da criação, totalizando a bagatela de 252 oitavas (302$400 réis) pela completa criação de um exposto, valor deveras maior que nas disposições anteriores. Para se ter dimensão do valor pago pelo concelho, em 1759, na capitania o preço médio do escravo saudável girava em torno dos 101$000 réis;[1] no inventário de Antônio Francisco França, de 1767, três mulas de tropa foram avaliadas em 144$000;[2] o médico do partido da Câmara recebia pela prestação de serviços anualmente 200$000 réis.[3] Para alimentação ordinária, a quantia paga parecia alta; no termo de Mariana,

---

[1] Bergad, 2004:357 (tabela E.1).
[2] Magalhães, 1987:163-164.
[3] APM, CMOP, Av., Cx. 46, Doc. 21.

durante 1761, o alqueire de feijão e farinha fora estimado entre 450 e 600 réis.[4] Embora o corregedor tenha autorizado que se diminuíssem os soldos a partir do quarto ano de criação, o pagamento de 3 oitavas estendeu-se até os 7 anos. Doravante, de forma generalizada, a Câmara começou a atrasar os pagamentos, e a situação mereceu um ácido registro nas *Cartas chilenas*: "Uns dizem que das rendas do Senado,/Tiradas as despesas, nada sobra./Os outros acrescentam que se devem/Parcelas numerosas impagáveis/ Às consternadas amas dos expostos".[5] O subsídio poderia levar anos para ser quitado e a Câmara rolava a dívida, tornando-a cada vez maior. Várias vezes os camaristas emitiram ordem de pagamento ao tesoureiro e os criadores não receberam por falta de verbas. Os matriculantes passaram a acumular mandados sem valor monetário. Domingos Tomé da Costa, por ironia, o tesoureiro da Câmara, solicitava, desde 1762, pagamento pela exposta Maria, que estava sendo criada na casa de Vicente Moreira de Oliveira e sua esposa. Segundo sua petição, naquele ano,

> pela excessiva despesa que a mesma Câmara fez nas reais festas e não haver dinheiro para o suplicante ser pago da mesma quantia e fazendo cumprir o dito mandado e documento juntos pelos antecessores de Vossas Mercês que serviam no ano passado de 1763 e também não havendo com que pudesse satisfazer.[6]

Em 1764, o procurador, pela quinta vez, recomendava a quitação; não consta porém do processo nenhum indício de pagamento.

---

[4] Carrara considera a região de Ouro Preto, Mariana, Caeté e Sabará uma área homogênea em relação aos preços. Ver Carrara, 1997:75-76.

[5] Gonzaga, 2006, 5ª carta.

[6] APM, CMOP, Av., Cx. 37, Doc. 24.

No início da década de 1760, os camaristas insistiram em reiterar os discursos que imputavam aos mestiços o desvirtuamento do abandono. Endividado, o Senado repetiu, por meio de editais, em março de 1763, que a responsabilidade pelo aumento da exposição se devia às "meretrizes públicas". Além disso, exortou a população a denunciar tais mulheres, sob pena de lançar finta a todas as pessoas.[7] Apesar das ameaças, a finta foi recurso utilizado somente a partir da década de 1790, quando os índices de abandono eram consideravelmente mais altos. Na década de 1760, o desdém pelo pagamento efetivo dos criadores foi fator responsável pelo adiamento do tributo e o concelho evitou o quanto pôde financiar o abandono, institucionalizando, num sentido inverso, a inadimplência.

Nesse início do período de endividamento camarário, alguns contratos podiam demorar mais de dez anos para ser pagos. Manuel de Souza Pacheco, morador em Congonhas, fez o primeiro requerimento ao procurador em outubro de 1763 e recebeu em dezembro de 1767;[8] Joana Coelha de Oliveira, preta forra, pediu pagamento de 104 oitavas pela criação de José, já falecido em 1761, e recebeu 15 oitavas em junho de 1768;[9] Manuel da Silva Araújo enviou petições em janeiro, outubro e novembro de 1763, janeiro e dezembro de 1764, janeiro de 1766, março de 1767, fevereiro de 1768, e o pagamento ficou sem solução até a última data.[10] De agosto de 1759 até 1766, a municipalidade pagara 3.190$486 réis de uma dívida total de 14.817$600 réis, ou seja, 21,5% do montante.[11]

---

[7] APM, CMOP, Cód. 64, Edital de 2/3/1763.
[8] APM, CMOP, Av., Cx. 38, Doc. 32.
[9] APM, CMOP, Av., Cx. 39, Doc. 04.
[10] Ibid.
[11] AHU, Minas Gerais, Cx. 88, Doc. 44.

A piedade dos outros

Em 1766, o governador Luís Diogo Lobo da Silva respondeu à representação da Câmara de Vila Rica, datada de novembro de 1759, e deixou claro que a discriminação dos enjeitados não era recomendada.[12] A Câmara havia proposto também que as crianças mulatas e crioulas servissem aos criadores durante 7 anos para que não concorressem com gastos da Câmara:

> A lei do Reino não faz diferença da qualidade e condição dos enjeitados mandando-os criar pelos bens do concelho e com tal providência que na falta deles permitem fintarem o povo, cuja piedade se deve tanto exercitar com os expostos brancos, como com os mulatos e crioulos, porque no desamparo em que os deixam os próprios pais que os geraram são de tanta atenção uns como os outros e iníquo parece o provimento do ministro que proibiu esta despesa e justa a reforma dos acórdãos da Relação além de encontrar também o direito natural o arbítrio da compensação porque seria reduzir à escravidão, ainda que por tempo limitado, uma criatura que a natureza e o desprezo dos pais, fez livre.[13]

A decisão do governador de apoiar a entrada de negros e mulatos colocou em xeque a administração dos expostos até então. A partir dali, todos, irrestritamente, teriam o direito formal de serem inscritos nas folhas de pagamento. O governador havia também posto em descrédito a afirmação dos camaristas de que tais enjeitados seriam filhos de escravas, alegando não ser "verossímil que uma escrava depois de nove meses pejada à vista" faça dos seus filhos livres; mandou que os juízes ordinários fizessem diligências para se evitarem tais acontecidos. No entanto, concordou com a proposta de 3 oitavas nos primeiros três anos de lactação e oitava e meia nos quatro últimos, porque o ordinário sustento

---

[12] Ibid.
[13] Ibid.

de feijão, farinha, bananas e canjica de milho cozido [...] é de tão tênue valor pelo muito que dele abunda o país que a quantia de mil e oitocentos por mês é proporcionada ainda com respeito a vestuário, sendo este o sustento de um escravo de trabalho regulado em 12 oitavas por ano.[14]

A princípio, as crianças recebiam os valores estipulados pelos camaristas, mas o concelho não se furtou a contratos *especiais*, com valores menores que os costumeiros. Francisco da Ressurreição, morador no distrito de Ouro Branco, em 1761 pediu pagamento pela criação do inocente Serafino.[15] O exposto foi admitido no mesmo ano e seu contrato foi feito à razão de duas oitavas mensais. Em alguns contratos eram feitos acertos entre o concelho e os criadores por razões que nem sempre ficam explicitadas na documentação. Às vezes o Senado tinha dificuldade em encontrar famílias dispostas a criar enjeitados, o que poderia provocar a inflação dos preços pagos em alguns casos. O exemplo de Maria pode ser esclarecedor; em 1774 foi exposta a João da Costa e entregue para ser criada por Rosa Maria dos Santos, que "não tinha leite", provocando mais uma vez a mudança da criação para João Gonçalves Vieira, casado, morador no Morro da Ladeira Nova do Padre Faria, "a qual aceitou para criar pelo preço que antes da primeira folha dos pagamentos aos mesmos se praticava que é a razão de 3 oitavas nos quatro anos da lactação e o resto a duas oitavas na folha abaixo especificada".[16] Certamente esse contrato não era nem o contrato vigente em 1774 nem aquele válido antes de 1772, como se verá a seguir, ano de mudança nos valores dos pagamentos. Era uma mistura dos dois na tentativa de fixar a criança em uma família disposta a criá-la pelo valor negociado.

---

[14] Ibid.
[15] APM, CMOP, Av., Cx. 39, Doc. 12.
[16] APM, CMOP, Cód. 88, fls. 60-60v.

Em fins da década de 1760, o abandono fugiu das médias dos anos anteriores e atingiu números jamais alcançados, num crescente contínuo até a década de 1790. Em 1767, a Câmara reafirmou através de correição o costume antigo de não se pagar por criações anteriores à apresentação aos camaristas. Pode ser o indício de que tal prática havia recrudescido depois da abertura a negros e mulatos. Segundo o Senado, "se expunham alguns enjeitados depois de estarem alguns tempos em casa das pessoas" e estas lhes pediam que "se lhe contassem o tempo que os tiveram em seu poder".[17] O corregedor mandou que se pagasse somente o tempo de sua entrada até os 7 anos, como sempre havia sido feito.

De todo modo, a questão racial aparentemente passou a ser resolvida de forma menos dramática. Em 1763, Manuel dos Santos Silva havia solicitado o pagamento pela criação de Domingos, que foi batizado em 22 de setembro do mesmo ano, na matriz de Nossa Senhora da Conceição. Domingos teve por padrinhos Domingos Gomes, pardo forro, e Francisca Silva, parda, filha do matriculante Manuel dos Santos Silva. Apesar de não haver no assento qualquer menção à cor da criança, o pedido de entrada na Câmara informava textualmente que Manuel dos Santos Silva havia recolhido um "crioulo ou cabrinha".[18]

O procurador mandou fazer as diligências de praxe e aceitou a criança sem maiores alardes, à razão de costumeiras 3 oitavas mensais. Em 1765, Domingos "passou para o poder de Manuel Nunes dos Reis", que em 1768 requereu os soldos atrasados. O procurador Manuel Francisco de Carvalho avaliou que com a despesa que o Senado fazia com os enjeitados mestiços "parecia justo fosse com ônus que depois de criados ficassem sendo ca-

---

[17] APM, CMOP, Cód. 22, Correição de 1767.
[18] APM, CMOP, Cx. 39, Doc. 28.

tivos para Câmara", evitando-se a "lassidão" das mães que, sendo escravas, teriam os filhos por forros e sendo forras ficariam "livres de seu trabalho, na ofensa de Deus". Ademais as testemunhas também participavam do conluio contra a Câmara e "juravam falsamente". Manuel Nunes continuou sem pagamento e, em 1774, depois de ter recebido o soldo de outros três enjeitados, continuava a cobrar a dívida de Domingos, quitada em dezembro daquele ano.[19]

Na verdade, as declarações do procurador da Câmara de Vila Rica eram ecos de uma representação feita pelo Senado de Mariana cinco anos antes. Em 16 de março de 1763, o concelho marianense afirmava que o aumento das despesas estava diretamente relacionado ao crescente número de enjeitados mulatos e negros, "os quais por serem de tão baixa esfera não padecem suas mais infâmias e menos correm riscos de vida". Segundo o Senado, "se tem alcançado que as mesmas mulatas e negras vagabundas os expõem mandando de um termo para o outro. Só a fim de ficarem mais aptas e desimpedidas para continuarem nas mesmas ofensas de Deus".[20]

A municipalidade usou o velho argumento do abandono de escravos como ameaça frontal à propriedade dos senhores. As malogradas tentativas de contenção implicavam a falta de obras públicas urgentes, como a cadeia da cidade, "de que tanto necessita, sem que toda a vigilância que se tem posto nas freguesias por pessoas para isso destinadas seja bastante para se evitarem tais exposições". Esgotadas todas as diligências, a solução, de acordo com os camaristas, seria a autorização régia para que "os expostos que legitimamente não forem brancos fiquem sujeitos

---

[19] APM, CMOP, Cx. 48, Doc. 43.
[20] AHU, Minas Gerais, Cx. 81, Doc. 20.

pela criação à mesma Câmara para que depois de criados se disputem na forma que for justo a tanta despesa do concelho".

Essa atitude não foi exclusiva das câmaras mineiras; um edital de 1800 estabelecia que os enjeitados "pretos e pardos" ficassem pertencendo à Casa dos Expostos pernambucana, no Recife, "para serem empregados no seu trabalho, ainda mesmo das roças e engenhos, e que as mulheres em chegada a idade competente se casassem com os mesmos enjeitados".[21]

É difícil saber se essas atitudes já vinham sendo praticadas nas câmaras de Mariana e Vila Rica, contudo o Conselho Ultramarino foi taxativo em negar tais iniciativas e os pareceres consideraram a proposta "escandalosa e dissonante". Mandaram que se realizassem diligências para encontrar as mães e lembraram que expostos eram livres e, mais uma vez, recomendava-se a finta como solução pela falta de verbas, pois "obra tão católica e pia fez criá-la sem atenção à despesa".

O andar vacilante que caracterizava a ação camarária deixava claro o paradoxo entre os ideais caritativos e universais da monarquia católica, postos em xeque pelas ideias que frequentemente resvalavam em ortodoxia racial. Uma série de contradições que conferia singularidade à experiência colonial, feita de avanços e retrocessos, com enfeixamentos sociais fundamentalmente diferentes daqueles engendrados no Reino.

O crescente endividamento da Câmara e a generalizada demora nos pagamentos provocaram petições que tentavam convencer pelo tom hiperbólico do discurso. Toda espécie de argumentos era usada para quitação dos soldos. Como consta da *Ordenação*, o estipêndio pago pelos inocentes deveria ser suficiente para vesti-los e alimentá-los. Frequentemente as petições eram encaminhadas informando sobre o precário estado

---

[21] Anais Pernambucanos apud Anjos, 1997:102.

do matriculante e da criança, que muitas vezes aguardava a piedade institucional. Esse argumento foi utilizado à exaustão por pessoas das mais variadas origens. Em dezembro de 1771, o capitão Antônio dos Santos Correia solicitou o resto do pagamento que a Câmara lhe devia de 123 oitavas, porque sua exposta Maria se achava "rota e nua".[22]

O problema se agravava à medida que a população se recusava a receber 3 oitavas somente nos três primeiros anos. O acórdão de 1759 havia aberto o precedente e, em 1768, o escrivão da Câmara, Jorge Duarte Pacheco, tentou esclarecer aos camaristas e ao ouvidor:

> Nesta Câmara não há certeza sobre os anos que se paga de criação dos enjeitados respeitam as 3 oitavas por mês no tempo de sete anos porque alguns se têm contentado que se lhe pague os três anos à razão de 3 oitavas e o mais tempo por menor quantia, porém a maior parte tem cobrado sempre a razão de 3 oitavas exceto alguns que no termo da aceitação se lhe foi expressa menção de levar a 3 oitavas por mês os três primeiros anos e o mais tempo por menos, enfim nestes anos atrasados tenho visto variedades à proporção da renitência de quem requereu.[23]

Toda sorte de tentativas era feita no intuito de receber os soldos. Em janeiro de 1768, o capitão Manuel Francisco Carneiro cobrou 243 oitavas que constavam de sete mandados atrasados. Com dívidas, "pelas quais se acha executado, como também moléstias que há cinco meses tem tido em sua casa", o suplicante decidiu abater do valor total e propôs receber 200 oitavas somente. O procurador indeferiu o pedido e mandou que as

---

[22] APM, CC, Av., Rolo 509, Plan. 10585.
[23] APM, CMOP, Av., Cx. 40, Doc. 16.

contas fossem feitas conforme provimento do corregedor, a oitava e meia nos últimos quatro anos e 3 oitavas nos primeiros. Manuel Carneiro não aceitou o valor e em agosto reafirmou a dívida da Câmara com base nos acórdãos da Relação; em dezembro a nova petição lembrava que havia mais de nove anos não recebia coisa alguma.[24]

Por sua vez, o escrivão do concelho, Jorge Duarte Pacheco, com todos os pagamentos em dia, recebeu, em dezembro de 1768, 72 oitavas, ou seja, 36 referentes a um ano de criação de Maria, acolhida desde novembro de 1762, mesmo fora do tempo da lactação, e outras 36 oitavas referentes a Pedro, batizado em 18 de maio de 1766, este sim, ainda no período do aleitamento.[25] Dona Teresa Maria de Ulhoa pediu igualmente 72 oitavas para duas enjeitadas, Ana e Feliciana, e recebeu o módico valor de 12 oitavas.[26] O português Jerônimo de Souza Lobo Lisboa pediu um ano pela criação de Jerônimo, enjeitado em 1767; o mandado foi expedido no valor de 45 oitavas, seu termo de recebimento era de 16 oitavas.[27]

Em dezembro de 1768, a Câmara novamente discutiu na correição os problemas causados pelas crianças.[28] O concelho tinha dúvidas a respeito do tempo em que se deveriam pagar os valores e o corregedor deixou a cargo dos vereadores tal disposição. Proveu também sobre os preços das mensalidades e argumentou que os mantimentos tinham "diminuto preço", e havia pessoas que criavam expostos a 2 oitavas e outros a 3 oitavas "sem diversidade dos anos de criação". Deu por bem unifor-

---

[24] Ibid.
[25] *Banco de dados...*, Batizado em 18/5/1766, Id. 4605 (Pedro). APM, CMOP, Av., Cx. 40, Doc. 22.
[26] APM, CMOP, Av., Cx. 40, Doc. 23.
[27] APM, CMOP, Av., Cx. 40, Doc. 31.
[28] APM, CMOP, Cód. 22, Correição de 12/12/1768.

mizar todos os contratos desde 1º de janeiro de 1763, em 3 oitavas nos três primeiros anos e duas oitavas nos anos subsequentes. Era uma medida conciliadora entre os que queriam as 3 oitavas e aqueles que recebiam oitava e meia nos últimos quatro anos.

Ainda na correição do ano, os camaristas reclamavam do mesmo problema do ano precedente com algumas dimensões novas, ou seja, porque "a malícia que muitas vezes se tem praticado de os exporem a pessoas da mesma casa onde são expostos, sendo muitas vezes nascidos na mesma". Mais uma vez os oficiais propuseram fazer diligências em *todas* as casas da vila, cuidando que "não se infame pessoa alguma que mereça a conservação de sua reputação". Abandonar crianças aos próprios familiares certamente era, há tempos, prática conhecida dos vereadores, mas encontrava uma série de entraves diante das solidariedades cotidianas. Sabiam que não era tarefa simples e sempre preferiram não levar a fundo tais investigações. O problema central era conter a dívida e seus efeitos.

Progressivamente os papéis emitidos pela Câmara tornaram-se moeda de negociação, muitas vezes contados como bens nos espólios dos criadores falecidos. Os matriculantes poderiam saldar as próprias dívidas trespassando as obrigações da Câmara a terceiros. Dona Joana Rosa de Negreiros e Castro, criadora de Egídio, fez "cessão e trespasse" a Francisca Angélica "para a cobrar como sua" a quantia que o concelho lhe devia.[29] Miguel Rodrigues de Azurar trespassou sua dívida à irmandade do Santíssimo Sacramento de Antônio Dias, em que era irmão mesário, em maio de 1768.[30] Depois de longa troca de petições,

---

[29] APM, CC., Av., Rolo 509, Plan. 10556.
[30] APM, CMOP, Av., Cx. 39, Doc. 21.

a Câmara finalizou o total de 30 oitavas em dezembro de 1769;[31] capitão Manuel Fernandes Carneiro fez cessão de 15 oitavas ao Hospício da Terra Santa.[32] Contudo, receber nem sempre era tarefa fácil e tornava-se cada vez mais penoso obter pagamentos inteiros.

Certamente a quitação dos soldos passou por redes de relacionamento, de amizade, entretanto, percebem-se, igualmente, pessoas influentes na vila, que, tal como a maioria, receberam apenas "parcelas das parcelas", enquanto alguns pardos e forros receberam pagamentos integrais. A parda forra Sebastiana Luíza do Sacramento solicitou e recebeu trinta oitavas pela criação de Prudente, em dezembro de 1769;[33] por sua vez, o coronel João de Souza Lisboa solicitara sessenta oitavas em dezembro de 1768 e recebera 16 oitavas em dezembro de 1769.[34]

Tudo indica que, a essa altura, a Câmara já aceitava mestiços, certamente muito a contragosto. Essa prática fica difícil de ser quantificada pela falta de informações do concelho a respeito da cor das crianças. Às vezes poderia vir alguma menção, mas tal costume nunca foi generalizado institucionalmente. As listas que foram feitas a partir de 1772 não fazem alusão a brancos, pardos ou mulatos. Contudo, o argumento racial ainda teve, durante anos, força retórica nas reivindicações camarárias.

Em 1772, a Câmara enviou duas cartas ao rei, solicitando, como já havia feito a Câmara de Mariana, em 1763, a escravização temporária dos expostos negros e mulatos.[35] A primeira foi escrita em setembro daquele ano e admitia que a exposição fosse de "brancos, como mulatos e crioulos, chegando a tanto o seu

---

[31] APM, CMOP, Av., Cx. 42, Doc. 15.
[32] APM, CMOP, Av., Cx. 44, Doc. 01.
[33] APM, CMOP, Av., Cx. 42, Doc. 54.
[34] APM, CMOP, Av., Cx. 42, Doc. 43.
[35] AHU, Minas Gerais, Cx. 81, Doc. 20.

excesso e a liberdade de muitas mulheres ainda sem serem recolhidas que chegam a enjeitar seus filhos só pelos não criarem".[36] Entretanto, segundo o concelho, as rendas não eram suficientes para a feitura de obras necessárias para a vila, razão pela qual os *homens bons* pediam permissão para que:

mulatos e crioulos que se criarem por conta da mesma Câmara lhes fiquem sujeitos até a idade de vinte e cinco anos para por ela se darem a quem os criar de graça pela utilidade de se servirem deles até a dita idade, pois só assim se poderá coibir a lassidão com que as mães os enjeitam e se diminuirá a grande despesa que com eles faz a mesma Câmara.[37]

Mais uma vez percebe-se que o grande problema das crianças não era o fato de serem enjeitadas, mas o de serem custeadas pelas rendas do concelho. A Câmara nunca tomou atitude para conter o abandono em si, queria apenas evitar que os expostos recaíssem sobre seus ombros. Aparentemente essa carta não obteve resposta, embora semelhante proposta feita pelos camaristas marianenses tenha sido taxativamente recusada.

No mesmo mês de setembro de 1772, três dias após a redação da outra carta, novamente a Câmara escreveu ao rei esclarecendo sobre a progressiva bancarrota em que se encontravam os cofres públicos.[38] Dessa vez, a carta era maior e mais bem articulada; no entanto, ressaltava, como em outros documentos, a razão do desespero camarário:

---

[36] AHU, Minas Gerais, Cx. 103, Doc. 47.
[37] Ibid.
[38] APM, CMOP, Cód. 86, Registro de uma carta que esta Câmara escreveu a Sua Majestade Fidelíssima, 28/11/1772.

Pela ordenação do livro primeiro, título oitenta e oito, parágrafo onze, se mandam criar indistintamente os expostos pelo bem do concelho, não havendo hospitais para isso determinados, abusando da piedade desta lei os povos deste distrito chegam a expor não só os filhos de mulheres brancas, mas os de mulatas e negras, não só os filhos daquelas que vivem recolhidas e perigaria a sua vida e crédito se os criasse, mas também os nascidos de mulheres livres e com possibilidade de os criarem sem maior nota; e não só os filhos de mulheres de nascimentos livres, mas ainda das que por direito são cativas, com notável prejuízo de seus senhores.[39]

Conforme o Senado, essa "multidão de enjeitados" era uma grande despesa e não haveria término sem intervenção régia. É interessante notar as tentativas de contenção feitas pela Câmara até aquele tempo. No princípio da implantação, deliberadamente negou-se a pagar aos negros e mulatos, embora tenha havido presença, mesmo que minoritária, de crianças mestiças. Após derrotas judiciais na Relação do Rio de Janeiro e ação de corregedores em favor das crianças, o Senado resolveu recorrer ao rei. Era a última chance de ter suas ideias amparadas frente aos sequenciais malogros das iniciativas em outras instâncias.

A proposta dessa carta era basicamente a mesma daquela anterior. Propunham mais uma vez o direito de escravizar até os 25 anos os enjeitados mulatos, cabras e crioulos. Os matriculantes, por sua vez, deveriam fornecer alimento e vestuário, ensinando ao exposto "tão somente um ofício; isto tudo na conformidade do que dispõe a mesma lei no parágrafo dois do estilo praticado na administração dos expostos da cidade do Porto". Segundo os camaristas, os pais não exporiam mais os filhos, "por não se cativarem a escravidão por este tempo". A lei portuguesa jamais

---

[39] Ibid.

O peso dos enjeitados

previu escravização de enjeitados, e se o casal que criara o enjeitado não o quisesse, o tutor legal deveria ser o juiz de órfãos, que os encaminharia a famílias dispostas a criá-los.

O rei, grande distribuidor de justiça e amor para com os vassalos, já havia indeferido, por meio de seu Conselho Ultramarino, pedido semelhante. Tal proposição feria frontalmente os discursos monárquicos e a própria *Ordenação*. Enquanto tais atitudes discriminatórias se resguardassem localmente como excessos de autonomia, nada poderia ser feito efetivamente; contudo, depois que extrapolaram a esfera regional, dificilmente caberia ao rei a decisão de escravizar enjeitados negros e mulatos. Esses pedidos foram negados ou simplesmente negligenciados.

Naquele período, no cotidiano da administração, não houve indícios de interdição dos mestiços. A completa falta de referências à cor e a *desburocratização* na entrada das crianças levam a crer que, formalmente, desde fins da década de 1760, todo enjeitado poderia ser inscrito nos livros. Bastava o costumeiro juramento sobre a ascendência desconhecida e a cópia da certidão de batismo. Progressivamente, os discursos foram perdendo o matiz agressivo para se adequar a soluções mais universais.[40] Porém, a inscrição na Câmara não implicava pagamento de soldos; como se verá adiante, houve inúmeros casos que ficaram sem notícia de pagamento.

A promulgação do Alvará Pombalino de 31 de janeiro de 1775 deve ter contribuído para desencorajar discursos acintosos de natureza discriminatória. Essa lei foi uma das principais

---

[40] Essa evolução parece ter sido semelhante em Mariana. No termo de aceitação de José em 9 de novembro de 1760, não há referência à cor do enjeitado como condição para pagamento de mensalidade. Diferente, portanto dos exemplos de períodos anteriores que continham a expressa cláusula de "que a todo tempo o que se vier no conhecimento ser mulata e não branca lhe não correrá o estipêndio". Souza, 1999b:63-79.

deliberações do século XVIII português sobre a infância abandonada, embora grande parte das cláusulas dissesse respeito à administração promovida pelas santas casas. Para a América portuguesa, o mais significativo artigo reafirmava, com base na "ingenuidade" dos infantes, a liberdade de todas as crianças expostas.[41] Deveria ser um ponto final jurídico nas querelas sobre escravização de expostos. Na prática, quando descobertos, os enjeitados filhos de escravas certamente eram devolvidos aos proprietários, contudo as disposições em favor da liberdade das crianças impediam, ao menos, institucionalização de práticas discriminatórias para esse quesito assistencial.

De modo geral, as interdições a negros e mulatos foram freadas durante o governo de Pombal.[42] A reafirmação da importância jurídica da legislação pátria durante o mesmo período também pode ter corroído as pretensões dos camaristas, porque as *Ordenações* não faziam nenhuma menção à cor das crianças, o que, obviamente, implicava o atendimento universal.[43] Não houve mais referências a propostas de escravização de enjeitados. A seleção seria surda, o enfrentamento direto daria lugar à negligência nos pagamentos, fruto de uma crescente dívida e renitente recusa de fintar os povos. Ainda na correição de 1776,

---

[41] "Artigo VII — Mando que estando completos os sete anos de idade de cada exposto e sendo logo na forma acima entregue ao juiz de órfãos a que tocar, se haja por desobrigado o Hospital e a Mesa da Misericórdia de mais cuidar dele, ficando por este motivo sem privilégio algum da referida casa, como se nela nunca tivera existido, porque Hei por extintos e de nenhum efeito em Juízo ou fora dele, ficando reduzidos a uns simples órfãos, como outros quaisquer dos povos. Exceto, porém aqueles privilégios que pertencem à ingenuidade e habilitação pessoal dos mesmos órfãos; porque destes ficarão gozando sem quebra ou restrição alguma".

[42] Contudo Boxer ressalta que "o preconceito de cor sobreviveu aos editos draconianos do Marquês de Pombal em 1763-1774 e à legislação igualitária do governo constitucional no começo do século XIX". Boxer, 1967:158.

[43] Sobre o direito no período pombalino, ver Antunes, 2004:203-228.

os camaristas reclamavam sobre os excessos de despesas com os criadores, porque a "malícia" de muitas negras e mulatas continuava a desvirtuar a função do abandono, uma vez que poderiam criar seus filhos sem injúria própria.[44] A cantilena era antiga, mas permaneceu sem maiores efeitos.

Certamente ambas as câmaras sabiam que a prática de abandono de crianças não era exclusividade de algum segmento social específico, tampouco a mestiçagem dizia respeito só a negros e mulatos. No entanto, muito provavelmente, a questão dos expostos não chegou a uma violência maior de repressão, porque era uma prática disseminada entre os diferentes estratos sociais. Mesmo que a justificativa de auxílio fosse fundada em noções religiosas de amor ao próximo e amparada legalmente pelas *Ordenações*, as pretensões da Câmara de Vila Rica baseavam-se na seleção institucional a partir da ascendência africana, exacerbando, em outro viés, a ideia da caridade seletiva.

Embora seja sabido que a assistência, durante toda a época moderna europeia, tenha selecionado beneficiados, claramente restringindo o atendimento, ressalta-se que os critérios de seleção não se basearam em questões puramente raciais.[45] De maneira específica, o território americano tendeu a atitudes autônomas e apontadas para um imediatismo das relações, redundando em políticas assistenciais falhas diante da miscigenação e da escravidão. É difícil perceber a imagem que as câmaras tinham diante de tais populações. Certamente não era apenas a de um corpo político providencialmente superior, representante de uma monarquia somente amorosa e conciliadora.

---

[44] APM, CMOP, Cód. 86-A, Correição de 1776.
[45] Ver Geremek, 1986; Sá, 1997.

NASCIMENTOS VERSUS ENTRADAS NA CÂMARA

O abandono em Vila Rica assumiu percentuais consideráveis desde fins da década de 1760. A tendência foi o crescimento relativo até a diminuição das taxas a partir da segunda década do século XIX. O aumento dos enjeitados, ao que tudo indica, encontrava impulso também no auxílio fornecido pelo concelho; inscrevia-se, portanto, num conjunto de estratégias de sobrevivência.

A historiografia tem demonstrado que, nas regiões onde houve estruturação da assistência, o número de enjeitados recebidos por instituições locais tendia a ser maior que o total de batismos de expostos da vila ou cidade. Em suma, quando o atendimento era instituído, exercia forte atração sobre as camadas empobrecidas, fomentando a circulação regional de crianças em busca de financiamento. Esse foi o caso da Câmara de Ponte de Lima, da cidade do Porto e de Évora, por exemplo.[46] Vila Rica apresentou uma situação inversa, ou seja, havia mais enjeitados nos registros de batismo do que nas entradas da Câmara. Esses dados levam a crer que a circulação regional de crianças foi pequena, sem maior abrangência social;[47] havia parte da população alheia ao atendimento institucional, ou criando enjeitados gratuitamente ou alijados do sistema camarário.

Essa constatação numérica não faz coro à aparente facilidade de filiar um enjeitado à folha, principalmente após 1772. Os processos não apresentaram maiores delongas e foram extremamente lacunares. Não há, portanto, como inferir quais foram

---

[46] Para Ponte de Lima, ver Fonte, 1996:101-102; para o Porto, ver Sá, 1995:323-333; para Évora, ver Abreu, 2003:37-60.

[47] Refiro-me apenas à circulação "regional" (inter-regiões) e não "local". Tal como procurado defender, a circulação de crianças foi um aspecto fundamental no abandono de recém-nascidos.

O peso dos enjeitados

os critérios — se é que houve — para seleção de enjeitados. Mas ressalta-se que, surpreendentemente, a maior diferença entre batizados e assistidos foi justamente durante os últimos vinte anos do século XVIII. Como se observa no gráfico 5, havia relação entre o aumento de enjeitados nascidos e o atendimento na Câmara. Essa assertiva pode ser observada em 1794, primeiro ano em que vigorou a finta.

Gráfico 5 — Expostos em Vila Rica — 1742-1804
Registros camarários e paroquiais

Fontes: Batismos de Antônio Dias, Costa, 1979; Nossa Senhora do Pilar, *Banco de dados*...; Registros Câmara: APM, CMOP, Códs. 61, 88, 111, 116, 123.

Por outro lado, o gráfico denuncia a relativa independência do abandono diante de causas únicas. Mesmo com parcelas sem atendimento, o abandono manteve o vigor durante todo o período (1750-1810). Um fator que poderia contribuir para essa distância entre nascidos e beneficiados era a morte precoce, antes mesmo da entrada na Câmara, aspecto que permanece obscuro pela dificuldade de se calcular a taxa de mortalidade, pois o controle sobre o falecimento das crianças era precário. Contudo, é pouco provável que esse fator ocupe lugar de grande monta nessa diferença, porque o pagamento dizia respeito ao dia de entrada na Câmara e não ao dia de batismo, o que certamente apressou os matriculantes a se inscreverem no concelho. Dessa forma, não obstante o significativo papel desempenhado pela Câmara, era notória a importância da caridade informal, margeando um sistema assistencial pouco eficaz diante do grande número de crianças.

AS FOLHAS DE PAGAMENTO

Com o passar dos anos, o concelho, pelo menos formalmente, não oferecia entraves à admissão de enjeitados. Ao encontrar um exposto era necessário batizá-lo e, de posse da cópia do assento, o requerente deveria redigir um pedido de inclusão para receber o estipêndio combinado. Os processos de entrada a partir da década de 1770 não continham maiores diligências e o mais comum foi a sentença permitindo a entrada com o sucinto parecer: "faça-se assento". Na documentação pesquisada não foi encontrado nenhum caso de interdição a enjeitados para esse período.

Havia uma crescente tentativa de racionalização dos pagamentos. Cada vez mais a Câmara se distanciava dos processos, caso a caso, para enfrentar a questão em seu conjunto. Em 26 de fevereiro de 1772, o concelho convocou todos os criadores da vila para uma reunião, "sendo todos presentes e ouvidos na mesma Câmara". Os matriculantes acordaram, na presença do juiz e dos demais oficiais, em receber duas oitavas de ouro por mês durante os três primeiros anos, totalizando 24 oitavas por ano, e durante os quatro restantes seriam à razão de 16 oitavas por ano,

> reduzindo-se assim, deste novo [aceite] o estilo até agora praticado, pelos muitos encargos com que esta Câmara se acha com de-

claração que este contrato só é para daqui em diante, e o vencido para trás se lhe pagará na forma do vencido antigo e o que se for vencendo daqui em diante será pago na forma do novo provimento de seis em seis meses.[48]

Não havia nenhuma referência a negros e mulatos. A municipalidade centrou-se na necessidade de contenção de gastos e na organização da assistência. Os pagamentos seriam semestrais e haveria editais espalhados pelas paróquias e distritos do termo avisando à população dos períodos de pagamento, geralmente no fim de cada semestre.[49] A adesão não foi total, poucos matriculantes foram pagos "por papéis", mas a partir de 1772 os contratos eram, sem exceção, feitos para serem pagos por folha, basicamente uma lista de todos os criadores e enjeitados com a respectiva data de entrada de cada um. O tesoureiro calculava a quantia devida, e caso, no fim do semestre, a criança não falecesse, não fosse entregue aos pais ou ninguém se dispusesse a criá-la gratuitamente, o valor era pago ao matriculante ou procurador do mesmo, desde que acompanhado de atestado de boa saúde e educação.

Claramente havia a intenção de maior controle sobre os criadores. Os termos de entrada dos enjeitados, que, no início da década de 1750, eram gerais e sem grandes obrigações estabelecidas, tornaram-se mais detalhados. O criador ficava obrigado a apresentar a criança de três em três meses, sob pena de perder o estipêndio; caso estivesse impossibilitado de levá-la, deveria enviar atestado de vida do enjeitado. Os preços também vinham estabelecidos na entra-

---

[48] APM, CMOP, *Enjeitados (1768-1784)*, Cód. 88, fls 29-31.

[49] "Acordaram mais em que se passem editais em que se desse quinze dias às pessoas que criem enjeitados neste termo para que compareçam com os ditos enjeitados no dia vinte e oito de maio para de se lhes dar baixa do soldo se haverem por extintas nesta Câmara". APM, CMOP, *Termos de vereações e acórdãos*, Cód. 90, Acórdão de 26/2/1772, f. 244v.

da, com menções ao nome do criador e da pessoa que encontrara o exposto.[50] Não é possível saber a extensão do controle exercido pela Câmara. Na documentação pesquisada, abundam atestados de bom tratamento e saúde, utilizados para substituir a necessidade do comparecimento da criança. Para Vila Rica, não há notícias de fraudes ou atestados falsos como aqueles encontrados em Ponte de Lima, embora fossem comuns as queixas, por parte dos camaristas, de tentativas de burlar a administração.[51]

Em 10 de julho de 1772, a Câmara pagou sua primeira folha, que tinha, nessa ocasião, 34 criadores beneficiados.[52] Os pagamentos "por papéis" ainda foram frequentes durante aquele ano, com irregularidade nas quantias despendidas, como vinha acontecendo havia alguns anos. Em 20 de dezembro, Francisca de Serqueira solicitara 16 oitavas do pagamento pela criação de Ana, a Câmara pagou-lhe 8;[53] ainda em dezembro, a quitação da dívida com dona Tereza Maria de Ulhoa ficara sem efeito "por falta de ouro".[54] Contudo, as folhas do ano apresentaram baixos índices de inadimplência, ficando por receber apenas as pessoas que não compareceram ao Senado.[55]

A aparente facilidade em matricular a criança nos livros da Câmara tendeu a aumentar os índices de abandono. Entre as décadas de 1760 e 1770, o enjeitamento sofreu crescimento da

---

[50] Os códices com entradas de enjeitados: APM, CMOP, Códs 61 (1751-1768); 88 (1768-1784); 111 (1781-1790); 116 (1790-1796); 123 (1796-1805).

[51] Fonte, 1996:55-63.

[52] APM, CMOP, Av., Cx. 45, Doc. 10.

[53] APM, CMOP, Av., Cx. 44, Doc. 31. Para 1772, ver também APM, CMOP, Av., Cx.45, Doc. 08; Cx. 45, Doc. 09; Cx. 45, Doc. 11; Cx. 45, Doc. 13; Cx. 45, Doc. 19; Cx. 45, Doc. 26; Cx. 45, Doc. 29; Cx. 45, Doc. 21; Cx. 45, Doc. 34; Cx. 45, Doc. 36; Cx. 45, Doc. 37; Cx. 45, Doc. 43; Cx. 45, Doc. 44; Cx. 45, Doc. 46; Cx. 45, Doc. 47; Cx. 45, Doc. 49; Cx. 45, Doc. 51; Cx. 45, Doc. 52; Cx. 45, Doc. 55; Cx. 45, Doc. 57; Cx. 45, Doc. 61.

[54] APM, CMOP, Av., Cx. 45, Doc. 09.

[55] As duas listas de 1772 são: APM, CMOP, Av., Cx. 45, Doc. 10, e Cx. 46, Doc. 08.

ordem de 62% para freguesia do Pilar e 82% para Antônio Dias. O número de "filhos da folha" acompanhou os índices. O primeiro pagamento de 1772, como dito anteriormente, tinha 34 enjeitados; no segundo, pago em 23 de janeiro de 1773, o número era de 42. Nas listas não constavam apenas as dívidas com os criadores de crianças menores de 7 anos, mas também dívidas atrasadas de pessoas que não buscaram o soldo, ou que a Câmara não pagara. Dessa forma, elas eram representativas da dívida total da Câmara com os enjeitados passados e presentes.

Gráfico 6 — Número de credores da folha, Câmara de Vila Rica — 1772-1808

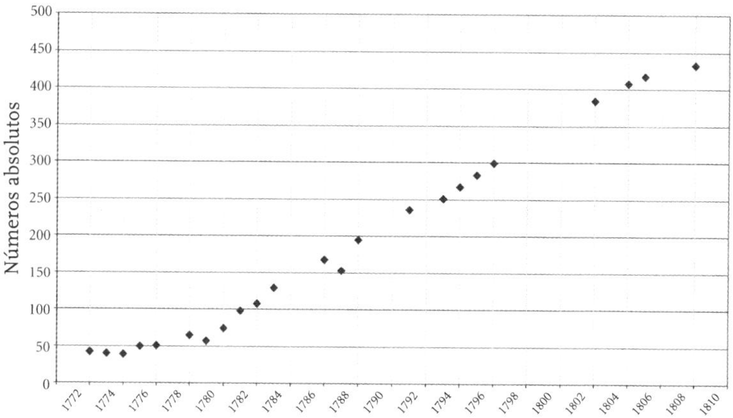

Fontes: Folhas de pagamento (1772-1808). Ver bibliografia.

Como se observa no gráfico 6, os credores da folha aumentaram progressivamente, principalmente a partir da década de 1780. Esse aumento denuncia o crescente grau de inadimplência da Câmara, que acumulava dívidas antigas e continuava admitindo enjeitados. Cada lista era um dado imediato da realidade anual.

As folhas de pagamento não faziam referência à cor de nenhum enjeitado e raramente traziam informações detalhadas sobre os matriculantes: "Tomás Fernandes Simões pela criação da enjeitada Ana venceu na folha passada 21 oitavas [...] cujo pagamento ficou sem solução e com ele finda".[56] Algumas vezes, vinham informações sobre ascendência africana, patentes militares, entre outros. Mas de 1772 até 1808 as designações não eram frequentes; na maior parte das vezes, vinha apenas o que fosse necessário para o pagamento. De qualquer forma, algumas variáveis podem ser contabilizadas.

A maior presença de meninas acompanha os resultados encontrados nas atas de batismo. O índice de masculinidade observado de 1772 até 1808 estava em torno de 90.[57] Esse resultado pode reafirmar a tendência de se conservarem os meninos e enjeitarem-se mais as meninas. No cômputo geral, houve mais mulheres matriculantes do que homens. Supõe-se que quando a mulher era inscrita como criadora de um enjeitado, ou era viúva ou solteira. Embora haja exemplos de mulheres responsáveis pela criação e constando como casadas, certamente trata-se de minoria. Na folha de 1805, por exemplo, Rosa Maria Fernandes, "esposa do Capitão Antônio Leite", recebeu pela criação de Rosa.[58]

Ao longo dos anos, o número declarado de forras cresceu, ocupando uma importante faixa entre as mulheres e alcançando índice máximo em 1795 (21,17%). De todo modo, o percentual de mulheres designadas por "dona" apresentou média maior que o das forras. A porcentagem de viúvas que criavam enjeitados variou de 8 a 16%, mantendo uma taxa média de 9,6% do total de mulheres. Provavelmente, os números de "donas" e "forras" eram subnumerados, mas, a julgar pela falta de designação — percentual sempre superior a 60% —, a maior parte das matriculantes que despendiam tempo na criação de enjeitados encontrava-se entre os setores médios e empobrecidos da vila.

---

[56] UFMG, Acervo Curt Lange, Lista de 1790.
[57] *Listas de enjeitados...* (ver bibliografia final).
[58] APM, CMOP, Av., Cx. 78, Doc. 76.

O peso dos enjeitados

Quadro 8 — Percentual de designações para mulheres matriculantes — Vila Rica

Ano	Forra	Não Consta	"Dona"
1772	0,00	90,48	9,52
1773	13,04	82,61	4,35
1774	13,04	82,61	4,35
1775	7,69	88,46	3,85
1776	7,41	88,89	3,70
1777	*	*	*
1778	13,51	78,38	8,11
1779	15,63	75,00	9,38
1780	12,20	70,73	17,07
1781	10,64	72,34	17,02
1782	11,76	70,59	17,65
1783	19,67	57,38	22,95
1784	-	-	-
1785	-	-	-
1786	15,79	64,47	19,74
1787	15,71	62,86	21,43
1788	15,56	64,44	20,00
1789	-	-	-
1790	-	-	-
1791	15,45	65,45	19,09
1792	-	-	-
1793	17,80	66,95	15,25
1794	19,05	63,49	17,46
1795	21,17	62,04	16,79
1796	18,37	63,95	17,69
1797	-	-	-
1798	-	-	-
1799	-	-	-
1800	-	-	-
1801	-	-	-
1802	16,58	65,83	17,59
1803	-	-	-
1804	14,98	67,15	17,87
1805	15,38	68,33	16,29
1806	-	-	-
1807	-	-	-
1808	13,81	68,20	17,99

Fontes: Folhas de pagamento... (ver bibliografia).
* Em 1777 não houve lista. A folha de 1799 está incompleta. Para os demais anos sem informações, não se encontrou folha.

Os homens, diferentemente das mulheres, geralmente eram casados, pois os solteiros eram a última alternativa na criação dos enjeitados; era preferível um casal estabelecido dentro dos padrões morais vigentes a pessoas celibatárias.[59] Nas folhas percebe-se o progressivo aumento do percentual de matriculantes com patentes militares. A representatividade desse segmento comprova mais uma vez o envolvimento dos mais diferentes estratos sociais no abandono. Os forros, ao contrário do que acontecia com as forras, tinham participação inexpressiva. Os padres, por sua vez, mantiveram uma taxa média de 7%, participação não tão alargada quanto no compadrio, mas significativa. Embora haja notáveis percentuais de militares e padres, a maior parte dos matriculantes não possuía designação específica, o que leva a crer que, também entre os homens, substantiva parcela da criação dos expostos dissesse respeito aos setores médios e/ou empobrecidos.

Houve também menção a "cessionários"; eram pessoas que cediam o direito de recebimento das semestralidades a outros. Provavelmente essa prática dizia respeito somente aos soldos e não à tutela das crianças, porque foi relativamente frequente a mudança de tutores sem a designação de cessionário. Em dezembro de 1800, Jerônimo Pimenta da Costa e sua mulher, residentes no distrito de Cachoeira do Campo, fizeram cessão da dívida da Câmara pela criação da enjeitada Teresa, no valor de 51 oitavas de ouro e quatro vinténs, ao licenciado Domingos José Ferreira. Em troca, tiveram a posse do moleque Manuel Rebolo, "com todos os achaques novos e velhos".[60]

---

[59] Num litígio pela posse da enjeitada Antônia, a Câmara deu a tutela da criança a Manuel Ferreira da Rocha *por ser homem casado* e o litigante solteiro. Ver APM, CMOP, Av., Cx. 27, Doc. 12.

[60] APM, CMOP, Av., Cx. 73, Doc. 75.

Quadro 9 — Percentual de designações para homens matriculantes — Vila Rica

Ano	Forro	Patentes militares	Padre	Doutor	Ajudante	Não consta
1772	4,76	4,76	0,00	0,00	0,00	90,48
1773	5,88	5,88	5,88	0,00	0,00	82,35
1774	6,25	6,25	6,25	0,00	0,00	81,25
1775	4,17	16,67	4,17	0,00	0,00	75,00
1776	4,17	12,50	4,17	0,00	0,00	79,17
1777	*	*	*	*	*	*
1778	3,57	3,57	3,57	0,00	0,00	89,29
1779	4,00	4,00	4,00	0,00	0,00	88,00
1780	9,09	15,15	6,06	0,00	0,00	69,70
1781	5,88	19,61	3,92	0,00	0,00	70,59
1782	3,51	19,30	7,02	0,00	0,00	70,18
1783	2,94	20,59	7,35	0,00	0,00	69,12
1784	-	-	-	-	-	-
1785	-	-	-	-	-	-
1786	1,09	25,00	7,61	1,09	0,00	65,22
1787	1,20	25,30	7,23	1,20	0,00	65,06
1788	0,95	25,71	8,57	1,90	0,00	62,86
1789	-	-	-	-	-	-
1790	-	-	-	-	-	-
1791	0,82	27,05	7,38	2,46	0,82	61,48
1792	-	-	-	-	-	-
1793	0,75	27,82	9,02	2,26	0,75	59,40
1794	0,71	27,66	8,51	2,13	0,71	60,28
1795	0,68	26,71	8,22	2,05	0,68	61,64
1796	1,32	28,29	7,89	1,97	0,66	59,87
1797	-	-	-	-	-	-
1798	-	-	-	-	-	-
1799	-	-	-	-	-	-
1800	-	-	-	-	-	-
1801	-	-	-	-	-	-
1802	1,64	26,78	6,56	1,64	1,09	62,30
1803	-	-	-	-	-	-
1804	1,50	27,00	5,50	2,00	1,00	63,00
1805	1,53	26,53	6,12	2,04	1,02	62,76
1806	-	-	-	-	-	-
1807	-	-	-	-	-	-
1808	1,55	26,42	6,74	1,04	1,04	63,21

Fontes: Folhas de pagamento... (ver bibliografia).
* Em 1777 não houve lista. A folha de 1799 está incompleta. Para os demais anos sem informações, não se encontrou folha.

A piedade dos outros

A "MULTIDÃO" DE ENJEITADOS

O pagamento em dia das primeiras folhas não tardou a se tornar realidade distante. Em sintonia com o crescimento do número de enjeitados, a Câmara, num sentido inverso, diminuía o número de benefícios. O surpreendente é que, no lugar das ácidas correições de outrora, pairava o mais absoluto silêncio, não obstante a dívida crescesse vertiginosamente, principalmente a partir da década de 1780.

Em setembro de 1773, o boticário Manuel Nunes Reis agravou a Câmara e solicitou que o pagamento dos seus quatro enjeitados fosse feito à razão de 3 oitavas, como costumado. Pela primeira vez, a sentença do Tribunal da Relação do Rio de Janeiro abria espaço para a Câmara. O acórdão fazia menção ao contrato estabelecido entre o povo e o concelho para criar todos os expostos, "não só os que de futuro viessem, mas os que já se achavam dados a criar" por 24 oitavas de ouro por ano, "abatendo assim do comum e geral preço por que se criavam a conta das certidões folhas 25v, uma oitava de ouro em cada um mês, a que foi deferido".[61]

A Câmara alegava que Manuel Nunes havia assinado o contrato e agora, "faltando fé do prometido", queria receber a mais. Daquela forma, "seriam vãos e ineficazes todos os con-

---

[61] APM, CMOP, Av., Cx. 46, Doc. 55. Cópia do acórdão do Tribunal da Relação do Rio de Janeiro. Estranhamente, a cópia desse acórdão contém datas erradas. Refere-se ao acordo lavrado *em fevereiro de 1765*, quando certamente fora assinado em fevereiro de 1772. O acórdão é datado de 22/12/1767, outra marcação provavelmente errada, já que o processo é de 1773 e em 1767 vigorava a discussão entre 3 oitavas nos anos de lactação e 2 ou 3 oitavas na criação seca. Em 12/12/1768, o ouvidor em correição estabelecera o uniforme soldo de 3 oitavas durante os três primeiros anos e 2 oitavas nos anos seguintes. A menção a 24 oitavas durante os três primeiros anos que está na cópia desse acórdão só foi proposta em 1772, virtualmente mais de quatro anos depois. Como não foi encontrada outra cópia do dito, fica registrada a observação.

tratos e faltaria à fé pública, que é santo vínculo em que se firma a subsistência da República". Como ressaltado anteriormente, a política pombalina procurou verticalizar a cultura jurídica e submetê-la ao controle mais estrito da Coroa.[62] As reformas na Universidade de Coimbra reforçaram aos alunos a importância da legislação pátria em detrimento da multiplicidade de textos tradicionais que vigiam anteriormente.[63] Esse registro entre o povo e a Câmara denunciava a importância que, aos poucos, os contratos escritos assumiam no cotidiano colonial.

A tentativa da Câmara era estabelecer um costume, fazer surgir uma prática para impor autoridade sobre eventuais agravos. Cada nova interpretação sobre casos judiciais conferia dinâmica ao direito do antigo regime, aparentemente imóvel. Essas interpretações passavam a coexistir com as anteriores, conferindo-lhes legitimidade.[64] Foi Manuel Nunes quem anexou o acórdão da Relação que ordenava que se pagasse "a criação na forma do costume". O procurador João de Souza disse que era justamente o que a Câmara estava fazendo:

> Nem a certidão que o suplicante junta é contra esses provimentos, mas antes sim [encontram] confirmação deles, porque diz se deve pagar na forma do costume e, vistas as palavras, aumenta uma oitava, o suplicante assinou o termo de criar todos os enjeitados, não só os que de futuro viessem, mas os que já se achavam dados a criar, a preço de 24 oitavas de outro por ano e como a Câmara não cumpriu a entregar-lhes, reclamou o suplicante o termo querendo se lhe pagasse na forma costumada, e nesta

---

[62] Hespanha, 1995:76-95; Hespanha e Xavier, 1993:121-155.
[63] Antunes, 2004:203-221.
[64] Hespanha, 1995:80-87.

parte é que o venerando acórdão diz que a Câmara lhe fez agravo por querer se observasse o termo pela parte dele suplicante, e não dela cumprindo com não entregar-lhes e por isso me parece se deve observar.[65]

Ao que tudo indica Manuel Nunes solicitara a *quebra do contrato* porque a Câmara não pagara o que lhe devia das criações no prazo combinado e o concelho alegou que era necessário apenas saldar a dívida das criações. Em julho de 1774, Manuel Nunes enviou pedido à Câmara solicitando a inclusão do crioulo Domingos, enjeitado que lhe foi repassado e estava sob a tutela de Manuel dos Santos. O pagamento pela criação do exposto crioulo, que nascera em 22 de setembro de 1763, foi interditado várias vezes e chegou a seu termo somente em dezembro de 1774, ou seja, 11 anos após seu nascimento.[66]

Os pagamentos camarários continuaram à razão de 24 oitavas nos primeiros três anos e 16 nos quatro últimos. Esse valor, menor que o praticado antes de fevereiro de 1772, permaneceu sendo alvo de reclamações junto ao rei. Segundo os camaristas, "o que anualmente se despende com cada um deles é vinte e oito mil e oitocentos e a não haver providência não cessará, antes aumentará o empenho da mesma Câmara".[67] Ainda que depois de esgotadas todas as tentativas de seleção dos beneficiários a Câmara não tivesse abertamente interditado o acesso a negros e mulatos, a partir da década de 1770, ao

---

[65] APM, CMOP, Av., Cx. 46, Doc. 55.
[66] APM, CMOP, Cx. 39, Doc. 28; APM, CMOP, Cx. 48, Doc. 43. Em 31/12/1774, a Câmara quitou 209$484 réis referentes a quatro enjeitados (Romana, falecida em 14/12/1767; João, falecido em 25/5/1768; João, falecido em 1/6/1768, todos sepultados na cova da fábrica da Matriz de Antônio Dias, e, por fim, Domingos, crioulo).
[67] APM, CMOP, Cód. 86, f. 324v.

que tudo indica, essas seleções continuaram a existir de forma surda, com atrasos nos pagamentos, que eram formas mais sutis de escolha dos matriculantes.

De fato, não parecia ser exatamente uma seleção exclusivamente feita a partir da cor, mas o pagamento universal não era um ponto pacífico. Em setembro de 1774, Maria Ferreira da Conceição, parda forra, solicitou que o pagamento da criação de Feliciana fosse feito à razão de 3 oitavas.[68] Os camaristas alegaram falta de verbas em razão da "muita quantidade dos enjeitados e pouca a renda deste concelho para criar negros, mulatos e brancos". A suplicante cobrava uma dívida de 76 oitavas de ouro (91$200 réis); surpreendentemente, a municipalidade emitiu ordem de pagamento de 118$232 réis em outubro de 1774, mas Maria da Conceição recebera apenas 21$820 réis; para o restante do mandado, emitiu-se outro termo de pagamento em julho de 1775, que novamente foi adiado para julho de 1782.

Os pagamentos realizados "por papéis" eram frequentemente postergados e as folhas tinham índices cada vez mais altos de inadimplência. O resultado imediato era o crescimento da dívida em proporções muito maiores que o nascimento de enjeitados. Na verdade, o cálculo da dívida total poderia incluir crianças já mortas; nas folhas de pagamentos foi frequente a expressão "dizem que falecera", indicativa de dúvida gerada, por exemplo, pelo não comparecimento dos criadores. O gráfico 7 mostra o peso do pagamento na renda total do concelho em diferentes tempos. Trata-se do pagamento despendido e não da dívida total.

---

[68] APM, CMOP, Av., Cx. 48, Doc. 47.

Gráfico 7 — Percentual das despesas com expostos
em relação às rendas camarárias — Vila Rica

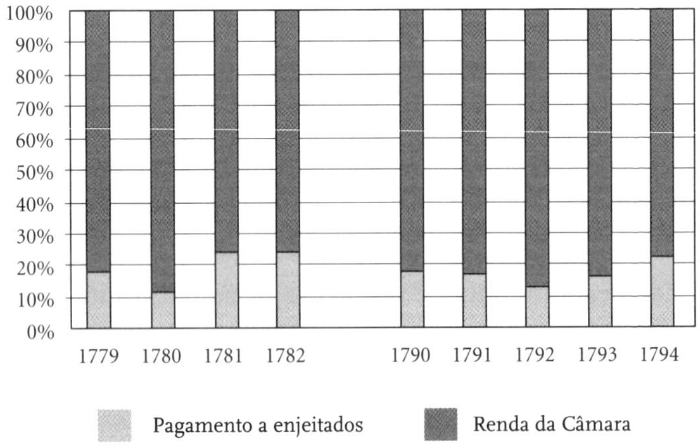

[Gráfico: Pagamento a enjeitados / Renda da Câmara — anos 1779, 1780, 1781, 1782, 1790, 1791, 1792, 1793, 1794]

Fontes: Para o período de 1779-1782: APM, CC, Rolo: 531, Planilha: 20460. Para 1790-1794: APM, CMOP, Cód. 120-A, fls. 137-147.

A tabela a seguir mostra o percentual de casos de inadimplência ("sem solução"), de pagamentos totais e parciais, conforme as folhas dos enjeitados. Demonstram a diminuição dos pagamentos totais até praticamente sua extinção, provocando o endividamento da Câmara.[69] Ao mesmo tempo, observa-se o aumento dos pagamentos parciais e "sem solução".

Quadro 10 — Percentuais de pagamentos totais,
parciais e "sem solução" — Câmara de Vila Rica

Ano	Pagamentos totais	Pagamentos parciais	Pagamentos "sem solução"
1772	83,33	0,00	16,67
1773	60,00	2,50	37,50
1774	46,15	0,00	53,85

continua

---

[69] Conforme dito anteriormente, esses casos *sem solução* englobam criadores que não compareceram, crianças mortas cuja certidão de óbito ainda não fora apresentada e, a grande maioria, pessoas que ficaram sem receber por inadimplência camarária.

O peso dos enjeitados

Ano	Pagamentos Totais	Pagamentos Parciais	Pagamentos "sem solução"
1775	46,00	0,00	54,00
1776	47,06	0,00	52,94
1777	*	*	*
1778	20,00	55,38	24,62
1779	8,77	50,88	40,35
1780	13,51	48,65	37,84
1781	11,22	57,14	31,63
1782	8,49	56,60	34,91
1783	10,85	13,18	75,97
1784	-	-	-
1785	-	-	-
1786	0,60	1,79	97,62
1787	1,31	3,92	94,77
1788	1,03	4,10	94,87
1789	-	-	-
1790	-	-	-
1791	1,70	11,49	86,81
1792	-	-	-
1793	1,99	14,74	83,27
1794	1,50	43,82	54,68
1795	0,71	47,35	51,94
1796	0,67	41,47	57,86
1797	-	-	-
1798	-	-	-
1799	-	-	-
1800	-	-	-
1801	-	-	-
1802	0,00	56,92	43,08
1803	-	-	-
1804	0,00	50,37	49,63
1805	0,00	12,23	87,77
1806	-	-	-
1807	-	-	-
1808	0,00	2,31	97,69

Fontes: Folhas de pagamento... (ver bibliografia).
* Em 1777 não houve lista. A folha de 1799 está incompleta. Para os demais anos sem informações, não se encontrou folha.

Esse movimento pode ser também comprovado na crescente dívida e nas oscilações dos pagamentos. Em 1777 não houve pagamento, e a partir de 1778, a municipalidade emitiu apenas uma lista por ano, ao contrário do que previa o regime de semestralidade, estabelecido a partir de 1772. Em alguns momentos a Câmara praticamente deixou de pagar suas obrigações, como ocorreu em 1786. Ao longo do tempo, as datas dos mandados de pagamento foram se tornando imprevisíveis e as quitações parciais ou integrais cada vez mais raras.

Quadro 11 — Valores devidos e pagos aos matriculantes
Câmara de Vila Rica

Semestre	Ano	Data do mandado de pagamento	Valor devido	Valor pago
2	1772	23/1/1773	510$000	428$400
1	1773	13/7/1773	511$200	422$400
2	1773	16/3/1774	504$000	362$400
2	1774	31/12/1774	566$400	280$762
1	1775	21/7/1775	757$200	212$718
1	1776	31/12/1776	1:026$000	401$850
	1777	*	*	*
1	1778	12/8/1778	2:503$200	853$200
1	1779	21/10/1779	2:888$400	403$200
2	1779	1/12/1779	3:003$600	384$000
1	1780	15/3/1780	3:393$600	537$600
1	1781	8/8/1781	4:947$600	927$600
1	1782	31/8/1782	5:676$000	1:298$400
1	1783	10/9/1783	6:220$800	429$600
	1784	-	-	-
	1785	-	-	-
2	1786	31/12/1786	Não consta	44$400
1	1787	31/12/1787	12:493$200	111$600
	1788	-	-	-
	1789	-	-	-
2	1790	4/12/1790	18:918$000	1:137$600
1	1791	31/12/1791	19:389$600	853$200
	1792	-	-	-
1	1793	31/12/1793	21:350$400	777$675
1	1794	29/11/1794	22:479$600	1:520$400
1	1795	14/11/1795	22:291$200	1:017$262

continua

Sem	Ano	Data do mandado de pagamento	Valor devido	Valor pago
1ffl	1796	5/11/1796	23:113$200	1:083$562
	1797	-	-	-
	1798	-	-	-
	1799	Não consta	23:808$000	Não Consta
	1800	-	-	-
	1801	-	-	-
1ffl	1802	8/1802	28:112$400	1:397$287
	1803	-	-	-
1ffl	1804	Não consta	30:231$600	Não consta
1ffl	1805	Não consta	32:748$000	940$787
	1806	-	-	-
	1807	-	-	-
1ffl	1808	Não consta	35:493$600	Não Consta
1ffl	1809	Não consta	-	-
1ffl	1810	Não consta	38:946$150	Não Consta

Fontes: Folhas de pagamento... (ver bibliografia).
* Em 1777 não houve lista. A folha de 1799 está incompleta. Para os demais anos sem informações, não se encontrou folha.

Para se ter uma ideia do valor da dívida da Câmara, em 1794, sua receita total era de 5:465$650 réis e sua dívida com enjeitados estava na ordem de 22:479$600, ou seja, mais de quatro vezes o valor de sua renda anual.[70] Em 1810, a dívida da Câmara teve uma progressão de 173% em relação a 1794.

Na folha de 1808, havia criadores com enjeitados nascidos em meados da década de 1760 e com dívidas sem solução quase quarenta anos depois. Esse era o caso de dona Teresa Matilde, que deu entrada para o pagamento de Francisco em 2 de agosto de 1769 e em 1808 ainda constava na lista de credores; a mesma sorte tivera José Alves de Sá, que criou Alexandre subsidiado pelo Senado a partir de 22 de novembro de 1765.[71] Houve casos em que o matriculante não recebera nada pela criação do en-

---

[70] APM, CMOP, Cód. 120-A, fls. 137-147.
[71] APM, CMOP, Av., Cx. 81, Doc. 11.

jeitado, embora estivesse inscrito como beneficiário. Esse foi o caso do crioulo forro Bartolomeu de Matos, que criara Ana, ou Antônio Gonçalves Tosta, que criara Anacleto.[72]

DESORDENS ADMINISTRATIVAS

Desde os primeiros anos de institucionalização, a Câmara apresentou problemas administrativos frequentemente reclamados pelos criadores. No entanto, a Câmara de Vila Rica mesclou a simples desordem administrativa, recorrente em outros lugares do Reino, com autonomia e desrespeito às leis.[73] Certamente, tais variáveis prejudicaram a assistência fornecida, abrindo brechas para fraudes e negligências. Ao longo de toda a segunda metade do século XVIII é possível constatar irregularidades nos pagamentos, ausência de escrituração, pagamento de crianças mortas, entre outros. Não há dúvidas de que os exemplos que serão dados não abarcam a multiplicidade dos casos, mas são indicativos de delitos cotidianos.

Em 1753, José, exposto à porta de Josefa Maria de Jesus, moradora em Antônio Dias, teve seu assento de entrada na Câmara refeito, apesar de já ter sido inscrito em 1751, "de cujo despacho se não fez assento neste livro por incúria do escrivão que então servia".[74] Como se não bastasse, o escrivão se retirara de Vila Rica para o Rio de Janeiro e depois para Lisboa, impossibilitando a rápida solução.[75] José fora batizado em 25 de maio de 1749, e essa "incúria" do escrivão certamente estava relacionada

---

[72] APM, CMOP, Av., Cx. 62, Doc. 36.
[73] Ver, por exemplo, Fonte, 1996:55-63.
[74] APM, CMOP, Cód. 61, f. 23.
[75] APM, CMOP, Av., Cx. 29, Doc. 61.

à recusa do concelho em financiar os enjeitados. Portanto, inscrevia-se no período em que propositais atrasos nos processos de entrada foram comuns. Para obter a segunda inscrição, Josefa foi instada a levar seis pessoas em duas ocasiões distintas para atestarem ser José exposto e filho de pais desconhecidos. Após quase seis meses de diligência, a Câmara autorizou o pagamento.

Em 1752, o Senado glosou 7$200 réis que foram pagos ao padre Alexandre da Silva Vaz, "por não aparecer o mandado número três" referente à criação do enjeitado Antônio. O tesoureiro "na conta que se deu sem dúvida se perdeu", razão pela qual a Câmara passada solicitava desoneração da referida glosa.[76] A escrituração dos enjeitados era feita em livro específico, conforme determinado na correição de 1751, executada pelo ouvidor Caetano da Costa Matoso.[77] O cumprimento das deliberações variou de acordo com o oficial régio que prestava serviços, mas o fato de não possuir contabilização própria, separada das contas camarárias, causou confusões e possibilitou fraudes. A correição de 1766 deliberava que "por evitarem os enganos que pode haver por pagamento dos enjeitados" se faria um livro rubricado pela Câmara em que se assentassem todas as movimentações da administração.[78] Esse livro não parecia ser muito diferente daquele criado em 1751, contudo aponta para possíveis confusões nas matrículas. Em dezembro de 1769, o procurador Manuel de Carvalho alertava ao concelho sobre Francisca de Serqueira Rodrigues, pois deveria receber 180 oitavas de ouro pelas criações e, segundo o escrivão, já havia recebido 228 oitavas.[79]

---

[76] APM, CMOP, Av., Cx. 31, Doc. 61.
[77] Cópia da correição contida no processo de Joana Correa de Andrade, APM, CMOP, Av., Cx. 26, Doc. 15.
[78] APM, CMOP, Cód. 22, f. 153.
[79] APM, CMOP, Av., Cx. 42, Doc. 40.

A população local também procurou tirar proveitos do fraco controle administrativo. Em 1760, Francisco foi exposto a Inácio Ramos, preto forro, aceito como beneficiário seis meses após seu nascimento. Em 6 de março de 1762, Inácio Ramos solicitou pagamento de um ano de criação por "ter o suplicante em sua casa um enjeitado por nome Francisco, o qual está criando, alugando escravas para lhe darem a necessária sustentação, por ser o suplicante pobre". Em 8 de março do mesmo ano, o procurador do concelho solicitou a apresentação da criança na Câmara, ao que Inácio enviou um assento de óbito de Francisco, datado de 26 de fevereiro.[80] Tudo indica que Inácio pretendia continuar a receber os soldos da criança morta.

O mesmo aconteceu com Ana da Silva Teixeira de Meneses, que, em dezembro de 1772, solicitara o valor relativo à criação de Ana Peregrina, já falecida.[81] Mesmo assim, Ana da Silva continuou, anos a fio, a receber regularmente os pagamentos de Ana Peregrina, que findaram somente na folha de 1783, 11 anos após seu nascimento e suposta morte.[82] O falecimento da criança deveria ser comunicado ao concelho, no entanto tal prática não encontrou a amplitude esperada, pois foi comum a Câmara contabilizar custos de crianças mortas. A partir de 1772, com o uso das folhas, o cálculo da dívida era feito antes de todos os pagamentos serem efetuados. A fiscalização ficava por conta do atestado de vida ou apresentação do enjeitado nos dias determinados por editais, porém a quitação de soldos sem tais precauções dava azo a irregularidades.

As folhas também não tardaram a apresentar sinais de inconsistência. De um ano para o outro, o enjeitado poderia mu-

---

[80] APM, CMOP, Av., Cx. 37, Doc. 52.
[81] APM, CMOP, Av., Cx. 45, Doc. 29.
[82] APM, CMOP, Av., Cx. 58, Doc. 29.

dar de nome. Foi assim com José Martins Jales, que, de 1781 a 1783, constava criar Andreza, nascida em 30 de novembro de 1780, e nas listas de 1786 até 1808 foi registrado como criador de José, nascido no mesmo dia da referida enjeitada, que a partir de então não apareceu mais nos registros.[83] Os criadores também mudavam, às vezes, sem nenhuma referência ou explicação, assim como a data de entrada na Câmara, que era um registro essencial para o cálculo do soldo. De um ano para o outro, os valores também poderiam sofrer alterações aparentemente incoerentes. Às vezes a Câmara dava como pago o soldo de um ano e na folha seguinte a dívida acumulada provava o contrário. Em 1773, Francisco de Almeida Pinto, morador na Lavra Nova, reclamou a ausência de escrituração de um enjeitado que a Câmara havia lhe pedido que criasse. Segundo ele,

> a 18 de julho de 1772 foi servida a Câmara passada mandar que todos os que tivessem enjeitados os levassem à Câmara no dito dia convencionado, e indo minha mulher Antônia da Rocha com os que tinha, foi também uma parda padeira, moradora nesta Vila, com um menino que lhe tinham posto há poucos dias, dizendo que o não podia criar por ser pobre e que a Câmara o mandasse criar; instou a dita Câmara com a minha mulher a que o trouxesse e criasse e que se lhe faria o assento do dito tempo em que o trouxe e, sendo Vossas Mercês servidos [mandassem] os enjeitados à presença de Vossas Mercês para lhe pagarem, mandei também o dito menino e procurando-se lhe o assento donde se assenta os expostos se não achou assentado e por isso Vossas Mercês foram servidos de não lhe mandar pagar.[84]

---

[83] APM, CMOP, Av., Cx. 56, Doc. 20; Cx. 57, Doc. 46; Cx. 58, Doc. 29; Cx. 60, Doc. 46. Para as demais listas, ver bibliografia.
[84] APM, CMOP, Av., Cx. 46, Doc. 45.

Francisco recorreu a Jorge Duarte Pacheco, escrivão da Câmara no ano de 1772, e numa carta solicitou a intervenção do tenente junto aos camaristas de 1773, porque "bem sabe que sou doente, pobre, cego e aluguei uma ama a três quartos por semana e me está perseguindo o senhor da dita para que lhe pague os aluguéis da sua escrava". Jorge Duarte respondeu que ele e a "Câmara velha" tinham ciência do caso e não foi feito assento "pelo barulho dos termos".

A desordem nas escriturações voltou a ser pauta da correição de 1799. Segundo o ouvidor, "o livro de matrícula dos expostos se acha em grande confusão, sendo muito fácil, por causa dele, pagar-se a quem não se deve; faça-se, portanto, um novo de matrícula, no qual serão unicamente lançados os nomes daqueles expostos que ainda vencem criações".[85] De fato, em 1801, há uma lista de enjeitados diferente das demais, porque continha apenas os criadores "que se apresentaram para pagamento".[86] Mas tratava-se de uma lista paralela à costumeira folha com todos os criadores que a Câmara era devedora, pois para 1802 foi possível encontrar as duas listas distintas.[87]

Na correição de 1801, os problemas na feitura das matrículas ainda eram motivos de reclamação.[88] Segundo o ouvidor, o livro estava em uma "grande confusão", por isso ordenou que a fatura do próximo livro fosse feita por alfabeto, "declarando o nome dos expostos, o dia e ano em que se deram a criar, como se chama a ama e a ubiquação da mesma e porque alguns dos ditos expostos trazem alguns sinais para serem depois pedidos pelos

---

[85] APM, CMOP, Cód. 86-A, f. 54.
[86] UFMG, Coleção Curt Lange, Relação dos enjeitados que se apresentaram para pagamento do presente ano de 1801.
[87] Folha de 1802, APM, CMOP, Av., Cx. 75, Doc. 103. A lista do mesmo ano contendo os enjeitados pagos está em APM, CC, Av., Rolo 510, Planilha 10613.
[88] APM, CMOP, Cód. 123, fls. 77v, 78.

pais, deve pois declará-los". Mandava ainda que os assentos tivessem "margens suficientes para se pôr as necessárias clarezas, como, por exemplo, morreu; passou para outra ama à página [...]; foi entregue a fulano".

Toda sorte de desajustes na administração promovida pela Câmara certamente dificultou, de modo geral, o auxílio aos criadores, e nada indica que os registros futuros tenham sido mais sistemáticos. Não era uma especificidade mineira ou colonial, também em Portugal foram comuns as tentativas de extorsão e as fraudes, em maior ou menor grau. Como em qualquer época ou lugar, as desordens administrativas tinham diferentes utilidades a depender da necessidade do momento: confusões poderiam atrasar, fazer esquecer, privilegiar ou, simplesmente, complicar a vida dos que dependiam das instituições.

CAPÍTULO 5
Os destinos dos enjeitados

Depois do meu batismo de fumaça
Mamei um litro e meio de cachaça, bem puxado
E fui adormecer como um despacho
Deitadinha no capacho, na porta dos enjeitados
Cresci olhando a vida sem malícia
Quando um cabo de polícia despertou meu coração
E como eu fui pra ele muito boa, me soltou na rua à toa
Desprezada como um cão...
"Na batucada da vida" — Ary Barroso / Luiz Peixoto

DESTINOS PARA OS ENJEITADOS: A RODA

Muitos dos pagamentos devidos aos criadores de enjeitados foram feitos pela Câmara por meio da troca de dívidas. Quando a Câmara cobrava o direito de foro, os criadores solicitavam o abatimento dessa obrigação nos respectivos valores devidos por suas criações.[1] Ao longo da década de 1780, tornou-se ordinário encontrar a expressão "abateu dos foros" nos pagamentos. Esse recurso financiava principalmente aqueles que tivessem propriedades na vila, embora pudesse ser também alvo de negociações, como o caso de Teodósio, foreiro que devia "quantia avultada" à Câmara, que, por sua vez, devia o pagamento pela criação de dois enjeitados ao reverendo João Pereira Zacarias. Teodósio, como procurador do padre, solicitou o abatimento de sua dívida de foreiro das criações que o Senado devia ao pároco.[2]

---

[1] "Foro era a pensão que aquele que tem propriedade em *phateosim* (foreiro) paga por ela ao senhorio direto." Ver Bessa, 1981:76.
[2] APM, CMOP, Av., Cx. 69, Doc. 17.

Quando a Câmara abria a brecha para esse tipo de negociação, em certo sentido priorizava o pagamento aos enjeitados. Embora não haja menção a limites no abatimento, o fato é que se tratava de forma direta de compensação aos foreiros, criando alternativas ao pagamento via Senado, com conhecidas delongas nas suas obrigações. Por outro lado, o aumento dos abatimentos nos foros era indicativo de menor recolhimento, que compulsoriamente tinha parte da renda transferida aos soldos das criações.

Em 1793, a Câmara finalmente decidiu, por "pluralidade de votos", lançar fintas "sobre as pessoas que costumam vender cachaça em tavernas" a fim de complementar a renda e, certamente, desonerar as arrecadações do foro.[3] O valor estipulado seria o de meia oitava de ouro (600 réis) por estabelecimento, a cada bimestre, devendo os taverneiros "almotaçarem de dois em dois meses na forma das posturas antigas". Os vendedores ficariam desautorizados de comerciar aguardente sem o recibo do tesoureiro que demonstrasse o pagamento da bimestralidade, e aqueles que descumprissem tal obrigação seriam "condenados pela primeira vez em duas oitavas de ouro, pagos da cadeia; e pela segunda, em quatro oitavas de ouro, pagos da mesma forma, e pela terceira serão condenados ao arbítrio do almotacé ou da Câmara".

O concelho autorizava, ainda, o aumento de 10 réis em cada medida de cachaça, "porque deste modo concorrem a pagar a dita finta o Povo, [conservando-a] mais cara aos funcionários no excesso que devem pagar, ainda que o aumento do preço não corresponda à finta". O tributo dos enjeitados era prerrogativa camarária e recurso utilizado, sempre que necessário, em outras partes do Império português. Em Ponte de Lima, por exemplo, a finta foi instituída em 1625 e alternou períodos de vigência com

---

[3] APM, CMOP, Cód. 119, fls. 250v-251v.

interregnos providos pelo "dinheiro que se fazia do sal".[4] O imposto era considerado oneroso ao povo porque não tinha ação sobre os que possuíam privilégios. Em 1736, o provedor da comarca portuguesa de Viana propôs a substituição da finta pelo lançamento das sisas, argumentando que, daquela forma, todos pagavam e concorriam para a obra pia da criação dos expostos, o que não se verificava com as fintas, feitas separadamente, em que somente os pobres se sujeitavam ao pagamento.[5]

Argumento semelhante também fora utilizado na capitania, quando em Serro Frio a Câmara reclamou sobre o tributo dos enjeitados afirmando que havia "uma extraordinária multidão de pessoas privilegiadas e isentas de pagar semelhantes fintas", o que fazia recair "a satisfação delas sobre a parte mais fraca do povo".[6] Não obstante todos os discursos raciais, reclamações de ordem financeira, a Câmara decidiu cobrar tal imposto mais de quarenta anos após o primeiro pagamento. Em Sabará, comarca do Rio das Velhas, também foi estabelecida, na mesma época, uma finta para pagamento dos expostos que incidia sobre as vendas.[7]

Todas as deliberações da Câmara de Vila Rica a respeito da finta começaram a ter validade a partir de 1794. Um ano depois, o procurador do concelho, Estácio Francisco do Amaral, avaliava o quão acertada havia sido a decisão de se fintarem os povos em benefício dos enjeitados.[8] Ressaltou que, em 1794, o rendimento total do imposto foi de 749 oitavas e convenceu o Senado da conveniência de se criar uma Casa da Roda, que deveria con-

---

[4] Fonte, 1996:45-52.

[5] Arquivo Municipal de Ponte de Lima, Livro de assento de enjeitados — 1736, fls. 103v-104, apud Fonte, 1996:45-50.

[6] Minas Gerais, Arquivo Histórico da Câmara Municipal do Serro Frio, Cx. 17, v. 1, f. 180, apud Figueiredo, 2005:28.

[7] APM, CMS, Cód. 93, Finta dos enjeitados sobre vendas (1794-1796).

[8] APM, CMOP, Cód. 120-A, fls. 05v-06.

sumir 100 oitavas anuais no pagamento da família responsável por acolher as crianças. Segundo o procurador, já existiam "os primeiros fundamentos do edifício" que evitaria a morte por animais e a necessidade de ficarem "mendigando de porta em porta um resto de caridade sem que talvez a encontrem antes de perderem a vida!". No mesmo dia, os vereadores enviaram uma carta ao ouvidor da comarca, comunicando a decisão de criarem uma roda custeada pela Câmara; segundo os vereadores:

> A requerimento do procurador desta Câmara, tomamos resolução de estabelecer uma roda em que se aceitem os meninos expostos comodamente, evitando-se as desgraças que a experiência mostra sucedidas, na falta deste útil estabelecimento, pois obrigadas as mães pela vergonha, decência e honestidade [...] logo que dão a luz os mandam [os filhos] levar às portas de casas particulares aonde ou os não recebem, ou se o fazem é já quando os míseros recém-nascidos se acham a expirar tendo até sucedido serem devorados por animais, sucessos que fazem gemer a humanidade e que só pelo mudo propósito se não poderão mais verificar.[9]

Diferentemente das misericórdias, a Casa da Roda vila-riquense seria propriamente um domicílio responsável pelo recolhimento das crianças. O homem deveria "ser casado, de préstimo e de conhecida probidade e ter pronta sempre uma ama que subministre o leite aos expostos". Esse tipo de recolhimento de enjeitados era frequente também em Portugal; muitas vilas, antes de as respectivas santas casas encarregarem-se da administração dessas crianças, também conservaram casais ad-

---

[9] APM, CMOP, Cód. 120-A, fls. 04v-05.

ministradores, responsáveis por acolherem-nas. Depois de batizadas, eram vestidas e amamentadas pela ama de leite; o juiz de órfãos era o responsável por redistribuí-las entre as famílias disponíveis. Aqueles que disponibilizavam as casas eram conhecidos como "pais" e "mães" dos enjeitados; foram comuns durante o século XVII, e a proposição de tal modelo, em fins do XVIII, demonstra a longevidade desse tipo de assistência nos locais onde as misericórdias foram pouco significativas.[10]

A proposta do concelho certamente era eco da circular de 10 de maio de 1783, que ordenava a instalação de rodas em todas as cidades e vilas do Império.[11] O discurso encontrava respaldo na mentalidade populacionista vigente a partir do último terço do século XVIII.[12] A Câmara de Vila Rica propusera, faltava apenas o ouvidor aprovar:

> suspendemos a nossa resolução enquanto não for por Vossa Mercê aprovada, uma vez visto que da finta lançada para o pagamento das amas, da qual se pretende tirar a sobredita porção, não devemos dispor para outros usos sem a certeza de não nos ser glosada nos tempos da correição.[13]

---

[10] "No século XVI a Câmara do Porto possuía dois funcionários específicos para o atendimento das crianças abandonadas: o pai dos meninos que as recolhia e entregava ao juiz de órfãos, a quem competia a respectiva colocação em amas, estipendiadas pelo município; e o pai dos velhacos, encarregado do destino das crianças, depois dos 7 anos, integrando-as no mundo laboral e procurando-lhes tutores. No século XVII foi nomeada uma mulher, a mãe dos meninos, com funções idênticas ao pai dos meninos, despendendo então a Câmara 500.000 réis por ano com o sustento dos expostos". Reis, 2001:83. Ver também Venâncio, 1999:26-27.

[11] Pinto, 1820:7.

[12] Fonte, 1996:39-40.

[13] APM, CMOP, Cód. 120-A, f. 05.

O ouvidor Antônio Ramos da Silva aprovou "pia" e "justa" deliberação do Senado, porque "com muita razão deve este benefício principiar logo que o inocente começa a aparecer no mundo e a ser nosso cidadão e quando são mais iminentes os perigos que ameaçam a sua vida".[14]

Esse tipo de discurso, reforçado em fins do século XVIII, via na população a maior fonte de riqueza de um país. Os expostos, antes frutos da caridade e benevolência, passavam a ser também cidadãos úteis ao Estado. Uma série de questões problemáticas alguns anos antes tornaram-se sem maior importância a partir de então. Na fronteira entre Portugal e Espanha, por exemplo, foi comum a circulação de crianças entre as duas regiões vizinhas a fim de eximir os respectivos responsáveis pelos pagamentos dos soldos. Os entreveros só cessariam em fins do século XVIII, época em que a política demográfica alterou as atitudes em face dos expostos.[15]

Quando, em 1820, Antônio Gouveia Pinto compilou a legislação portuguesa sobre enjeitados, reafirmou a importância das crianças para o aumento da povoação. Portanto, deveriam ser recebidos como cidadãos, educados no intuito de torná-los "membros úteis da sociedade", pois os enjeitados eram, agora, "filhos do Estado, que faz as vezes dos pais que não conheceram, ele os toma à sua conta e exercita a seu respeito os direitos e obrigações que a Natureza e as Leis dão aos verdadeiros progenitores".[16]

Essa propalada utilidade dos enjeitados, tão em voga a partir do fim do século, não surtiu o efeito esperado em Vila Rica. Embora os discursos se enquadrassem nas linhas de pensamen-

---

[14] APM, CMOP, Cód. 120-A, f. 06v.
[15] Reis, 2001:87-88.
[16] Pinto, 1820:3-4.

to da época, a roda não foi além dos projetos. As crianças continuaram a ser expostas em domicílios, e não há referência à Casa da Roda após 1795.[17] Ainda que os discursos sobre mestiços tenham sido progressivamente silenciados, é provável que as questões raciais tenham contribuído para que um aparato universalizante e pretensamente anônimo jamais se tornasse realidade. A partir da instituição da finta, a primeira consequência não foi um estabelecimento para acolher expostos, mas o recrudescimento dos números do abandono.

Desde 1794, primeiro ano de vigência da finta, o concelho ampliou o número de beneficiados e diminuiu, notadamente, o índice de inadimplência (ver quadro 10 e gráfico 8). Os registros de entrada também foram sensíveis aos pagamentos promovidos pela arrecadação. Os assentos de batismo assinalam crescimento a partir de 1796, o nascimento de enjeitados manteve médias altas até 1802, doravante as taxas iniciaram progressiva queda. O índice de inadimplência tornou a subir em 1805 e continuou alto até, pelo menos, 1808.

Em que pese à importância da finta, em 1798, a maior parte do pagamento aos criadores era oriunda dos abatimentos nos foros. No dito ano, as despesas com enjeitados eram financiadas em 600$000 réis dos recursos da finta e 1:180$425 réis dos foros.[18] Em 1796, o Senado novamente lamentava ao ouvidor dos altos custos das criações "não obstante as poucas rendas".[19] Em 1806, parte do arrecadado pelo corte da carne era destinada aos enjeita-

---

[17] Na década de 1830, a Câmara, em cumprimento às Posturas, decidiu financiar uma roda dos expostos em parceria com a Santa Casa de Ouro Preto. No entanto, tal proposta nunca saiu do papel. APM, CGP 1 / 2, Cx. 7, Doc. 16. Agradeço a Gerson Castro que, gentilmente, me enviou a transcrição desse documento.
[18] APM, CMOP, Cód. 127, fls. 169v-173.
[19] APM, CMOP, Cód. 120-A, f. 128.

dos, situação mantida até, pelo menos, 1827.[20] Nesse mesmo ano, a mesa da Santa Casa declarou ao vice-presidente da província que a criação dos enjeitados ficava a cargo da Câmara, que recebia "uma finta de 600 réis imposta sobre todas as rezes" abatidas.[21]

Gráfico 9 — Entrada de enjeitados, Câmara de Vila Rica — 1790-1804

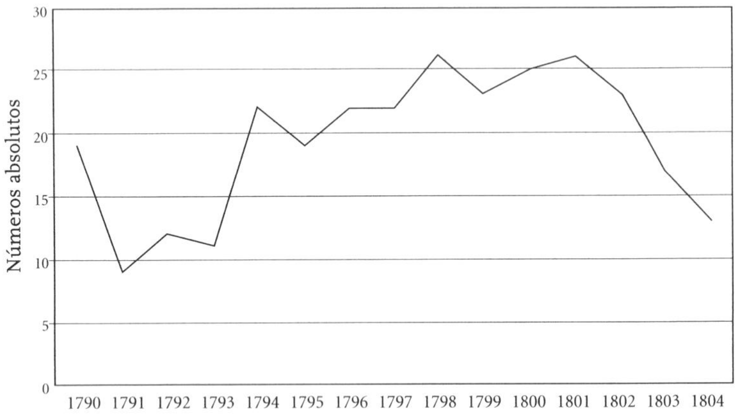

Fontes: APM, CMOP, Códs. III, 116 e 123.

A MORTALIDADE INFANTIL

José foi batizado na matriz da freguesia do Pilar em 14 de maio de 1749, enjeitado a João Gomes da Costa, preto forro; faleceu no dia 1º de abril de 1751; antes de completar dois anos foi enterrado em cova da fábrica da mesma igreja.[22] Domingos da Costa, preto morador no morro do Padre Faria, recebera em sua porta, em 4 de novembro de 1769, pelas 11 horas da noite,

---

[20] APM, CMOP, Cód. 86-A, Correição de 1806, fls. 65-65v.
[21] APM, PP¹₃₈, Cx. 01, Doc. 38.
[22] Banco de dados..., Batismos, Id. 3571. Óbitos, Id. 1903.

dois meninos que morreram oito dias depois.[23] Em 7 de dezembro de 1766, foi a vez de batizar um menino exposto à porta do médico Tomás de Aquino Belo, que vinha somente com um escrito pedindo que se chamasse João; falecera a 20 de fevereiro de 1767.[24] Exemplos como esses poderiam ser dados aos milhares, porque a morte precoce era o destino provável para grande parte dos enjeitados. Observados a distância, constituem números em estatísticas, mas isso não deve esconder um dos dramas sociais mais contundentes da época moderna. A perda precoce da criança guardava inúmeras idiossincrasias e, embora fosse mais alta entre os expostos, não deixava de apresentar elevados índices entre legítimos e ilegítimos. No entanto, a preocupação com o enterro em campo santo e a especificidade dos rituais da morte na infância demonstram que, não obstante fosse vivida de forma específica, a perda da criança não era acompanhada de desdém.

Os viajantes que passaram pela América portuguesa espantaram-se diante do caráter jubiloso dos sepultamentos de infantes, com as crianças vestindo mortalhas estampadas e de listas coloridas. Segundo os relatos, os enterros não continham lágrimas e os inocentes eram levados pelas ruas das vilas, cobertos de flores, em tom "festivo". Seus velórios eram raros e é possível que se tratasse de um ritual de inversão, "ao invés de receber visitas, os defuntinhos visitavam".[25] Tais descrições acabaram por confirmar a noção de que o sepultamento das crianças era a prova certa do desinteresse pela infância vigente na colônia.

Esse caráter "festivo" da morte certamente tinha raízes numa visão menos afeita ao indivíduo, ou seja, intimamente

---

[23] APM, CMOP, Av., Cx. 42, Doc. 18.
[24] *Banco de dados...*, Batismos, Id. 4645. Óbitos, Id. 6016.
[25] Reis, 1999:123, 140.

ligada à noção de infância da época.[26] A criança batizada e morta antes dos 7 anos tornava-se um "anjinho". Ao inocente morto não era necessário provar nada, ele era anjo porque desprovido de razão, sem pecado e sem necessidade de expiação.

O caráter fúnebre, a pompa e a exteriorização da fé através de sufrágios e luto faziam parte do mundo dos adultos, inscreviam-se dentro do repertório de práticas de salvação e reconhecimento social.[27] O comportamento diante da morte de infantes deve ser entendido, como sintetiza Vailati, "para além de qualquer menosprezo [...], o que está na base deste comportamento é uma determinada concepção de morte e de infância que imprimia uma certa positividade a um evento certamente traumático".[28]

O enterro em lugares ermos, sem manifestações rituais, foi deveras utilizado, mas essa forma de inumação, menos humana porque desprovida de cultura, sempre mereceu opositores ao longo da história.[29] Portanto, os exemplos dos enterros "festivos" e a exposição de crianças mortas nas rodas das santas casas refletem uma preocupação religiosa específica.

A Câmara de Vila Rica não pagava as mortalhas dos inocentes; recaíam também sobre os criadores a encomendação e o enterro. Quando, em julho de 1769, Vicente Moreira de Olivei-

---

[26] Sobre os funerais de crianças, ver também Vailati, 2002:365-392.

[27] Ver Campos, 1986:88-97; da mesma autora, ver *A terceira devoção do setecentos mineiro: o culto a São Miguel e Almas*, tese de doutorado apresentada ao Departamento de História/USP, em 1994.

[28] Vailati, 2005:79.

[29] "A morte cultural é mais humana porque realiza esse processo de hominização, através de uma dupla morte. Nesse processo, ao reconhecer a morte do outro os sobreviventes tomam consciência do destino próprio. A morte cultural cumpre esse papel de ensinar ao homem a sua condição e limites e serve-lhe como advertência para a construção de um projeto de vida mais engajado com a criação de um mundo mais harmônico com a natureza humana". Campos, 1988:110.

ra pediu pagamento pela criação de Veloziano, esclareceu que "consta comprar o suplicante a mortalha para ser envolto o dito enjeitado, importa uma oitava e um cruzado".[30] A Câmara deferiu somente o estipêndio combinado e alegou que "é justo que se lhe satisfaça pelos bens desta Câmara menos as despesas que refere fez com a morte do exposto". Contudo, em 1801, a Câmara já arcava com as encomendações dos enjeitados, como atesta uma lista de enjeitados falecidos que o vigário de Antônio Dias, João Antônio Pinto Moreira, enviou, solicitando a "pouquidade que de justiça a mim se deve praticar".[31]

A variedade de práticas da Câmara em relação ao enterro dos abandonados certamente aumentou o número de inumações clandestinas. Embora não se saiba a extensão social dos sepultamentos gratuitos da Misericórdia vila-riquense, a julgar pelos relatos de sua pobreza, o mais óbvio é que os pais não contassem com a possibilidade de entregar os cadáveres das crianças à Santa Casa. Luccock, quando de sua estada no Rio de Janeiro, horrorizou-se com o estado do Recolhimento de Nossa Senhora do Parto:

> Pela época em que cheguei, essa capela se fazia cenário do mais abominável dos costumes. Os pequenos cadáveres dos filhos de gente pobre, envoltos em molambos, eram frequentemente colocados nas grades d'alguma das janelas, ali permanecendo até que uma alma caridosa sobre eles depositasse a quantia da taxa cobrada para enterros.[32]

---

[30] APM, CMOP, Av., Cx. 41, Doc. 31.
[31] APM, CMOP, Av., Cx. 74, Doc. 154.
[32] Luccock, John. *Notas sobre o Rio de Janeiro e partes meridionais do Brasil tomadas durante uma estada de dez anos nesse país, de 1808 a 1818*. São Paulo: Martins, 1942:47-48, apud Campos, 1988:113.

A situação em Minas não deve ter se distanciado desse exemplo. Diante da precariedade assistencial, exacerbou-se o personalismo das relações. A prática de se enterrar gratuitamente ou "pelo amor de Deus" teve pouca abrangência e o mais provável é que os ricos se dispusessem a auxiliar os pobres caso a caso, como, por exemplo, aconteceu com Chica da Silva, que, em 1768, pagou o enterro de um indigente cativo no Tijuco.[33]

Outro fator que leva a crer em um considerável número de enterros clandestinos é o fato de as taxas de mortalidade serem demasiadamente baixas para o período. Além do ocultamento das inumações, há de se levar em conta a possível negligência dos párocos em anotar o óbito de recém-nascidos, muitas vezes, sem estarem batizados. Em 20 de agosto de 1782, acharam-se "os ossos de um inocente de um ano, atrás da chácara de João Rodrigues de Abreu. Diziam ser filho da crioula Ana, escrava de Francisco de Souza Rego. Os ossos foram encontrados na região das Cabeças", recolhidos e enterrados no adro da matriz do Pilar.[34]

Considerando o período de 1760-1800, o índice de mortalidade da paróquia de Nossa Senhora do Pilar foi de 11,9% (59 óbitos para um universo de 495 nascimentos). Com efeito, certamente trata-se de sub-registro, pois, durante esse intervalo, há anos em que nenhum óbito de enjeitado foi anotado.[35] No recorte de 1763-1769, interregno em que há pelo menos uma morte de enjeitado em cada ano, a taxa de mortalidade sobe para 62,9% (22 óbitos e 35 nascimentos). Na paróquia de Antônio Dias, entre 1800 e 1809, a taxa de mortalidade dos en-

---

[33] Sobre os enterros "pelo amor de Deus", ver Campos, 2006:45-62. Sobre Chica da Silva, ver Furtado, 2003:168.

[34] *Banco de dados...*, Óbito registrado em 20/8/1782, Id. 5309.

[35] Para cálculo da mortalidade infantil, foram utilizados os registros de batismos e óbitos de enjeitados inocentes, ou seja, menores de 7 anos, porque muitas vezes os assentos são lacunares a respeito da idade das crianças, impossibilitando análises mais detalhadas.

jeitados era o maior índice entre as condições de legitimidade, chegando ao indicador de 19,13%.[36] Mesmo admitindo a hipótese de que, no abandono domiciliar, as chances de sobrevivência fossem maiores que as das crianças colocadas nas rodas, é pouco provável que taxas tão diferentes fossem factíveis.

As altíssimas taxas encontradas em determinados períodos demonstram um verdadeiro extermínio de crianças. Na Espanha setecentista, a cidade de Oviedo estava entre os mais baixos índices, que, entre 1785 e 1789, foi de 432 por mil; por sua vez, os números de Santiago de Compostela aumentavam em quase 100%, ou seja, de cada mil crianças nascidas, 845 faleceram, entre os anos de 1767 e 1771.[37] Em Florença, 77% das crianças faleceram no período de 1700 a 1702; esse número subiu para 90% entre 1792-1794; os percentuais também eram altos na França, em Rouen, entre 1782-1789, a mortalidade recaía sobre 86% dos nascidos.[38]

Em Portugal, os números não são tão assustadores quanto aqueles encontrados em algumas cidades europeias, porém, trata-se, igualmente, de altos índices de mortalidade. No Porto, as taxas calculadas para o século XVIII não excederam os 63%; em Évora (1724-1780), não ultrapassaram os 45%. Para Santarém (1691-1710), 44,7% das crianças abandonadas morreram durante o primeiro ano de vida, e esse percentual subia para 54,7% quando se levava em conta os sete anos da criação; em Ponte de Lima, os valores ficaram em torno dos 60% nos decênios calculados para os séculos XVIII e XIX.[39]

---

[36] Ver tabela 21 em Costa, 1979.
[37] Martin, 1993:62.
[38] Dados de vários autores reunidos por Sá, 1995:71-73.
[39] Para o Porto, ver Sá, 1995:209-210. Para Évora, ver Abreu, 2003:55. Para Santarém, ver Reis, 2001:119-120. Para Ponte de Lima, ver Fonte, 1996:131.

A piedade dos outros

Quadro 12 — Taxas de mortalidade dos expostos
em várias localidades — 0-7 anos

Localidade	Período	Taxa de mortalidade (percentual)
Vila Rica — Nossa Senhora do Pilar do Ouro Preto	1760-1800	11,92
	1763-1769	62,86
Vila Rica — Nossa Senhora da Conceição de Antônio Dias	1800-1809	19,13
Salvador — Bahia	1758-1762	64,6
	1781-1790	68,7
	1791-1800	66,1
	1805-1810	63,2
Nossa Senhora da Luz dos Pinhais, Curitiba	1770-1790	25,0

Fontes: Nossa Senhora do Pilar do Ouro Preto. *Banco de dados*...; Nossa Senhora da Conceição de Antônio Dias. Costa, 1979, apêndice estatístico; Salvador. Venâncio, 1999:108; Nossa Senhora da Luz dos Pinhais — Curitiba. Cavazzani, 2005:99.

As condições precárias a que estavam sujeitos desde sua concepção devem ter influenciado no aumento da mortalidade dos enjeitados. Parece claro que o abandono de crianças estava diretamente ligado a filhos, temporária ou definitivamente, indesejados. Há que considerar ainda que muitas das mortes, alheias à ineficácia da assistência, estivessem diretamente relacionadas a um processo de gestação frequentemente embaraçoso, degradante do ponto de vista físico e psicológico.[40] Somem-se, também, rudimentares técnicas médicas para a resolução de problemas no parto e precárias condições de higiene.[41] Até o fim do século XVIII, assistir ao nascimento era tarefa feminina,

---

[40] Moreda, 1993a:27-35.

[41] O primeiro livro em português para a instrução de cirurgiões e parteiras na obstetrícia, *Luz de Comadres e Parteiras*, de autoria de Domingos de Lima e Melo, foi publicado em 1725. A cadeira de partos foi estabelecida em Portugal na reforma da Universidade de Coimbra, em 1772. Ver Reis, 2001:38-50.

ritual de que os médicos estavam excluídos e no qual só intervinham para auxiliar partos mais difíceis. Os nascimentos aconteciam em casa e envolviam parentes e vizinhos mais próximos.[42] Depois de nascer, a criança ainda enfrentaria uma infinidade de empecilhos e doenças, como mau tratamento do cordão umbilical, mal de sete dias, vestuário impróprio, alimentação inadequada, sarna, bexiga, sarampo, lombriga, hepatite, gastrenterite. Gilberto Freyre intui que muitos dos remédios e preventivos também contribuíram para o aumento dos óbitos, "levando muito anjinho para o céu".[43]

Em Vila Rica, a grande parte dos assentos não indica *causa mortis* específica da infância. De acordo com Iraci del Nero, na paróquia de Antônio Dias, entre a população em geral, o maior número de óbitos era provocado por doenças do aparelho digestivo (hidropisia, obstrução intestinal e hérnia), com ocorrência de 52,7%; doenças infecciosas e parasitárias (coqueluche, difteria, disenteria, febre recorrente, icterícia, lepra, tuberculose e tumores), na proporção de 21,6%.[44] As doenças que mais vitimavam os habitantes de São Paulo eram as infecciosas (62,26%), seguidas das "doenças do parto e do puerpério" (15,44%).[45]

As taxas eram acrescidas também das condições a que essas crianças estavam sujeitas. Caso dessem sorte de serem rapidamente encontradas, teriam, obviamente, maiores chances de sobrevivência. Fazia parte das práticas aceitáveis do enjeitamento moderno expor em locais públicos e de fácil acesso, caracterizando o "abandono civilizado" em oposição ao "abandono selvagem", com intenção de matar ou sem a preocupação

---

[42] Reis, 2001:45.
[43] Freyre, 2004:449-451.
[44] Costa, 1979, item IX, tabela 24.
[45] Marcílio, 1974:176-177.

com a sobrevivência da criança, geralmente colocada em lugares ermos.[46] Mesmo considerando que o abandono em domicílios fosse o mais utilizado, as condições dos enjeitados eram agravadas por situações imprevisíveis de chuva, frio, fome, animais, entre outras.

Por outro lado, a mortalidade em Minas não se viu agravada com verdadeiros movimentos migratórios provocados pela assistência. Diferentemente do observado em várias cidades europeias, a Câmara não polarizou vasta região em torno de sua órbita; por isso, não há notícias das longas viagens de crianças em busca de pagamento ou crianças mortas à espera de enterro subsidiado pela instituição. Em primeiro lugar porque a assistência guardava uma série de entraves e delongas que a tornavam pouco confiável; em segundo porque certamente não houve um "mercado especializado" de amas de leite vivendo à custa da Câmara.

As escravas tiveram importância fulcral na formação de um sistema que integrou mais segmentos da população, pois possibilitou a muitas famílias criar enjeitados e amamentá-los através da escravaria feminina, ao mesmo tempo que contribuiu para desagregar qualquer tentativa de forte especialização de amas mercenárias, nos moldes europeus. Mesmo com eventuais problemas de pagamento, as amas europeias constituíram um setor que se apoiava nas necessidades institucionais;[47] a qualidade dos seus serviços estava diretamente relacionada ao valor

---

[46] Venâncio, 1999:23-25.

[47] Os problemas enfrentados com amas mercenárias foram frequentes, contudo gozaram de maior preocupação institucional. Em 1653, a Misericórdia de Setúbal não pagava as amas havia cinco anos. Abreu, 1990:78. Em Ponte de Lima, segundo Teodoro Fonte, "os pagamentos foram, quase sempre, assegurados em tempo oportuno". Fonte, 1996:54. Ver também Sá, 1995:174-181.

do estipêndio e ao pagamento em dia.[48] Por isso, em Vila Rica, pela natureza da assistência prestada, é provável que tenha havido relativa independência de alguns setores envolvidos, em relação aos valores pagos. Embora o soldo fosse cobrado, não constituiu fonte principal de sobrevivência para a maioria das famílias criadeiras, tratava-se de complementação da renda, na maior parte das vezes, em datas e valores incertos. Essas características devem ter contribuído para que a relação entre aumento da inadimplência e alta de mortalidade fosse esmaecida.

Ressalte-se que o serviço prestado pelo concelho vila-riquense foi sempre pulverizado e sem especialização do atendimento. Não havia amas internas ou instituição acolhedora que repassasse expostos para uma população de amas, embora tenha havido casos de entrega de crianças por parte da municipalidade; muitas vezes os enjeitados permaneciam nos lares em que foram deixados ou eram repassados a quem os quisesse criar, sem os auspícios camarários.[49] Situação diferente era observada em Salvador e no Rio de Janeiro, por exemplo, regiões em que o abandono, depois de certo tempo, era, sobretudo, centralizado nas rodas, e a Santa Casa arregimentava populações disponíveis a alimentar tais crianças em troca do soldo.

A historiografia tem registrado a íntima relação entre a mortalidade dos expostos e o sistema de leite mercenário que lhe era inerente. Quanto mais tempo a criança ficasse interna das instituições que recolhiam os enjeitados, maior a taxa de mortalidade.[50] A Misericórdia de Salvador encontrou problemas, ao longo

---

[48] Martin, 1993:70-86. Ver também Pastor, 2006:1-19.
[49] Ver capítulo 2 deste livro.
[50] "Los datos aportados por muchas monografias confirman sin excepciones la impresión, ya evidente entre los contemporáneos, acerca de las diferentes probabilidades de sobrevivencia, mucho mayores entre los expósitos que eran

do século XVIII, em contratar amas; certamente o fato de o pagamento dos soldos não ser feito em dia contribuiu para agravar uma situação frequentemente árdua; em 1758, a instituição era devedora de 2:800$000 réis às criadeiras.[51]

No abandono domiciliar e no sistema de amas externas, embora a criança ainda estivesse sujeita a mulheres negligentes, a condições de higiene variáveis, ela, provavelmente, dividiria a atenção com menos infantes e não estaria obrigada a conviver diariamente com enjeitados doentes. Com frequência os estabelecimentos de acolhida de crianças foram descritos como apertados e com condições insalubres; no século XIX, Francisco de Paula Gonçalves ponderou, a respeito da Casa da Roda do Rio de Janeiro: "no estado atual de nossa roda de enjeitados, o único sistema que tem se apresentado cheio de vantagens, cheio de glória, é o da criação externa, pois é o que menos mortalidade apresenta, isso relativamente ao outro da criação interna".[52]

Nas regiões de abandono domiciliar, como em Sorocaba, constatou-se forte presença de enjeitados em zonas periféricas ou "rurais", como defende Carlos Bacellar.[53] Essas periferias eram polos de atração de crianças em uma economia calcada no transporte e na comercialização de gado. É preciso esclarecer que a redistribuição das crianças em vilas com abandono domiciliar caberia, muitas vezes, às próprias famílias envolvidas. Nesse sentido, não se trata, necessariamente, de abandono em áreas rurais, mas sim de criações nas ditas localidades. As atividades econômicas de Sorocaba certamente influíram nessa

---

criados fuera de la Inclusa por nodrizas rurales que entre los que permanecían a cargo de las amas internas de que disponía en establecimiento". Moreda, 1993b:27.

[51] Russell-Wood, 1981:250.

[52] Gonçalves apud Venâncio, 1999:110. Sobre as condições insalubres na Europa, ver Martin, 1993:75-76; Pastor, 2003:9.

[53] Bacellar, 2001:209-219.

atração de enjeitados para áreas afastadas; desde muito cedo, as crianças poderiam se constituir em mão de obra nos trabalhos domiciliares.[54] Diferentemente, em Mariana, os matriculantes moravam, sobretudo, nas freguesias urbanas, o que demonstra, conforme alega Bacellar, as especificidades regionais das formas de lidar com o fenômeno.[55]

Não obstante os registros de óbitos vila-riquenses serem, certamente, subnumerados e as condições de vida das crianças tão precárias quanto em outros lugares da América portuguesa, é possível crer que os índices de mortalidade foram amainados pelos fatores apontados acima, de maneira semelhante à que acontecia quando da utilização das amas externas, prática vigente em várias cidades europeias. Para Ubatuba, Maria Luíza Marcílio aventara essa possibilidade, mostrando que os expostos criados por famílias talvez tivessem maior probabilidade de sobrevivência até a idade adulta.[56]

O REENCONTRO COM OS PAIS

A informalidade das práticas de abandono, alheias a qualquer tentativa de enquadramento administrativo, impossibilitam inferências quantitativas sobre o reencontro das crianças com os respectivos pais. A documentação camarária sugere que tal prática foi pouco frequente, no entanto, a assistência aos expostos da vila funcionava ao lado das práticas informais que redistri-

---

[54] Sheila de Castro Faria esclarece que o abandono de crianças legítimas em áreas rurais provavelmente não teve grande amplitude pela importância potencial da mão de obra infantil para as famílias dessas regiões. Faria, 1998:75.
[55] Sobre Mariana, ver Souza, 1999a:47-62.
[56] Marcílio, 1974:138.

buíam as crianças à revelia do frouxo controle institucional, o que dificulta mais ainda saber com que frequência as crianças retornavam aos lares de origem. O pai poderia buscar o filho ou mesmo recebê-lo dos outros, ainda como enjeitado. Francisco foi exposto à porta de Manuel Luís Soares, morador no Padre Faria, e entregue a Helena Fernandes, que, por estar enferma, o entregou a Paula Gonçalves, "com faculdade desta Câmara".[57] A Câmara não intervinha nesses quesitos a não ser que assumissem a forma do litígio. Esse foi o caso da enjeitada Luíza, branca, que foi alvo de brigas entre o abridor da Real Casa de Intendência de Vila Rica, João Gomes Batista, e a crioula forra Maria Ramos Pereira. João Gomes enviou uma petição ao Senado alegando que cuidava da criança em atenção à pobreza de Maria Ramos e havia "sete meses" que "vendo-a totalmente nua e desprezível a vestiu e vai alimentando como se fora sua própria filha"; sugeriu criá-la e educá-la, gratuitamente, ao concelho, que aceitou prontamente.[58]

Muitas vezes, a criança era reconhecida e legitimada por casamento posterior ao seu nascimento. Muitas vezes, tratava-se do primeiro filho de um casal ainda sem união sacramentada; as atas de batismo são pródigas em revelar esse caráter pragmático do enjeite e a elasticidade do conceito de honra, ligado mais a um conjunto de expectativas sociais do que propriamente a uma ideia subjetivada de pecado.

Em outras vezes, o enjeitado só era reconhecido no fim da vida dos pais, por ocasião da elaboração de testamentos. Essa prática também estava intimamente ligada a um conjunto de formalidades e frequentemente tirava a espontaneidade dos

---

[57] APM, CMOP, Cód. 111, f. 52.
[58] APM, CMOP, Cód. 88, fls. 93, 93v.

relatos para servirem de justificativa social frente aos desvios de conduta. Assim, homens e mulheres confessavam publicamente suas *fragilidades* e arrogavam a honra em defesa própria ou da mãe — no caso de serem os pais a reconhecerem os filhos — como resposta à necessidade do abandono. Certamente, a reputação teve caráter impeditivo para muitas famílias, porém, para outras, tornou-se argumento recorrente porque amplamente aceito. Em 9 de setembro de 1765, o Senado da Câmara de Vila Rica entregou a enjeitada Joana à sua mãe, Ana Ferreira da Encarnação. Joana era "uma menina já quase mulher por nome Joana Gertrudes, a qual foi exposta a esta Câmara e a criou Joana Lopes", tirando-se uma devassa "ficou a dita Joana declarada filha da dita Ana Ferreira e Antônio Francisco Campos, o que melhor acabou de declarar o testamento com que o dito Campos faleceu".[59] Antônio Francisco, ao declarar a filha em testamento, obrigou Ana Ferreira a também perfilhá-la em prejuízo de qualquer tentativa de sigilo.

Afora esses casos, há aqueles em que o pai ou a mãe retornam em vida para buscar os filhos. Essa prática também não teve grande expressão nos registros camarários e paroquiais, não obstante pudesse ter amplitude aumentada quando se leva em conta a possibilidade do reconhecimento informal. De todo modo, os exemplos do Rio de Janeiro e de Salvador também demonstram pequena representatividade, indicando que, para o caso colonial, o enjeitamento certamente tinha, no mais das vezes, caráter definitivo.[60] Ao lado do registro de entrada de Ana, exposta à porta de Ana de Souza, preta forra, moradora em An-

---

[59] APM, CMOP, Cód. 61, fls. 32v, 33.
[60] Venâncio, 1999:124-130.

tônio Dias, contém a informação de que a exposta fora devolvida ao pai e que a criadora deveria restituir as 15 oitavas pagas pelo Senado.[61] Embora numericamente reduzida, essa obrigação era comum entre as mães escravas, com poucos casos registrados envolvendo livres.

O arrependimento, a melhoria da situação financeira ou de saúde podiam ser fatores que incentivaram os pais a recuperar os filhos. Os registros de batismo e as entradas do concelho não forneciam indícios de causas a não ser quando se tratasse do casamento, que tinha o poder de legitimar os filhos naturais anteriores à união sacramentada. Em abril de 1757, consta na matrícula de Manuel a observação de que estaria "entregue a mãe pelo termo"; José fora exposto em Antônio Dias e admitido em abril de 1763 e, mais de 10 anos depois, em março de 1774, foi dada baixa na sua inscrição porque fora "recebido por seu pai Bento Ferreira de Abreu"; Leonarda deu entrada nos livros da Câmara em 4 de dezembro de 1773 e logo depois, no dia 15 do mesmo mês e ano, fora devolvida "à sua própria mãe".[62]

A volta dos pais foi uma realidade pouco comum; de mães livres, há referências a apenas quatro casos num universo de 629 entradas camarárias de 1751 a 1805.[63] É provável que algumas descobertas da Câmara dissessem respeito a pessoas sem vínculos sociais estáveis, portanto, impossibilitadas de se apoiar sobre redes de sociabilidades fortes o bastante para manterem o anonimato ou estarem protegidas da fiscalização.

---

[61] APM, CMOP, Cód. 61, f. 30.
[62] APM, CMOP, Cód. 62, f. 63 (Manuel); APM, CMOP, Cód. 61, f.55 (José); APM, CMOP, Cód. 88, f. 55 (Leonarda).
[63] APM, CMOP, Códs. 61, 62, 88, 111, 116, 123.

A LEGISLAÇÃO E AS NOVAS UTILIDADES DOS ENJEITADOS

Desde o início da época moderna, a legislação previa benefícios a quem criasse gratuitamente enjeitados. De acordo com as *Ordenações*,

> se o juiz dos órfãos achar que algumas pessoas criaram alguns órfãos pequenos, sem levarem por sua criação algum preço, se a criação fizeram antes de os órfãos chegarem à idade de 7 anos, a estes que assim criaram, deixarão ter de graça outros tantos anos quantos os assim criaram sem preço.[64]

Era uma das formas de atrair criadores, minorar custos e recolocar automaticamente as crianças maiores de 7 anos. Além de invocar a caridade como argumento, o criador poderia utilizar-se de mão de obra barata nos serviços cotidianos.

As amas de leite também foram agraciadas com benesses por criarem expostos durante os três primeiros anos. A primeira carta de privilégios, datada de 1502, dizia respeito a isenções que o concelho podia impor sobre os habitantes, como pagar taxas, ceder mantimentos e cavalo ou dar pousada a pessoas.[65] Em 29 de janeiro de 1532, outra carta estendia até os 6 anos a lista dos privilégios; essas regalias foram restringidas em 1576, obrigando aos criadores o pagamento de impostos para obras públicas, aceitação de alguns cargos municipais e a cessão de animais de transporte mantidos com fins lucrativos.

---

[64] *Ordenações Filipinas*, Livro 1º, título 88, parágrafo 12.
[65] A lei destinava-se ao Hospital de Todos os Santos de Lisboa, mas geralmente eram estendidos a todo o Império. Sá, 1995:93.

No século XVII, os privilégios davam aos maridos das amas, e mais tarde aos filhos, isenção do serviço militar. As benesses foram confirmadas novamente em 31 de março de 1787.[66] De acordo com António Gouveia Pinto, algumas isenções militares também diziam respeito aos lavradores:

> Se forem lavradores os que tiverem feito criar e educar gratuitamente os expostos desde os primeiros anos de criação de leite, lhe serão livres do serviço das tropas de linha, podendo somente ser alistados nas milícias, ainda sendo solteiros, tantos filhos quantos forem os expostos que atualmente estiverem criando e educando.[67]

O alvará de 24 de outubro de 1814 aumentou para 16 anos o limite de idade que os enjeitados ficariam servindo sem soldada, além de poder oferecê-los no alistamento e sorteamento no lugar dos filhos indicados.[68] Em Minas esses privilégios não tiveram validade. Em carta ao rei, o então governador Luís Diogo Lobo da Silva, em 1766, lembrava que as especificidades locais impediam a extensão dos privilégios aos habitantes:

> Justamente se lembraram os oficiais da Câmara dos privilégios da criação de enjeitados porque no Reino são privilegiados os que tomam para os criar, porém neste país se faz repugnante a sua concessão, por constituírem todas as suas forças nas milícias e prejudicial consequência que resultaria de se lhes facilitar meio de se eximirem da obrigação delas.[69]

---

[66] Sá, 1995:94.
[67] Pinto, 1820:42.
[68] Ibid.
[69] AHU, Minas Gerais, Cx. 88, Doc. 44.

Os destinos dos enjeitados

No Reino também houve aderências irregulares a leis e desorganizações institucionais no que toca à organização da caridade, mas esses fatores, nas colônias, eram agravados pela distância, base social calcada na mestiçagem, na escravidão, no precário estabelecimento da assistência, bem como em visões hierárquicas — presentes em instituições paradigmáticas como as câmaras. A realidade social tratava então de enquadrar isenções e privilégios ao cotidiano engendrado nos trópicos, portanto, a criação de enjeitados em Vila Rica não tinha grande ressonância jurídica para além das *Ordenações*. A legislação filipina e decisões cotidianas, sem maiores novidades legais, deram o tom da exposição na sede da capitania e, certamente, nas demais vilas do território.

Na mesma carta citada acima, o governador solicitava ao rei, ao contrário dos privilégios, a obrigação de os enjeitados trabalharem quando completassem 12 anos; segundo ele, fórmula eficaz para acabar com a "vadiação" comum no território, "inundado de indivíduos inúteis que só lhe servem de peso e de perturbarem a República pela má criação e falta de sujeição em que se acham".[70] Esse discurso sobre a inutilidade do povo mineiro e colonial não era inovador. Durante todo o século XVIII as autoridades viam na formação social o paradigma da desordem, misto de gente pobre e mestiça afeita ao descumprimento das regras.[71]

Na América portuguesa, o alvará pombalino de 31 de janeiro de 1775 não fez grandes inovações quanto ao destino dado aos enjeitados. Reafirmou a tradição romana de sua liberdade e deliberou sobre a administração das crianças no Hospital dos Expostos de Lisboa. Para Portugal, trata-se, certamente, de uma das

---

[70] AHU, Minas Gerais, Cx. 88, Doc. 44.
[71] Souza, 1986:215-222; Figueiredo, 1993; Lara, 2007.

mais importantes leis a respeito dos expostos durante o século XVIII. Contudo, novamente não encontrou respaldo nas práticas locais vila-riquenses. Em maio de 1781, seis anos depois da dita lei, a Câmara, por sentença do juiz ordinário e presidente da mesma, Cláudio Manuel da Costa, ordenou a anulação da entrada da exposta Maria, pela "certeza de ser a dita enjeitada filha de Joana Cabra, escrava do guarda-mor José Machado Neves a quem fora sonegado o respectivo parto da dita sua escrava".[72]

A questão da liberdade dos expostos filhos de escravas não foi sequer cogitada nos processos ocorridos em Vila Rica. Quando eram descobertos, havia um auto de perguntas para confirmar as denúncias, mas, nos casos encontrados, não era feita referência a esse alvará. Os escravos eram, sem delongas, entregues aos senhores. É certo que a prática não constituía somente uma tentativa desesperada das mães de libertar os filhos; alguns senhores, como foi verificado no Rio de Janeiro, poderiam utilizar o enjeitamento a fim de se eximirem dos custos da criação.[73] A julgar pela ineficiência camarária, certamente a maior parte dos casos vila-riquenses dizia respeito a tentativas de libertação.[74]

Em que pese a recorrentes propostas de escravização de enjeitados negros e mestiços, sobretudo no fim do século, houve também relatos sobre enjeitados nominalmente mestiços criados pelo concelho. Em 6 de dezembro de 1793, Domingos Gonçalves, alferes da Companhia de Ordenança, atestara que Antônio Marinho "trouxe à minha presença um mulatinho por nome Custó-

---

[72] APM, CMOP, Cód. 88, fls 124-124v. Caso semelhante acontecera em Vila Rica, em 1782. Ver capítulo 2 deste livro.

[73] Renato Venâncio, ao estudar o fenômeno no Rio de Janeiro, aponta, como possibilidade, a utilização da roda como forma de se eximir da criação dos filhos das escravas, contudo salienta que "o recurso à Santa Casa como criatório gratuito de escravinhos" não teve grande abrangência. Venâncio, 1999:129-130.

[74] Laura de Mello e Souza observou casos semelhantes aos de Vila Rica na cidade vizinha de Mariana. Souza, 1999b:63-79.

dio que diz ser enjeitado, o qual vi nutrido e tratado conforme as posses do meirinho e me consta o trata como que fosse seu filho; tanto assim que o traz na escola aprendendo a ler".[75] É notória a força argumentativa que a escola foi assumindo nos atestados de bom tratamento. O alvará de 1775 ressaltava a importância da "educação, sustento e vestido" e, decerto, foi nesse sentido que a percepção da infância tendeu lentamente a modificar-se. Embora ainda não tivesse a institucionalização apresentada na Europa, já despontava no fim do século XVIII o valor da educação escolar como elemento positivo na formação das crianças.[76] Em dezembro de 1793, o sargento comandante do distrito de Antônio Dias, Félix Pereira de Almeida, atestou que a crioula forra Ana Teresa criava a exposta Ana, com "idade perto de 10 anos", e era "bem tratada e educada com a criação necessária, em tanta forma que a trouxe na escola, a aprender a ler e de presente se acha na costura, e sempre a dita Ana Teresa a trouxe bem vestida conforme as suas posses".[77]

Vale lembrar que a "escola" a que se referem os atestados era circunscrita aos rudimentos da leitura e escrita, distante do que se conhece hoje por educação formal, e, certamente, a associação entre trabalho e estudo não era rara.[78] Pesquisas feitas para o século XIX demonstraram a íntima relação entre trabalho infanto-juvenil e as principais atividades regionais, e confirmam a ideia de que, muitas vezes, a importância do enjeitado poderia estar diretamente relacionada ao seu valor como mão de obra.[79] Mas os novos valores incutidos lentamente no imaginário favo-

---

[75] APM, CMOP, Av., Cx. 66, Doc. 16.
[76] Para o caso europeu, ver o clássico Ariès, 1981:165-194.
[77] APM, CMOP, Av., Cx. 66, Doc. 42.
[78] Ver, sobretudo, "O que se fala e o que se lê: língua, instrução e leitura". Souza, 1997:332-385.
[79] Gutiérrez e Lewkowicz, 1999:9-21; Botelho, 2003:191-220.

receram a individualização da criança, a valorização da família nuclear, a noção do amor filial e incondicional. Lentamente os setores mais abastados abriram mão de hábitos considerados menos civilizados em nome de uma nova percepção da família, relegando o abandono à prática de classes depauperadas.

Em Vila Rica, as soluções cotidianas deram o tom dos destinos dos enjeitados. Portanto, é importante destacar que não foi somente a legislação que norteou as histórias das crianças; o destino dos expostos variou temporalmente e esteve intimamente ligado a experiências pessoais. Não houve instituição que se fiasse somente em um "aparato legal" ou que os recolocassem quando completavam 7 anos. Certamente, algumas vezes, essa não era nem a realidade do Reino. Repetidamente houve tentativas de contenção de irregularidades ocorridas na Casa da Roda lisboeta. Em 12 de fevereiro de 1783, um alvará advertia sobre a jurisdição dos mordomos da Casa dos Expostos de Lisboa, ressaltando o dever de entregar as enjeitadas "às pessoas que procurarem para honesto trabalho e serviço a que são destinadas", porque "constava, por informações verídicas que elas se apartam da honestidade e modéstia com que devem sempre proceder, sendo aliciadas por pessoas que as pervertam ou procuram perverter".[80]

Nas vilas e arraiais, a reintegração dos maiores de 7 anos estava juridicamente a cargo do juiz de órfãos, mas essa questão legal, frequentemente, não encontrou respaldo cotidiano. Saint--Hilaire observou, em passagem por Vila Rica, durante a segunda década do século XIX, que, quando cessava o financiamento, o "educador" continuava a sustentar a criança, a vesti-la e a enviá--la à escola, e esta, quando atingisse "certa idade", tinha direito

---

[80] Pinto, 1820.

a exigir o pagamento dos serviços prestados desde os 8 anos.[81] Contudo, não é possível avaliar a extensão dessa prática nem é, ao mesmo tempo, factível supor a grande importância do trabalho em troca de casa e comida. A ausência institucional não obstou que os rearranjos sociais assumissem força ordenadora. Certamente grande parte dos expostos tornou-se agregado familiar, figura comum nos censos populacionais da época, sem maiores dramas ou interferências legais.

FUTUROS INCERTOS

De acordo com o censo de 1804, cerca de 5% das crianças de Vila Rica eram designadas como expostas.[82] Como essa denominação poderia ser provisória e, a depender da inserção da criança na família, o termo enjeitado ou exposto poderia deixar de ser usado, esse percentual é certamente subnumerado.

Ao contrário do que supôs certa historiografia, não é possível afirmar que todos os enjeitados fossem adultos fracassados, marginalizados pela pobreza ou por estigmas sociais advindos de suas origens desconhecidas. Em instituições laicas ou religiosas, o exposto deveria ter o benefício da dúvida, não poderia ser considerado ilegítimo. Obviamente esse pressuposto era válido, no caso americano, somente quando o mulatismo fosse disfarçável, favorecido também por fatores como a família em que o enjeitado fora criado.

Em agosto de 1771, a parda forra Floriana Maria, então com 21 anos, reclamava maus-tratos dos criadores:

---

[81] Saint-Hilaire, 1975:159-160.
[82] O censo de 1804 registrou 2.461 crianças; destas, 904 (36,73%) apareceram como legítimas; 126 expostos (5, 12%) e 1.431 filhos naturais (58,15%). Ver Costa, 1979.

Diz Floriana Maria, parda forra assistente em casa de José Luiz dos Reis, morador em Guarapiranga, termo de Mariana, que nascendo ela suplicante de pais incógnitos foi exposta a casa do suplicante José Luiz dos Reis e servindo a suplicante na mesma casa os suplicantes desde a sua infância até o presente não só no serviço doméstico, mas ainda publicamente em roça, trabalhando com foice e enxada nas mãos como se fosse escrava, sendo de seu nascimento livre e liberta, o que mostra na certidão junta de seu batismo; aqueles ou por ingratos ou pouco tementes a Deus sem agradecimento ao atual benefício que estão recebendo da suplicante a castigam, maltratam e metem em ferros com público escândalo, como se fossem senhores da suplicante, e esta sua escrava.[83]

A sentença do juiz foi favorável a Floriana, ordenando que não a tratassem mais por cativa. Contudo, a denominação "parda forra" indica um aspecto ainda obscuro entre as relações raciais e o abandono de crianças. Decerto, trata-se apenas de uma denominação que dizia mais respeito à cor, como sugere Bacellar, do que propriamente à condição dos expostos.[84] Relatos semelhantes foram encontrados em Sorocaba e em Curitiba, para onde Cavazzani intui que certos expostos pudessem ser escravizados e, quando libertos, recebessem tal denominação.[85] O exemplo de Floriana é esclarecedor nesse sentido, porque recebeu tal denominação antes mesmo de tornar-se liberta pelo juiz. Em sua primeira petição era reconhecida como "parda forra", não obstante tivesse vivido desde criança na casa de José Luiz dos Reis.[86]

---

[83] APM, SC, Cód. 186, fls. 40v-41v. Documento também citado em Souza, 1986:151-152.

[84] "A menção à condição de *forra* para expostos aparece oito vezes, das quais seis são especificadas como pardas". Ver Bacellar, 2001:246, nota.

[85] Ibid., p. 246; Cavazzani, 2005:117-118.

[86] APM, SC, Cód. 186, fls. 40v-41v.

A cor dos enjeitados pode ter sido fator de hierarquização dentro das famílias que os aceitavam, no entanto, convém ressaltar que a cor dos expostos é uma das questões mais controversas do enjeitamento nas áreas coloniais, porque frequentemente foi negligenciada na documentação coeva. Por isso, afirmações taxativas sobre a presença ou não de negros ou mulatos ficam comprometidas.[87] Embora seja impossível determinar percentuais de negros, brancos e mestiços, é possível aventar a hipótese de um grande número de mestiços a burlarem as interdições camarárias. De forma geral, trata-se de uma visão que tendeu a acomodar latentes diferenças de origem sem mudanças estruturais profundas. Foram práticas conformadoras e cordiais que possibilitaram, por exemplo, a profusão de atestados de enjeitados que "pareciam brancos".

Em 1793, a Câmara era informada de que o exposto Francisco era bem tratado, com boa conduta e "ao que parece é menino branco"; [88] em 1795, José foi batizado e também "parecia branco" aos olhos do padre Manuel Antônio Pimenta.[89] Decerto, tais atos não eram encarados necessariamente como infrações das regras, mas uma adequação a elas, exemplo paradigmático de reinvenção das normas e, muitas vezes, do futuro das crianças. Em 1795, a crioula forra Ana Pereira Pinta solicitou a modificação do assento de batismo que declarava a exposta Domitila

---

[87] Maria Beatriz Nizza da Silva inadvertidamente supõe homogeneidade de padrões culturais que imputavam o peso social apenas a brancos, mesmo observando-se altas taxas de ilegitimidade entre esses setores na América portuguesa. Num trabalho sobre as famílias coloniais, cita o alvará expedido no Recife em 1800 propondo a escravização temporária de expostos negros e surpreendentemente conclui que "pelos estudos até agora feitos é possível afirmar que a maioria dos expostos era de raça branca, pois as mães de cor não sofriam as mesmas pressões sociais em relação à honra a que estavam sujeitas as brancas". Ver Silva, 1998:208.
[88] APM, CMOP, Av., Cx. 66, Doc. 17.
[89] APM, CMOP, Av., Cx. 67, Doc. 31.

como parda. Segundo Ana tal declaração só poderia ser feita caso o reverendo conhecesse os pais da menina, portanto não deveria haver "reconhecimento da qualidade da dita exposta", uma vez que "o sacramento da graça não abre a porta da infâmia". A Câmara ordenou a alteração e o coadjutor declarou ser engano seu "o reconhecimento da qualidade da dita inocente, por isso agora me reporto que então me parecia parda e agora é branca: é o que tenho a dizer".[90] É interessante notar que essa imprecisão no reconhecimento das cores das crianças contrastava com os atestados de brancura exigidos anos antes: àquela especialização dos critérios de seleção opunha-se a vulgarização das denominações de cor.

O futuro dos enjeitados não estava relacionado somente à condição financeira da família que os criava, dizia respeito também ao intricado universo de escolhas pessoais. As crianças poderiam tornar-se mão de obra barata, em outras vezes cumpriam o papel de filhas de casais estéreis, entre várias outras possibilidades. No entanto, provavelmente, em raros casos o enjeitado tornou-se filho no sentido pleno. De certa maneira, negros, mestiços e brancos não variavam radicalmente em seus destinos e formas de inserção.

Para alguns, a carreira eclesiástica foi forma de ascensão social. No convento de Santo Antônio, no Rio de Janeiro, havia certa constância de ocorrência ao longo dos anos, por exemplo, entre 1751 e 1850 cerca de 10% do total de matriculados eram expostos (18 de 183).[91] Interessante notar que 15 dos 18 enjeitados entraram entre 1750 e 1830, período de maior concentração do abandono para várias vilas da América portuguesa. Embo-

---

[90] APM, CMOP, Av., Cx. 67, Doc. 32.
[91] De 183 religiosos, 18 eram expostos, um era natural e o restante era composto por legítimos. Ver BN, Divisão Manuscritos, *Dietário do Convento de Santo Antônio...*, 3, 3, 6. Documentação também analisada em Venâncio, 1999:147.

ra o convento atraísse filhos legítimos de todas as capitanias do centro-sul (São Paulo, Minas Gerais, Espírito Santo etc.), não houve enjeitados das Minas para o período em questão; apenas dois filhos legítimos eram de Vila Rica.

Para o seminário da Boa Morte, em Mariana, há exemplos de enjeitados nos processos de habilitação; contudo, no percentual pesquisado, não tiveram significativa representatividade.[92] Pode-se dizer que os expostos não tinham grande presença nas instituições religiosas certamente porque eram, em sua maioria, criados pelas camadas populares, dificultando o acesso a espaços tradicionalmente ocupados por segmentos mais abastados. Destaque-se, porém, o acesso facilitado que os enjeitados tinham em relação aos filhos naturais. Em alguns processos, ser exposto podia ser argumento em benefício do pleito, como foi o caso de Patrício, que tinha sido enjeitado em casa do coronel Constantino Álvares de Azevedo, "onde se criou, educou-se e doutrinou-se [...] como na censura do direito os expostos se julgam legítimos, e sem nota alguma por tal o julgamos enquanto o contrário se não mostrar".[93]

Como na capitania, durante todo o século XVIII, também não houve ordens regulares que pudessem absorver crianças expostas, tampouco recolhimentos administrados por santas casas; os enjeitados ficavam nos lares dos respectivos criadores até adquirir independência financeira ou se casar. Em 1782, Joana Maria de Mendonça, viúva, solicitava à Câmara o pagamento da

---

[92] Luiz Carlos Villalta pesquisou 113 (6,2%) de 1820 processos *de genere* para o século XVIII, contidos no Seminário da Boa Morte de Mariana. Entre esses 113 casos, o período de maior percentual foi o de 1764-1779, com cerca de 5% de enjeitados. Ver Villalta, 1993:74.

[93] AEAM. Processo de Habilitação De Genere, Vitae et Moribus, n. 1723/10. Apud Villalta, 1993:76-77.

criação da enjeitada Maria, com idade de 23 anos, que já havia se casado e morava com o marido na casa de Joana.[94]

Nas localidades pesquisadas, a tendência era que os enjeitados não encontrassem grandes entraves nas relações sacramentadas, ou seja, não estavam condenados a se relacionar apenas com setores demasiadamente pauperizados. Leonor foi exposta em casa do médico Tomás de Aquino Belo e batizada em 16 de outubro de 1783; em 11 de junho de 1799, provavelmente com 16 anos, Leonor Francelina de Paula casou-se, na matriz do Pilar, com o alferes João Rodrigues Lages, filho legítimo.[95] Situação peculiar acontecera com Silvério, exposto no dia 23 e batizado em 29 de setembro de 1794 na mesma casa do doutor Tomás de Aquino. Casara-se com Gertrudes Maria Francelina de Paula, filha legítima de João Rodrigues Lages e a exposta Leonor Francisca de Paula, anos antes acolhida pelo médico. Em seu casamento, celebrado na Matriz do Pilar, chamava-se Silvério Antônio de Pádua Belo.[96]

Em Sorocaba, também houve enjeitados que foram tratados como filhos e se uniram com setores menos empobrecidos. Esse foi o caso de Escolástica Maria da Silva, que constituíra "uma família com alguma posse".[97] Em São João del Rei, a exposta Felisarda casou-se com um grande negociante de fazenda seca e "sempre se trataram à lei da nobreza, com grande estimação de todos".[98]

---

[94] APM, CMOP, Av., Cx. 57, Doc. 31.
[95] *Banco de dados...*, Batizada em 16/10/1783, Id. 5968; *Banco de dados...*, Casamento em 11/6/1799, Id. 1015. Agradeço a Mirian Moura Lott que gentilmente permitiu a consulta aos casamentos para análise dos dados.
[96] *Banco de dados...*, Batizado em 29/10/1794, Id. 7870; *Banco de dados...*, Casamento em 10/4/1820, Id. 511. Em 1804, "Silvério Antônio", então com 9 anos de idade, constou na lista de agregados do doutor Tomás de Aquino Belo. Ver Mathias, 1969:100.
[97] Bacellar, 2001:237-251.
[98] AEM, Arm 1, Pasta 35. Processo de Banho Matrimonial de Domingos Rodrigues Barreiros e Felisarda Matilde Morais Salgado, 1789, apud Brügger, 2002:239.

Entre 1804 e 1839, 9,5% (84) dos casamentos realizados na paróquia do Pilar de Vila Rica envolviam enjeitados. Desse percentual, 54,76% dos nubentes envolvidos eram mulheres. O número maior de enjeitadas no percentual total acompanha tendências encontradas em Sorocaba (63,5%), São João del Rei (59,76%) e Curitiba (64,1%).[99] O número menor de cerimônias envolvendo noivos enjeitados, para o caso vila-riquense, certamente também tem relação com a maior quantidade de meninas enjeitadas, a menor quantidade de mulheres disponíveis para o casamento, bem como a vida itinerante dos homens.[100] Mas é preciso lembrar também que a legislação canônica incentivava o casamento feminino na freguesia de origem, o que pode exagerar a impressão de menor mobilidade das mulheres.[101] Além disso, os homens tinham maiores chances de inserção em outras esferas institucionais, como a religiosa, que implicava o celibato definitivo.[102]

---

[99] Bacellar, 2001:237; Brügger, 2002:240; Cavazzani, 2005:108

[100] Segundo Brügger, o maior percentual de mulheres com uniões sacramentadas diz respeito ao "fato de serem as mulheres, em geral, menos migrantes que os homens, casando-se, no mais das vezes, no seu local de origem. Para elas, portanto, o conhecimento de seu enjeitamento seria mais imediato e, talvez, registrado com mais precisão nos assentos matrimoniais. Homens expostos, que se casassem em locais diferentes dos de seu batismo, poderiam mais facilmente encobrir sua legitimidade ou mesmo não precisar mencioná-la". Brügger, 2002:240.

[101] "De acordo com a legislação canônica, a freguesia de origem da noiva determina o local de realização do matrimônio. Entretanto, este podia ser celebrado em templo de preferência dos noivos ou da família com licença concedida pelo vigário da Vara." Lott, 2004:15.

[102] No norte italiano, na região de Bolonha, século XIX, observou-se uma preocupação significativamente maior no destino e recolocação das meninas que contavam com o apoio institucional mesmo depois de completarem a idade limite de criação (15 anos), ao passo que os meninos estavam sujeitos às relações pessoais, dependentes das famílias, porque ultrapassados os 15 anos tinham seus vínculos institucionais cortados. Segundo os autores, "When financial support to foster families was discontinued, only females had the option of returning to the foundling home, or *ospizio*. For such females, this meant living in the confinement of the adjoining *conservatorio* until they married, obtained employment in domestic service, or took religious vows

Em Vila Rica, a maior parte dos expostos casou-se com nubentes legítimos (ver quadro 13). Esse aspecto, também observado em Campos dos Goitacazes, São João del Rei e Curitiba, confirma mais uma vez a ideia de que a exposição não imputava condição aviltante.[103]

Quadro 13 — Casamento e condições de legitimidade dos nubentes, Paróquia do Pilar — 1804-1839

Noivo	Noiva	Total
Exposto	Legítima	22
Exposto	Natural	13
Exposto	Exposta	3
Exposto	Não consta	0
Legítimo	Exposta	29
Natural	Exposta	11
Não consta	Exposta	3
	Total	81

Fontes: Banco de dados..., Série Casamentos.

---

and entered a convent. Many did return to the conservatorio, and indeed many spent the remainder of their lives residing there and working in its textile factory. [...] Male foundlings, on the other hand, had no such safety net. Once the boys reached their fifteenth birthday, the foundling home assumed no further responsibility for their care and well-being" (Sigle, Kertzer e White, 2000:326-340).

[103] As pesquisas de Sheila de Castro Faria, para Campos dos Goitacazes, revelam que 65% dos casamentos eram feitos com legítimos, 18% com naturais, 16% com pessoas de legitimidade ignorada e somente um exposto. Ver Faria, 1998:85. Para São João del Rei, Sílvia Brügger encontrou os seguintes números, para o período entre 1740 e 1850: 68,83% casaram-se com legítimos, 20,37% com filhos naturais, em 8,02% não foi informada a legitimidade do cônjuge e 2,78% das uniões foram celebradas entre dois expostos. Ver Brügger, 2002:239. Os dados levantados por André Cavazzani revelam que, entre 1765 e 1819, 68% dos expostos se uniram com filhos de legítimo nascimento, 13% eram filhos naturais, 10% eram expostos e 3% escravos. Ver Cavazzani, 2005:114.

Quadro 14 — Condição social dos noivos
Paróquia do Pilar — 1804-1839

	Condição da noiva			
	Livre	Forra	Escrava	Não consta
Noivo	34	1	0	3
	Condição do noivo			
	Livre	Forro	Escravo	Não consta
Noiva	44	2	0	0

Fontes: Banco de dados..., Série Casamentos.

Além do casamento com legítimos, nos casamentos pesquisados, há uma pequena quantidade de enjeitados que se casaram com forros (quadro 14) e nenhum exemplo de casamento entre escravos (há três cerimônias em que não consta a condição da noiva).

Outra característica encontrada para a paróquia do Pilar de Vila Rica foi o considerável percentual de padres entre as testemunhas. A destacada presença de sacerdotes, verificada entre os padrinhos das cerimônias de batismo, confirmou-se também nas celebrações matrimoniais; cerca de 12% dos assentos tinha, pelo menos, um padre entre as testemunhas.

Essa multiplicidade de destinos impossibilita qualquer afirmação categórica sobre o futuro das crianças. Está claro que os enjeitados não tinham acesso às instituições conforme os legítimos, contudo, houve, nesse mesmo âmbito das relações pessoais, espaço para crianças tratadas como verdadeiros filhos, gozando de experiências que atestavam estreitos vínculos afetivos. Há também que se considerarem formas diferenciadas de lidar com a infância e com o corpo; o fato de o enjeitado trabalhar, não ser "tratado como filho", não dividir herança com os descendentes legítimos e ter uma posição subalterna no grupo familiar não denunciava, necessariamente, exploração ou falta de afeto.

Em 1804, os expostos correspondiam nominalmente a 8,4% de todos os agregados de Vila Rica, que por sua vez representavam

29,3% da população total.[104] Donald Ramos chama atenção para a mobilidade dos agregados, que certamente ajudavam economicamente nos lares em que moravam. Além disso, havia considerável presença de agregados em fogos de artesãos, provavelmente aprendizes de ofícios mecânicos, destino dado a muitos enjeitados em Portugal. Porém, vale a pena ressaltar novamente que as denominações dos enjeitados variavam individualmente conforme as maneiras pelas quais os chefes de domicílios se referiam às crianças. Muitas vezes, a condição era omitida, em outras contraditoriamente um menino era descrito como "filho e enjeitado".[105]

Alguns enjeitados faleciam adultos e ainda constavam em seus assentos de óbito a denominação "exposto". Há exemplos de casados ou viúvos que continuaram a receber a denominação "enjeitados" em seus assentos de morte, mas certamente a maior parte teve sua condição de legitimidade negligenciada por ocasião do óbito.

A soma das histórias individuais indica que nascer exposto não era fator deveras estigmatizante. Por outro lado, não era um atributo que poderiam sempre invocar, tal como acontecia com os filhos legítimos. Ser enjeitado era característica que, somada a fatores específicos, tendia a favorecer em alguns casos, bem como a atrapalhar em outros. Em certo sentido, a história dessas crianças era a história de sua utilidade individual e imediata. Poderiam ser descartadas por causa da honra, da grande quantidade de filhos, da pobreza, de uma doença, e serem criadas em nome da caridade cristã, ou serem úteis como mão de obra, companheiros na velhice, uma forma de conseguir auxílio institucional. O sentido individualizado cedia espaço às contingências cotidianas, dando contornos específicos e eminentemente pessoais ao futuro das crianças.

---

[104] Ramos, 1979:510-518.

[105] Ver, por exemplo, o caso de Domingos, de 9 anos, que consta como "filho e enjeitado", ou o exemplo de Luzia, de 5 anos, "enjeitada e filha" de Manuel Antônio de Carvalho, de 80 anos. Mathias, 1969:84, 99.

CONCLUSÃO

*as coisas
não começam
com um conto
nem acabam
com um •*

"La vie en close" — Paulo Leminski

A multiplicidade de padrões familiares propiciada, em grande parte, pelas descobertas auríferas projetou no universo mineiro uma diversificação de experiências poucas vezes vivenciada na colônia. Por sua condição de conquista imprescindível ao Império português, o território viveu ao longo do século XVIII verdadeiras transformações sociais e tentativas de normalização impostas pela Coroa e pela Igreja. A sociedade gerada na região guardava consideráveis inovações, mas era tributária dos valores que constituíam o Império. Por isso, como em várias outras partes do Ocidente, apesar de todos os empreendimentos para extirpar as heterodoxias de comportamento, o abandono de recém-nascidos não constou como alvo das perseguições efetivas promovidas pela Igreja durante o século XVIII. A piedade conviveu lado a lado com o enjeitamento, avolumado, em Vila Rica, a partir da década de 1740.

O mesmo comportamento pôde ser observado na Câmara de Vila Rica, que não se manifestou a respeito de tal prática até ser instada a subsidiar o vestuário e a alimentação dos expostos menores de 7 anos de idade, como mandavam as *Ordenações Filipinas*, válidas para todo o Império português. Esse dever fora negligenciado durante a primeira metade do século XVIII e, em

A piedade dos outros

1750, começaram a surgir pedidos favorecidos por três fatores conjunturais: o financiamento de tais inocentes, já vigente no concelho da cidade vizinha de Mariana, o dever legal reforçado pela crescente valorização da legislação pátria e a presença do ouvidor Caetano da Costa Matoso, que, em seu afã legalista, instituiu o pagamento regular custeado pela municipalidade aos expostos de Vila Rica.

Doravante o enjeitamento dos filhos deixou de ser uma decisão restrita à família para se tornar um problema social. O soldo foi solicitado por pessoas que até então não recebiam nada para cuidar dos inocentes, todas com o igual direito de cobrar pela criação dos enjeitados sob suas responsabilidades. Rapidamente, as relações entre os criadores e a Câmara foram azedadas pelas tentativas de contenção e diminuição dos beneficiados. A imparcialidade do Senado em relação ao abandono até então se viu confrontada com o surgimento de discursos estigmatizantes, frequentemente apontando o misto de concubinato, prostituição e vadiagem como depositário de todos os males, "verdadeiro" responsável pelo aumento de abandonados.

Embora a infinidade de reclamações dos camaristas alegando o peso excessivo do número de expostos fizesse parecer que o sistema camarário era constante e equitativo e, de fato, utilizado de forma pouco honesta por parte da população (mestiça, como sempre acusou o Senado), o pagamento de soldos aos criadores foi frequentemente precário e teve períodos irregulares de abrangência. Paralelamente a esse processo, observava-se o progressivo crescimento das taxas de exposição ao longo da segunda metade do século XVIII. O enjeitamento mostrava ter proporções e significados idiossincráticos que ultrapassaram em muito os limites impostos pela assistência camarária e pelos discursos moralizantes.

Se o fenômeno arranhava as relações entre criadores e Senado, era, por outro lado, elemento aglutinador, criando e refor-

Conclusão

çando laços de amizade entre os habitantes em torno de uma prática amplamente disseminada. Contou, portanto, com o apoio velado e o silêncio de inúmeras pessoas diante das dificuldades de se esconder uma gravidez. Nesse sentido, a parca eficácia assistencial permitiu que a caridade informal ganhasse força diante de reduzidas alternativas para a prole indesejada.

Vale ressaltar que a instalação de uma Santa Casa de Misericórdia não era indicativa de prestação de serviços amplos à população. A historiografia tem negligenciado a diferença entre sua presença e sua eficácia institucional no território americano. Até o século XVIII, apenas três rodas foram fundadas para subsidiar a criação dos expostos. Durante o período colonial os laços de solidariedade forneceram coesão num mundo desprovido de atendimento institucional efetivo.

Havia diferenças fundamentais entre a circulação observada nos centros com caridade institucionalizada e eficaz e aqueles onde prevaleceram as relações informais. Enquanto no primeiro caso a população pôde utilizar-se dos recursos a ela fornecidos para fazer circular anonimamente seus filhos, no segundo as redes de solidariedade forneceram um caminho plausível, redistribuindo as crianças a famílias que poderiam criá-las sem maiores interdições financeiras ou morais. Esses rearranjos geralmente permaneciam alheios ao aparato camarário, no mais das vezes responsável apenas pelo custeio das criações.

Em Vila Rica, depois de institucionalizado o pagamento aos criadores, não demorou muito para que a visão hierárquica que fundamentava privilégios raciais impingisse desclassificação a determinadas parcelas e proibisse a entrada de criadores de inocentes negros e mulatos. O descompasso entre o grande número de mestiços e a visão institucional que terminantemente lhes negava isonomia foi responsável por atitudes de segregação. As interdições, os discursos estigmatizantes e as tentativas de escravização de negros e mulatos denunciaram a dificuldade de conjugar a base social mestiça e o sistema assistencial pretensamente amplo. As tentativas de seleção não tardaram em ser questionadas por meio de processos jurídicos levados a instâncias superiores e frequentemente julgados no Tribunal da Relação do Rio de Janeiro. Grande parte dos criadores procurou meios legais de revogar as decisões do concelho e, constantemente, conseguiu vitórias sobre a renitente decisão da municipalidade de não estender o pagamento a todos. Esses embates revelam a natureza bifronte da sociedade, dividida entre ideais e práticas, geratriz de experiências próprias, particularizadas pela ocupação diferenciada do território, pela conformação econômica e política, pela base social mestiça, pela escravidão. O fenômeno vila-riquense repleto de universalidades denunciava igualmente a especificidade do *viver em colônias*, aspecto indispensável para a compreensão dos encaminhamentos dados ao problema assistencial.

Não obstante o tom retórico e ameaçador dos editais e pareceres que circularam pela vila incentivando delações anônimas sobre a origem dos expostos, foi baixo o número de acusações revelando a ascendência destes. Esse aspecto é indicativo de coesão em torno do segredo e da força dos valores culturais comuns à maior parte dos habitantes frente às tentativas de enquadramento institucional. Segundo os camaristas, assistia-se à subversão da função primordial do enjeitamento, porque este deveria ser recurso utilizado por brancas ciosas em manter uma reputação inquestionável em oposição à completa ausência de valores morais dos segmentos miscigenados.

Muitos trabalhos acreditaram na eficiência desse discurso moralizante, interpretando o abandono como um recurso quase que exclusivamente utilizado por mães brancas e honradas. Em que pese à importância da dignidade feminina como desencadeadora de exemplos de enjeitamento, a documentação camarária aponta para um universo mais complexo, pouco propenso a conclusões isoladas do caráter processual conferido pelo abandono. A associação mecânica entre falta de informações sobre a cor das crianças nas atas de batismo e o predomínio de enjeitados brancos mostra-se inviável. A população encontrou formas triviais de burlar os impedimentos; essas soluções acomodativas de uma realidade que resistia à universalização foram fatores essenciais para o estreitamento de laços, apresentando-se como alternativa às decisões exclusivistas. Dessa maneira, a mestiçagem que dificultava a determinação da cor das crianças teve o silêncio dos párocos, os pais não foram denunciados com frequência, os abandonados foram acolhidos em diferentes lares e segmentos sociais, muitas vezes tiveram a presença de pessoas importantes como padrinhos.

Longe de ser fenômeno exclusivo das parcelas pauperizadas, a exposição em Vila Rica era prática recorrente e disseminada entre os diferentes segmentos. Mesmo que, proporcionalmente, o abandono dissesse respeito a setores depauperados, envolvia todos os tipos sociais, conjugava especificidades locais e sentidos universais, compartilhados de um repertório cultural comum, claramente ocidental e católico.

Em Vila Rica, as muitas vitórias judiciais dos matriculantes provocaram a inserção dos beneficiados sem interdições formais. O Senado viu suas obrigações financeiras consideravelmente aumentadas e, ao mesmo tempo, negligenciou o pagamento, rolando a dívida para o ano posterior. Esse processo provocou o crescente endividamento camarário, denunciando as novas soluções encontradas pelos *homens bons* para evitar o pagamento universal. Já no início da administração, os vereadores assumiam uma dívida exorbitante, pagavam pequenas parcelas aos criadores, eximiam-se da quitação restante alegando falta de verbas e novamente rolavam a dívida para a "Câmara seguinte".

Ao longo dos anos as estratégias do concelho também foram se modificando a fim de lidar com o problema assistencial. Os embates deixaram de ser frontais e impeditivos para se esmaecerem através da formalização de direitos: todos poderiam ser matriculados, contudo o assento não surtia efeito prático, muitos criadores nunca receberam qualquer quantia, embora oficialmente criassem "filhos da folha". A maior parte dos matriculantes viveu com parcelas impagáveis constantemente adiadas em nome da falta de verbas.

A ineficácia do aparelho assistencial somada à disseminação de novos valores para a infância, como o amor filial e a importância da escola, observáveis, sobretudo em fins do século XVIII, contribuíram para o declínio das taxas de abandono já no segundo quartel do século seguinte. Ao contrário do que se poderia supor, a dura vida da infância abandonada, mesmo sem instituições acolhedoras, foi atenuada pela força dos laços de solidariedade. A presença de enjeitados a ultrapassarem os 7 anos ou casando-se com pessoas economicamente remediadas foi relativamente frequente, sinalizando condições mais favoráveis de sobrevivência e inserção social das crianças.

As múltiplas histórias do abandono em Vila Rica endossam a ideia do enjeitamento como um recurso possível pelo qual as populações controlavam o tamanho da prole, mantinham a honra pessoal, aliviavam-se de crianças em estado de pobreza extrema ou com problemas físicos/mentais, entre vários outros motivos. Podia ser a solução empreendida, sem maiores dramas psicológicos, num universo de escolhas certamente mais reduzido que o da contemporaneidade. Nesse sentido, é preciso esclarecer que o enjeitamento não era somente imposição, poderia ser também escolha.

BIBLIOGRAFIA GERAL E FONTES

FONTES PRIMÁRIAS IMPRESSAS

ÁVILA, Affonso. *Resíduos seiscentistas em Minas* — textos do século do ouro e as projeções do mundo barroco. Belo Horizonte: Secretaria do Estado de Cultura de Minas Gerais/Arquivo Público Mineiro, 2006. 2 v.

COMPROMISSO da Irmandade da Misericórdia de Lisboa. Lisboa: Oficina de Manoel Fernandes da Costa, 1739.

FIGUEIREDO, Luciano R. A.; CAMPOS, Maria Verônica (coords.). Coleção das notícias dos primeiros descobrimentos das Minas na América que fez o doutor Caetano da Costa Matoso sendo ouvidor-geral das do Ouro Preto, de que tomou posse em fevereiro de 1749, e vários papéis/Códice Costa Matoso. Belo Horizonte: Fundação João Pinheiro. Centro de Estudos Mineiros, 1999. 2v.

LIMA, José de Araújo. *Sermão que na quarta dominga da quaresma expôs na Catedral de Mariana nas Minas do Ouro, ano de 1748*. Lisboa: Officina dos Herd. de Antonio Pedroso Galram, 1749.

MATHIAS, Herculano G. *Um recenseamento na Capitania de Minas Gerais*: Vila Rica — 1804. Rio de Janeiro: Arquivo Nacional, 1969.

SOUZA, Laura de Mello e. *Discurso histórico e político sobre a sublevação que nas Minas houve em 1720*. Estudo crítico. Belo Horizonte: Fundação João Pinheiro, 1994.

A piedade dos outros

FONTES PRIMÁRIAS MANUSCRITAS

Arquivo Casa dos Contos (avulsos). Rolos 503, 504, 505, 506, 507, 508, 509, 510, 524, 525, 529, 530, 538.

Arquivo Histórico Ultramarino, Brasil, Minas Gerais. Caixas 81, 88, 103.

Arquivo Público Mineiro, Câmara Municipal de Ouro Preto. Cartas do Senado e Autos de Correição — Cód.22; Cód. 77; Cód. 86; Cód. 86-A, Cód. 120-A

Casa Setecentista, Processo Crime — Libelo de Injúria: 2º Ofício, Cód, 229, nº 5.717, Data de abertura: 10/11/1774, Autora: Catarina Gonçalves de Miranda, Réu: Alferes Félix da Silva.

Enjeitados — Cód. 61 (1751-1768); Cód. 62 (1751-1771); Cód. 88 (1751-1784); Cód. 111 (1781-1790); Cód. 116 (1790-1796); Cód. 123 (1796-1804); Cód. 586 (1751-1812).

Arquivo Público Mineiro, Câmara Municipal de Ouro Preto, documentação não encadernada.

Caixa (Documento):
16(59), 17(45), 21(26), 24(27), 25(01), 25(23), 25(27), 25(29), 25(31), 25(49), 26(01), 26(05), 26(09), 26(10), 26(11), 26(12), 26(15), 26(21), 26(22), 26(24), 26(25), 26(36), 26(37), 26(38), 26(45), 26(51), 26(52), 27(12), 27(17), 27(18), 27(24), 27(26), 27(27), 27(29), 27(30), 27(37), 27(43), 27(44), 27(45), 27(48), 27(49), 27(51), 27(58), 27(64), 27(68), 27(70), 28/(03), 28(22), 28(23), 28(24), 28(26), 28(27), 28(30), 28(31), 28(37), 28(39), 28(43), 28(45), 28(51), 28(54), 28(59), 28(61), 28(62), 28(65), 28(66), 28(76), 29(13), 29(14), 29(15), 29(34), 29(40), 29(42), 29(45), 29(50), 29(61), 29(65), 29(67), 30/(07), 30(19), 30(24), 30(33), 30(37), 30(42), 30(43), 30(49), 30(55), 30(58), 30(59), 30(62), 30(63), 30(64), 31(22), 31(28), 31(42), 31(61), 31(78), 31(80), 31(81), 32(07), 33(16), 33(17), 34(02), 34(47), 34(51), 34(59), 35(01), 35(05), 35(09), 35(23), 35(35), 35(46), 35(63), 36(04), 36(15), 36(16), 36(18), 36(31), 36(34), 36(35), 36(38), 36(46), 36(48), 36(56), 37(01), 37(15), 37(18), 37(19), 37(23), 37(24), 37(25), 37(26), 37(44), 37(45), 37(48), 37(52), 38(07), 38(11), 38(12), 38(18), 38(19), 38(21), 38(22), 38(23), 38(24), 38(29), 38(32), 38(36), 38(40), 38(43), 38(45), 38(52), 38(59), 39(04),

Bibliografia geral e fontes

39(12), 39(17), 39(18), 39(21), 39(28), 39(32), 39(33), 40(04), 40(06), 40(07), 40(09), 40(12), 40(13), 40(16), 40(22), 40(23), 40(29), 40(31), 40(33), 40(40), 40(42), 40(45), 40(46), 40(48), 41(02), 41(06), 41(07), 41(08), 41(09), 41(13), 41(17), 41(18), 41(19), 41(21), 41(26), 41(29), 41(31), 41(32), 41(40), 41(43), 41(48), 41(51), 41(53), 42(04), 42(05), 42(06), 42(07), 42(08), 42(10), 42(12), 42(13), 42(15), 42(18), 42(20), 42(22), 42(23), 42(27), 42(32), 42(33), 42(35), 42(36), 42(38), 42(39), 42(40), 42(43), 42(48), 42(54), 42(68), 43(11), 43(13), 43(19), 43(20), 43(25), 43(26), 43(27), 43(28), 43(33), 43(34), 43(41), 43(46), 44(01), 44(02), 44(03), 44(04), 44(05), 44(08), 44(10), 44(11), 44(13), 44(15), 44(16), 44(18), 44(20), 44(21), 44(22), 44(23), 44(25), 44(30), 44(31), 44(32), 44(36), 45(08), 45(09), 45(10), 45(11), 45(13), 45(19), 45(26), 45(29), 45(31), 45(34), 45(36), 45(37), 45(43), 45(44), 45(46), 45(47), 45(49), 45(51), 45(52), 45(55), 45(57), 45(61), 46(08), 46(20), 46(22), 46(31), 46(37), 46(38), 46(39), 46(44), 46(45), 46(48), 46(55), 47(04), 47(06), 47(13), 47(15), 47(16), 47(17), 47(18), 47(19), 47(21), 47(23), 47(25), 47(27), 47(34), 47(36), 47(38), 47(39), 47(40), 47(46), 47(48), 47(52), 47(55), 47(56), 47(58), 47(59), 47(65), 48(08), 48(10), 48(11), 48(12), 48(13), 48(25), 48(28), 48(34), 48(43), 48(47), 48(48), 48(61), 48(65), 48(71), 48(84), 48(87), 49(26), 49(38), 49(45), 49(55), 49(56), 49(57), 49(60), 50(12), 50(25), 50(26), 50(33), 50(59), 51(06), 51(57), 52(01), 52(15), 52(16), 52(17), 52(20), 52(24), 52(25), 52(26), 52(34), 52(39), 52(43), 52(52), 52(54), 52(55), 52(65), 53(06), 53(08), 53(11), 53(12), 53(13), 53(14), 53(15), 53(18), 53(21), 53(30), 53(34), 53(35), 53(37), 54(01), 54(16), 54(19), 54(37), 55(25), 55(27), 55(36), 55(37), 55(39), 55(53), 55(55), 55(67), 56(20), 56(43), 56(52), 57(09), 57(15), 57(22), 57(29), 57(31), 57(35), 57(36), 57(42), 57(43), 57(44), 57(46), 57(50), 57(55), 57(56), 57(57), 57(58), 57(64), 57(67), 57(73), 58(01), 58(02), 58(04), 58(09), 58(14), 58(15), 58(18), 58(25), 58(26), 58(29), 58(44), 58(61), 58(63), 58(64), 58(65), 59(09), 59(10), 59(11), 59(12), 59(26), 59(28), 59(36), 59(42), 60(20), 60(22), 60(27), 60(28), 60(29), 60(32), 60(36), 60(37), 60(44), 60(46), 60(47), 60(48), 61(15), 61(16), 61(21), 61(29), 61(34), 61(35), 61(36), 61(38), 61(46), 61(53), 62(07), 62(14), 62(24), 62(27), 62(33), 62(36), 62(41), 62(60), 62(66), 63(04),

A piedade dos outros

63(06), 63(07), 63(08), 63(09), 63(11), 63(12), 63(13), 63(14), 63(16), 63(17), 63(18), 63(20), 63(21), 63(22), 63(23), 63(29), 63(30), 63(31), 63(36), 63(47), 63(51), 63(56), 64(01), 64(28), 64(33), 64(35), 64(36), 64(39), 64(47), 64(60), 65(10), 65(15), 65(16), 65(30), 65(40), 65(42), 66(01), 66(10), 66(12), 66(14), 66(16), 66(17), 66(24), 66(26), 66(28), 66(30), 66(32), 66(33), 66(34), 66(39), 66(40), 66(42), 66(43), 66(46), 66(47), 66(48), 67(01), 67(05), 67(06), 67(14), 67(17), 67(19), 67(21), 67(22), 67(26), 67(31), 67(32), 67(34), 67(41, 67(42), 67(43), 67(44), 67(48), 67(61), 67(63), 67(64), 67(67), 67(70), 67(71), 67(72), 67(73), 67(74), 67(75), 67(76), 67(77), 67(80), 67(81), 67(82), 67(83), 67(84), 67(85), 67(86), 67(87), 67(88), 67(89), 67(90), 67(91), 67(92), 67(93), 67(94), 67(95), 67(96), 67(97), 67(98), 67(99), 67(101), 67(103), 67(105), 67(106), 67(107), 67(108), 68(02), 68(03), 68(04), 68(05), 68(09), 68(10), 68(12), 68(13), 68(15), 68(20), 68(35), 68(36), 68(38), 68(42), 68(47), 68(48), 68(49), 68(50), 68(53), 68(55), 68(57), 68(58), 68(61), 68(64), 68(65), 68(68), 68(69), 68(93), 68(95), 68(97), 68(98), 69(01), 69(03), 69(04), 69(08), 69(09), 69(11), 69(12), 69(13), 69(14), 69(16), 69(17), 69(19), 69(20), 69(21), 69, 25), 69(26), 69(27), 69(28), 69(29), 69(30), 69(32), 69(33), 69(34), 69(35), 69(36), 69(37), 69(38), 69(39), 69(40), 69(41), 69(43), 69(44), 69(47), 69(48), 69(49), 69(50), 69(52), 69(60), 69(62), 69(63), 69(65), 69(66), 69(68), 69(69), 69(72), 69(73), 69(74), 69(75), 69(80), 69(81), 69(83), 69(85), 69(86), 69(88), 69(90), 69(95), 69(98), 70(07), 70(13), 70(24), 70(30), 71(01), 71(02), 71(03), 71(07), 71(11), 71(12), 71(14), 71(15), 71(16), 71(17), 71(19), 71(20), 71(21), 71(29), 71(30), 71(31), 71(34), 71(56), 71(69), 71(70), 72(07), 72(13), 72(22), 72(28), 72(29), 72(31), 72(34), 72(40), 72(41), 72(43), 72(48), 72(59), 72(62), 72(63), 72(64), 72(66), 72(70), 72(75), 72(76), 72(77), 73(14), 73(18), 73(18), 73(22), 73(14), 73(23), 73(26), 73(27), 73(29), 73(38), 73(47), 73(57), 73(59), 73(61), 73(72), 73(74), 73(75), 74(24), 74(27), 74(38), 74(39), 74(43), 74(48), 74(49), 74(51), 74(52), 74(53), 74(56), 74(59), 74(62), 74(63), 74(71), 74(72), 74(73), 74(74), 74(80), 74(86), 74(91), 74(92), 74(93), 74(95), 74(98), 74(99), 74(100), 74(103), 74(104), 74(105), 74(106), 74(107), 74(108), 74(109), 74(110), 74(111), 74(112), 74(115), 74(117), 74(119), 74(120), 74(122), 74(126), 74(127), 74(130), 74(132), 74(139), 74(143), 74(153), 74(154),

Bibliografia geral e fontes

75(01), 75(12), 75(21), 75(26), 75(30), 75(32), 75(47), 75(68), 75(72), 75(78), 75(83), 75(85), 75(86), 75(91), 75(103), 76(05), 76(11), 76(18), 76(22), 76(25), 76(26), 76(27), 76(28), 76(29), 76(30), 76(31A), 76(31B), 76(31C), 76(31D), 76(31E), 76(33), 76(34), 76(36), 76(38), 76(44), 76(47), 76(49), 76(50), 76(56), 76(59), 76(66), 76(67), 76(83), 77(03), 77(09), 77(32), 77(44), 77(55), 77(61), 77(65), 77(74), 77(75), 77(81), 77(84), 77(88), 77(94), 77(102), 77(103), 78(04), 78(09), 78(21), 78(22), 78(27), 78(28), 78(29), 78(30), 78(31), 78(32), 78(34), 78(36), 78(39), 78(40), 78(41), 78(44), 78(53), 78(63), 78(70), 78(75), 78(76), 79(05), 79(10), 79(11), 79(20), 79(22), 79(25), 79(27), 79(28), 79(43), 79(46), 80(04), 80(13), 80(14), 80(15), 80(16), 80(24), 81(11), 81(16), 81(19), 82(04), 82(05), 82(12), 82(13), 82(14), 82(15), 82(18), 82(22), 82(28), 82(32), 82(34), 82(37), 82(38), 82(46), 83(03), 83(06), 83(12), 83(17), 83(19), 83(24), 83(25), 83(26), 83(37), 83(42), 84(27), 84(28).

Arquivo Nacional, Relação da Bahia, Cód. 539, vol. 2. fls. 22-22v.

_____. Santa Casa de Misericórdia, Série Saúde, Notação $S_{3,1}$, Fundo BD.

Biblioteca Nacional, Seção Manuscritos, Dietário do Convento de Santo Antônio..., 3, 3, 6.

FONTES PRIMÁRIAS EM MEIO DIGITAL

Banco de Dados referente às séries paroquiais da Freguesia de Nossa Senhora do Pilar de Ouro Preto, séculos XVIII e XIX, coordenado pela prof[a]. dra. Adalgisa Arantes Campos, contendo as atas de batismo da Paróquia de Nossa Senhora do Pilar do Ouro Preto.

FONTES IMPRESSAS

Legislação Civil e Eclesiástica
Catecismo Romano, Traduccion, introducciones y notas de Pedro Martin Hernandes. Madri: La Editorial Catolica, MCMLVI.

A piedade dos outros

Colecção da Legislação Portugueza desde a última compilação das Ordenações, redigida pelo desembargador Antônio Delgado da Silva. 6. 1825-1830. Lisboa: Typographia Maigrense.

Código Philippino ou Ordenações e Leis do Reino de Portugal recompilados por mandado Del Rei D. Philippe I — 14. ed. Segundo a 1ª de 1603, e a nona de Coimbra de 1821, por Cláudio Mendes de Almeida. Rio de Janeiro: Tipografia do Instituto Philomáthico, 1871.

Constituições Primeiras do Arcebispado da Bahia (1853), feytas e ordenadas pelo... Senhor Sebastião Monteyro da Vide... propostas, e aceytas em o Synodo Diocesano, que o dito Senhor celebrou em 12 de junho de 1707. São Paulo: Typographia 2 de Dezembro.

PINTO, Antônio Joaquim Gouveia. Compilação das providências, que a bem da criação, e educação dos expostos ou enjeitados que se tem publicado, e acham espalhadas em diferentes artigos de legislação pátria, a que acrescem outras, que respeitando o bom regime, e economia da sua administração, e sendo com tudo filhas das mesmas leis, tem a experiência provado a sua utilidade. Ordenada em resumo pelo bacharel Antônio Joaquim de Gouveia Pinto; para benefício dos mesmos expostos, utilidade do Estado, e auxílio dos administradores e magistrados, a quem está entregue semelhante administração. Lisboa: Impressão Régia, 1820 (Com licença).

RAPM

CARVALHO, Feu de. Reminiscências de Villa Rica — Real Casa da Misericórdia. Ano XX, 1926. p. 339-352.
Ouro Preto: Imprensa Oficial de Minas Gerais, v.2, 1897.
Villa Rica — Santa Casa. Ano XVIII, 1913. p. 85-86.

OBRAS DE REFERÊNCIA

ARQUIVO NACIONAL. *Fiscais e meirinhos*: administração no Brasil Colonial. Rio de Janeiro: Nova Fronteira; Brasília: INL, 1985.

BLUTEAU, D. Rafael. *Vocabulário português e latino*. Lisboa: Oficina de Pascoal da Sylva, 1790.

CARVALHO, Theóphilo Feu de. *Comarcas e termos; criações, supressões, restaurações, incorporações e desmembramentos de comarcas e termos, em Minas Gerais* (1709-1915). Belo Horizonte: Imprensa Oficial de Minas Gerais, 1920.

CRONISTAS E VIAJANTES

ANDREONI, João Antônio. *Cultura e opulência do Brasil*. São Paulo: Companhia Editora Nacional, 1967.

BURTON, Richard. *Viagem do Rio de Janeiro a Morro Velho*. Tradução de David Jardim Junior. Belo Horizonte: Itatiaia; São Paulo: Edusp, 1976.

LUCCOCK, John. *Notas sobre o Rio de Janeiro e partes meridionais do Brasil*. Tradução de Milton da Silva Rodrigues. Belo Horizonte: Itatiaia; São Paulo: Edusp, 1975.

ROCHA, José Joaquim da. *Geografia histórica da capitania de Minas Gerais* — memória histórica da capitania de Minas Gerais. Estudo crítico de Maria Efigênia Lage de Resende. Belo Horizonte: Fundação João Pinheiro, Centro de Estudos Históricos e Culturais, 1995.

RUGENDAS, Johann Moritz. *Viagem pitoresca através do Brasil*. Tradução de Sérgio Milliet. São Paulo: Martins, Edusp, 1972.

SAINT-HILAIRE, Auguste de. *Viagens pelas províncias do Rio de Janeiro e Minas Gerais*. Belo Horizonte: Itatiaia; São Paulo: Edusp, 1975.

VASCONCELLOS, Diogo de. *Breve descrição geográfica, física e política da Capitania de Minas Gerais*. Estudo crítico de Carla Maria Junho Anastásia. Belo Horizonte: Fundação João Pinheiro, Centro de Estudos Históricos e Culturais, 1994.

LIVROS, ARTIGOS E TESES

ABREU, Laurinda. *A Santa Casa de Misericórdia de Setúbal de 1500 a 1755*: aspectos de sociabilidade e poder. Setúbal: Santa Casa de Misericórdia, 1990.

_____. The Évora foundlings between the 16th and the 19th century: the Portuguese public welfare system under analysis. *Dynamis*. Acta Hisp.Med. Sci. Hist. Illus, Granada, 2003, p. 37-60.

_____. A especificidade do sistema de assistência pública português: linhas estruturantes. *Revista Arquipélago* — História, série 2, n. 4, p. 417-434, 2002.

ALGRANTI, Leila Mezan. *Honradas e devotas:* mulheres da colônia — condição feminina nos conventos e recolhimentos do sudeste do Brasil, 1750-1822. Rio de Janeiro: José Olympio; Brasília: Editora UNB, 1993.

ALMEIDA, Carla Maria Carvalho de. Dinâmica Produtiva em Minas Gerais: o sistema econômico em funcionamento no termo de Mariana, 1750-1850. *Revista Eletrônica de História do Brasil* v.6, n.2, p. 58-91, jul.-dez. 2004. Disponível em: www.rehb.ufjf.br. Acesso em: 24 dev. 2005.

ALVIM, Maria Helena Vilas Boas e. Em torno dos expostos. As duas primeiras casas de expostos portuguesas. *Revista de História*. Porto: Publicação do Departamento de Ciências Históricas da Universidade Livre, v.1, p 147-166, 1984.

ANASTASIA, Carla Maria Junho. *A geografia do crime*: violência nas minas setecentistas. Belo Horizonte: Editora UFMG, 2005.

_____. *Vassalos rebeldes*. Violência coletiva nas Minas na primeira metade do século XVIII. Belo Horizonte: C/Arte, 1998.

_____. PAIVA, Eduardo França (orgs.). *O trabalho mestiço* — formas de pensar e formas de viver, séculos XVI a XIX. São Paulo: Annablume, 2002.

ANJOS, João Alfredo dos. *A roda dos enjeitados*: enjeitados e órfãos em Pernambuco no século XIX. Recife, 1997. Dissertação (Mestrado em História) — Universidade Federal de Pernambuco, Recife, 1997.

ANTUNES, Álvaro de Araújo. *Espelho de cem faces*: o universo relacional de um advogado setecentista. São Paulo: Annablume; Belo Horizonte: PPGH/UFMG, 2004.

ARIÈS, Philippe. *História social da criança e da família*. Rio de Janeiro: LTC, 1981.

BACELLAR, Carlos de Almeida Prado. Abandonadas nas soleiras das portas: a exposição de crianças nos domicílios de Sorocaba, séculos XVIII e XIX. *Cativeiro e Liberdade*, n. 4, Rio de Janeiro: UFRJ; Niterói: UFF, 1996.

_____. *Viver e sobreviver em uma vila colonial, Sorocaba*: séculos XVIII e XIX. São Paulo: Annablume/Fapesp, 2001.

BADINTER, Elisabeth. *Um amor conquistado*: o mito do amor materno. Rio de Janeiro: Nova Fronteira, 1985.

BERGAD, Laird W. *Escravidão e história econômica*: demografia de Minas Gerais, 1720-1888. Tradução de Beatriz Sidou. Bauru: Edusc, 2004.

BESSA, Antônio Luiz de. *História financeira de Minas Gerais em 70 anos de república*. Belo Horizonte: Secretaria do Estado da Fazenda, 1981. 2v., v. 1.

BICALHO, Maria Fernanda; FRAGOSO, João; GOUVÊA, Maria de Fátima. *O Antigo Regime nos Trópicos:* a dinâmica imperial portuguesa, séculos XVI-XVIII. Rio de Janeiro: Civilização Brasileira, 2001.

BLUM, Ann. Public Welfare and Child Circulation, Mexico City, 1877 to 1925. *Journal of Family History*, v. 23, n. 3, p. 240-271, 1998.

BOSCHI, Caio C. *Os leigos e o poder* — irmandades leigas e política colonizadora em Minas Gerais. São Paulo: Ática, 1986.

_____. O assistencialismo na Capitania do Ouro. *Revista de História*. São Paulo, n. 116, p. 25-41,1984.

BOSWELL, John. *The Kindness of Strangers*: The Abandonment of Children in Western Europe from Late Antiquity to the Renaissance. Nova York: Pantheon Books, 1988.

BOTELHO, Tarcísio. O trabalho de crianças e jovens no Brasil Imperial: Minas Gerais, 1831-1832. *História: Questões e Debates*, Curitiba, n. 39, p. 191-220, 2003.

BOXER, Charles R. *A Idade de ouro do Brasil*: dores de crescimento de uma sociedade colonial. Tradução de Nair de Lacerda. 3. ed Rio de Janeiro: Nova Fronteira, 2000.

_____. *O império marítimo português*, 1415-1825. Tradução de Anna Olga de Barros Barreto. São Paulo: Companhia das Letras, 2002.

_____. *Relações raciais no Império Colonial Português*, 1415-1825. Tradução de Elice Munerato. Rio de Janeiro: Tempo Brasileiro, 1967.

BRÜGGER, Sílvia M. J. Legitimidade, casamento e relações ditas ilícitas em São João del Rei (1730-1850). *Anais da IX Semana sobre Economia Mineira*. Belo Horizonte: UFMG/Cedeplar, 2000. p. 37-64.

_____. *Minas patriarcal*: família e sociedade (São João del Rei — séculos XVIII e XIX). Niterói, 2002. Tese (Doutorado em História), Universidade Federal Fluminense, Niterói, 2002.

BURKE, Peter. *Cultura popular na Idade Moderna*. Europa, 1500-1800. Tradução de Denise Bottmann. São Paulo: Companhia das Letras, 1989.

CAMPOS, Adalgisa Arantes. *A vivência da morte na Capitania das Minas*. Belo Horizonte, 1986. Dissertação (Mestrado em Filosofia) — Universidade Federal de Minas Gerais. Belo Horizonte, 1986.

_____. Notas sobre os rituais de morte na sociedade escravista. *Revista do Departamento de História*, p. 109-122, 1988.

_____. O triunfo eucarístico: hierarquias e universalidade. *Barroco*, n. 15, Belo Horizonte,p. 461-467, 1992.

_____. A terceira devoção do setecentos mineiro: o culto a São Miguel e Almas. São Paulo, 1994. Tese (Doutorado em História) — Departamento de História/, Universidade de São Paulo. São Paulo, 1994.

_____. *Roteiro sagrado:* monumentos religiosos de Ouro Preto. Belo Horizonte: Tratos culturais/ Editora Francisco Inácio Peixoto, 2000a.

_____. A ideia do barroco e os desígnios de uma nova mentalidade: a misericórdia através dos sepultamentos pelo amor de Deus na paróquia do Pilar de Vila Rica 1712-1750. *Barroco*, n. 18, p. 45-62, 2000b.

_____. *Introdução ao Barroco Mineiro*. 2. ed. Belo Horizonte: Crisálida, 2005.

_____; FRANCO, Renato. Aspectos da visão hierárquica no barroco luso-brasileiro: disputas por precedência em confrarias mineiras. *Tempo*, Rio de Janeiro, n. 17, p. 193-215, 2004a.

_____; _____. Notas sobre os significados religiosos do batismo. *Varia História*, n. 31, p. 21-40, 2004b.

CAMPOS, Maria Verônica. *Governo de mineiros*: de como meter as minas numa moenda e beber-lhe o caldo dourado, 1693-1737. São Paulo, 2002. Tese (Doutorado em História) — FFL-CH, Universidade de São Paulo. São Paulo, 2002.

CARDIM, Pedro. Religião e ordem social — em torno dos fundamentos católicos do sistema político do Antigo Regime. *Revista de História das Idéias*, Coimbra, v. 22, p. 133-174, 2001.

CARRARA, Ângelo Alves. *Agricultura e pecuária na Capitania de Minas Gerais* (1674-1807). Rio de Janeiro, 1997. Tese (Doutorado em História) — Instituto de Filosofia e Ciências Sociais, Universidade Federal do Rio de Janeiro. Rio de Janeiro, 1997.

CARRATO, José Ferreira. *Igreja, iluminismo e escolas mineiras coloniais*: notas sobre a cultura da decadência mineira setecentista. São Paulo: Companhia Editora Nacional, 1968.

CAVAZZANI, André Luiz M. Um estudo sobre a exposição e os expostos na Vila da Nossa Senhora da Luz dos Pinhais de Curitiba. Curitiba, 2005. Dissertação (Mestrado em História) — Universidade Federal do Paraná. Curitiba, 2005.

CLAVERO, Bartolomé. *Antidora*: antropologia catolica de la economía moderna. Milão: Giuffrè Editore, 1991.

COSTA, Iraci del Nero da. *Vila Rica*: população (1719-1826). São Paulo: IPE-USP, 1979.

_____. *Populações mineiras*: sobre a estrutura populacional de alguns núcleos mineiros no alvorecer do século XIX. São Paulo, 1981. Tese (Doutorado em Economia) — Universidade de São Paulo. São Paulo, 1981.

DARNTON, Robert. *O grande massacre de gatos e outros episódios da história cultural francesa*. Rio de Janeiro: Graal, 1986.

DAVIS, Natalie Zemon. *The Gift in Sixteenth Century France*. Chicago: The Wisconsin University Press, 2000.

DINGES, Martin. A. A History of Poverty and Poor Relief: Contributions from Research on the Early Modern Period and the Late Middle Ages and Examples from More Recent History. In: ABREU, Laurinda (ed.). *European Health and Social Welfare Policies*. Blansko, Czech Republic: Reprocentrum, 2004. p. 23-50.

FARIA, Sheila de Castro. *A colônia em movimento*: fortuna e família no cotidiano colonial. Rio de Janeiro: Nova Fronteira, 1998.

_____. Mulheres forras — riqueza e estigma social. *Tempo*, n. 9, p. 65-92, jul. 2000.

_____. A propósito das origens dos enjeitados no período escravista. In: VENÂNCIO, Renato Pinto (org). *Uma história do abandono de crianças*: De Portugal ao Brasil, séculos XVIII-XX. São Paulo: Alameda; Belo Horizonte: Puc-Minas, 2010. p. 81-98.

FIGUEIREDO, Luciano R. A. *O avesso da memória*: cotidiano e trabalho da mulher em Minas Gerais no século XVIII. Brasília: Editora UNB, 1993.

_____. *Revoltas, fiscalidade e identidade colonial na América Portuguesa*: Rio de Janeiro, Bahia e Minas Gerais, 1640-1761. São Paulo, 1996. Tese (Doutorado em História) — Universidade de São Paulo. São Paulo, 1996.

_____. *Barrocas famílias*: vida familiar em Minas Gerais no século XVIII. São Paulo: Hucitec, 1997.

_____. Derrama e política fiscal ilustrada: excessos tributários, insurreições e conciliação metropolitana na Minas Colonial. *Revista do Arquivo Público Mineiro*, ano XLI, p. 22-39, jul./dez. 2005.

_____. Rapsódia para um bacharel. In: _____; CAMPOS, Maria Verônica. (coords.). *Coleção das notícias dos primeiros descobrimentos das Minas na América que fez o doutor Caetano da Costa Matoso sendo ouvidor-geral das Minas do Ouro Preto, de que tomou posse em fevereiro de 1749, & vários papeis* / Códice Costa Matoso. Belo Horizonte: Fundação João Pinheiro/Centro de Estudos Mineiros, 1999. v. 1, p. 98.

FLANDRIN, Jean Louis. *O sexo e o ocidente*. São Paulo: Brasiliense, 1988.

_____. *Famílias*: parentesco, casa e sexualidade na sociedade antiga. Lisboa: Estampa, 1992.

FONSECA, Cláudia. *Caminhos da adoção*. 2. ed. São Paulo: Cortez, 2002.

FONTE, Teodoro da. Conjuntura econômica e comportamento demográfico — o preço dos cereais e o abandono de crianças em Ponte de Lima, 1675-1874. In: MOREDA, Vicente Pérez (coord.). *Expostos e ilegítmos na realidade ibérica do século XVI ao presente*. In: Actas do III Congresso da ADEH. Porto: Edições Afrontamento, 1993. p. 187-203.

_____. *O abandono de crianças em Ponte de Lima (1625-1910)*. Ponte de Lima: Câmara Municipal de Ponte de Lima, Centro de Estudos Regionais, 1996.

FRANCO, Renato. *Desassistidas Minas:* a exposição de crianças em Vila Rica, século XVIII. Niterói, 2006. Dissertação (Mestrado em História) — Universidade Federal Fluminense. Niterói, 2006.

_____. Assistência e abandono de recém-nascidos em Vila Rica colonial. In: VENÂNCIO, Renato Pinto (org). *Uma história do abandono de crianças:* de Portugal ao Brasil, séculos XVIII-XX. São Paulo: Alameda; Belo Horizonte: Puc-Minas, 2010. p. 147-175.

_____. *Pobreza e caridade leiga:* as Santas Casas de Misericórdia na América portuguesa. São Paulo, 2011. Tese (Doutorado em História) — Universidade de São Paulo. São Paulo, 2011.

FREITAS, Marcos Cezar (org.). *História social da infância no Brasil*. São Paulo: Cortez, USF/Ifan, 1997.

FREYRE, Gilberto. *Casa grande & senzala*: formação da família brasileira sob o regime da economia patriarcal. 49. ed. São Paulo: Global, 2004.

_____. *Sobrados e mucambos*: decadência do patriarcado rural e desenvolvimento do urbano. Rio de Janeiro: Record, 2000.

FURTADO, Júnia Ferreira (org.). *Diálogos oceânicos*: Minas Gerais e as novas abordagens para uma história do Império Ultramarino Português. Belo Horizonte: Editora UFMG, 2001.

_____. *Chica da Silva e o contratador de diamantes*. São Paulo: Companhia das Letras, 2003.

GANDELMAN, Luciana Mendes. A Santa Casa de Misericórdia do Rio de Janeiro nos séculos XVI a XIX. *História, Ciências , Saúde*, v. VIII, n. 3, p. 613-630, 2001.

GÉLIS, Jacques. A individualização da criança. In: ARIÈS, Philippe; CHARTIER, Roger. *História da vida privada*: da Renascença ao século das Luzes. Tradução de Hildegard Feist. São Paulo: Companhia das Letras, 1991. p. 311-329.

GEREMEK, Bronislaw. *A piedade e a forca*: história da miséria e da caridade na Europa. Lisboa: Terramar, 1986.

_____. *Os filhos de Caim*: vagabundos e miseráveis na literatura europeia, 1400-1700. São Paulo: Companhia das Letras, 1995.

GONZAGA, Tomás Antonio. *Cartas chilenas*. São Paulo: Companhia das Letras, 2006.

GUSMÃO, Alexandre de. *Arte de criar bem os filhos na idade da puerícia*. Edição, apresentação e notas de Renato Pinto Venâncio e Jânia Maria Martins. São Paulo: Martins Fontes, 2004.

GUTIÉRREZ, Horácio; LEWKOWICZ, Ida. Trabalho infantil em Minas Gerais na primeira metade do século XIX. *Lócus* — revista de História v. 5, n. 2, p. 9-21, 1999.

HESPANHA, António Manuel. *As vésperas do Leviathan*: instituições e poder político, Portugal — século XVII. Coimbra: Livraria Almedina, 1994.

_____. *História de Portugal moderno*: político e institucional. Lisboa: Universidade Aberta, 1995.

_____ ; XAVIER, Ângela Barreto. A representação da sociedade e do poder. In: HESPANHA, António Manuel (coord.). *História de Portugal*: o Antigo Regime. Lisboa: Estampa, 1993. v. 4, p. 121-155.

HOLANDA, Sérgio Buarque. Metais e pedras preciosas. In: _____. (org.). *História Geral da Civilização Brasileira*. São Paulo, Rio de Janeiro: Difel, 1977. t. 1, v. 2, p. 259-310.

_____. *Raízes do Brasil*. São Paulo: Companhia das Letras, 2001.

KARASCH, Mary. *A vida dos escravos no Rio de Janeiro* (1808-1850). São Paulo: Companhia das Letras, 2000.

LARA, Silvia Hunold. Fragmentos setecentistas. In: _____. *Escravidão, cultura e poder na América portuguesa*. São Paulo: Companhia das Letras, 2007.

LASLETT, Peter. Sociedade de uma só classe. In: _____. *O mundo que nós perdemos*. Tradução de Alexandre Pinheiro Torres e Hermes Serrão. Lisboa: Cosmos, 1975. p. 47-85.

LIBBY, Douglas Cole. *Transformação e trabalho em uma economia escravista*: Minas Gerais no século XIX. São Paulo: Brasiliense, 1988.

_____; BOTELHO, Tarcísio R. Filhos de Deus — batismos de crianças legítimas e naturais na paróquia de Nossa Senhora do Pilar de Ouro Preto. *Varia História*, n. 31, p. 69-96. jan. 2004.

LOPES, Eliane Cristina. *O revelar do pecado*: os filhos ilegítimos na São Paulo do século XVIII. São Paulo: Annablume/Fapesp, 1998.

LOTT, Mirian Moura. *Casamento e família nas Minas Gerais, Vila Rica* — 1804-1839. Belo Horizonte, 2004. Dissertação (Mestrado em História) Universidade Federal de Minas Gerais. Belo Horizonte, 2004.

MAGALHÃES, Beatriz Ricardina de. A demanda do trivial: vestuário, alimentação e habitação. *Revista Brasileira de Estudos Políticos*, n. 65, p. 153-199, jul. 1987.

_____. Estrutura e funcionamento do Senado da Câmara em Vila Rica (1740-1750). In: *Anais da XI Reunião da SBPH*. Porto Alegre: SBPH, 1992. p. 133-136.

MARCÍLIO, Maria Luíza. *A cidade de São Paulo*: povoamento e população, 1750-1850, com base nos registros paroquiais e nos recenseamentos antigos. São Paulo: Edusp, 1974.

Bibliografia geral e fontes

_____. *Caiçara*: terra e população: estudo de demografia histórica e da história social de Ubatuba. 2.ed. São Paulo: Edusp, 2006.

_____. *História social da criança abandonada*. São Paulo: Hucitec, 1998.

MARCOCCI, Giuseppe. Escravos ameríndios e negros africanos: uma história conectada: teorias e modelos de discriminação no império português (ca. 1450-1650). *Tempo*, v. 16, n. 30, p. 41-70, 2011.

MARTIN, Alberto Marcos. Exposición y muerte: la mortalidad de expósitos en España en el transito del siglo XVIII al XIX. In: MOREDA, Vicente Pérez (coord.). *Expostos e ilegítmos na realidade ibérica do século XVI ao presente* — (Actas do III Congresso da ADEH). Porto: Afrontamento, 1993. p. 59-86.

MAXWELL, Kenneth. *A devassa da devassa* — a Inconfidência Mineira: Brasil e Portugal, 1750-1808. Tradução de João Maia. 2. ed. Rio de Janeiro: Paz e Terra, 1978.

MESGRAVIS, Laima. A Santa Casa de Misericórdia de São Paulo (1599?-1884). São Paulo, 1974. Tese (Doutorado em História) — Universidade de São Paulo, 1974.

MILANICH, Nara. Los hijos de la providencia: el abandono como circulación en el Chile decimonónico. *Revista de Historia Social y de las Mentalidades*, n. 5, inverno 2001.

_____. The Casa de Huérfanos and Child Circulation in Late-nineteenth-century Chile. *Journal of Social History*, inverno 2004.

MONTEIRO, Nuno Gonçalo. Os concelhos e as comunidades. In: MATTOSO, José (dir.). *História de Portugal*. Lisboa: Estampa, 1993. p. 303-329.

MOREDA, Vicente Pérez (coord.). *Expostos e ilegítimos na realidade ibérica do século XVI ao presente*. In: Atas do III Congresso da ADEH (Associação Ibérica de Demografia Histórica). Porto: Afrontamento, 1993a. V. 3.

_____. Infancia abandonada e ilegitimidad en la historia de las poblaciones ibéricas. In: _____. (coord.). *Expostos e ilegítmos na realidade ibérica do século XVI ao presente*. In: Atas do III Congresso da ADEH. Porto: Afrontamento, 1993b. p. 7-35.

NASCIMENTO, Alcileide Cabral. *A sorte dos enjeitados:* o combate ao infanticídio e a institucionalização da assistência às crianças abandonadas no Recife (1789-1832). São Paulo: Annablume, 2008. p. 104-131.

ORLANDI, Orlando. *Teoria e prática do amor à criança*. Rio de Janeiro: Zahar, 1998.

PAIVA, Clotilde Andrade. *População e economia nas Minas Gerais do século XIX*. Tese (Doutorado em História) — Universidade de São Paulo. São Paulo, 1996.

PAIVA, Eduardo França. *Escravos e libertos nas Minas Gerais do século XVIII* — estratégias de resistência através dos testamentos. São Paulo: Annablume, 1995.

_____. *Escravidão e universo cultural na colônia*: Minas Gerais, 1716-1789. Belo Horizonte: Editora UFMG, 2001.

PASTOR, José Montiel. La Casa Provincial de Maternidad y Expósitos de Barcelona (1853-1925) — las nodrizas externas como elemento clave del sistema asistencial, su evolución y problemática. In: ENCUENTRO DE DEMOGRAFÍA HISTÓRICA DE LA EUROPA MERIDIONAL, 1, Menorca, 2003. Anais... Menorca: ADEH, 2003. Disponível em: www.adeh.org/agenda/menorca2003/Josep_Montiel.pdf. Acesso em: 25 jan. 2006.

PEREIRA, Ana Luíza de Castro. *O sangue, a palavra e a lei*: faces da ilegitimidade em Sabará, 1713-1770. Belo Horizonte, 2004. Dissertação (Mestrado em História) — Universidade Federal de Minas Gerais. Belo Horizonte, 2004.

PILOTTI, Francisco; RIZZINI, Irene Rizzini (orgs.). *A arte de governar crianças*: a história das políticas sociais, da legislação e da assistência à infância no Brasil. Rio de Janeiro: Editora Universitária Santa Úrsula/ Instituto Interamericano del Niño, 1995.

PRADO JUNIOR, Caio. *Formação do Brasil contemporâneo:* Colônia. São Paulo: Brasiliense, Publifolha, 2000.

PRAXEDES, Vanda Lúcia. *A teia e a trama da fragilidade humana*: os filhos ilegítimos em Minas Gerais 1770-1840. Belo Horizonte, 2003. Dissertação (Mestrado em História) — Universidade Federal de Minas Gerais, 2003.

PRIORE, Mary del (org.). *História da criança no Brasil*. São Paulo: Contexto, 1991.

_____. *Ao sul do corpo*: condição feminina, maternidades e mentalidades no Brasil Colônia. Rio de Janeiro: José Olympio; Brasília: Editora UnB, 1993.

_____ (org.). *História das mulheres no Brasil*. São Paulo: Contexto, 1997.
_____ (org.). *História das crianças no Brasil*. São Paulo: Contexto, 1999.
PROSPERI, Adriano. *Dar a alma* — história de um infanticídio. São Paulo: Companhia das Letras, 2010.
RAMOS, Donald. A Social History of Ouro Preto: Stresses of Dinamic Urbanization in colonial Brazil, 1695-1726. The University of Florida, PhD, 1972.
_____. Marriage and the family in colonial Vila Rica. *Hispanic American Historical Review*, n. 55, p. 201-225, 1975.
_____. Vila Rica: Profile of a Colonial Brazilian Urban Center. *The Americas*, XXXV, n. 4, p. 495-526, abr. 1979.
_____. From Minho to Minas: The Portuguese Roots of the Mineiro Family. *Hispanic American Historical Review*, n. 73, p. 637-662, 1993.
_____. Teias sagradas e profanas — o lugar do batismo e compadrio na sociedade de Vila Rica durante o século do ouro. *Varia Historia*, n. 31, p. 41-68, 2004.
REIS, João José. *A morte é uma festa*: ritos fúnebres e revolta popular no Brasil do século XIX. São Paulo: Companhia das Letras, 1999.
REIS, Maria de Fátima. *Os expostos em Santarém* — a acção social da Misericórdia (1691-1710). Lisboa: Cosmos, 2001.
RODRIGUEZ, Pablo. *Sentimientos y vida familiar en el Nuevo Reino de Granada, siglo XVIII*. Santafé de Bogotá: Ariel, 1997.
RUSSELL-WOOD, A. J. R. O governo local na América Portuguesa: um estudo de divergência cultural. *Revista de História*, v. 28, n. 55, São Paulo, p. 25-79, 1977.
_____. *Fidalgos e filantropos*: a Santa Casa da Misericórdia da Bahia, 1550-1755. Tradução de Sérgio Duarte. Brasília: Editora UnB, 1981.
_____. *The Black Man in Slavery and Freedom in Colonial Brazil*. Oxford: The MacMillan Press, 1982.
_____. Autoridades ambivalentes: o Estado do Brasil e a contribuição africana para a Boa Ordem da República. In: SILVA, Maria Beatriz Nizza da (org.). *Brasil*: colonização e escravidão. Rio de Janeiro: Nova Fronteira, 2000. p. 105-123.
SÁ, Isabel dos Guimarães. Abandono de crianças, infanticídio e aborto na sociedade portuguesa tradicional através das fontes jurídicas. *Penélope* — fazer e desfazer a história, n. 8, 1992.

_____. O abandono de crianças, ilegitimidade e concepções pré-nupciais em Portugal — estudos recentes e perspectivas. In: MOREDA, Vicente Pérez (coord.). *Expostos e ilegítimos na realidade ibérica do século XVI ao presente*. In: Atas do III Congresso da ADEH (Associação Ibérica de Demografia Histórica). Porto: Afrontamento, 1993. V. 3, p. 37-86.

_____. *A circulação de crianças na Europa do Sul*: o caso dos expostos do Porto no século XVIII. Lisboa: Fundação Calouste Gulbekian/JNICT, 1995.

_____. A reorganização da caridade em Portugal em contexto europeu, 1490-1600. *Cadernos do Noroeste*, v. 11, n. 2, 1998.

_____. *As misericórdias portuguesas de D. Manoel a Pombal*. Lisboa: Livros Horizonte, 2001.

_____. *Quando o rico se faz pobre*: misericórdias, caridade e poder no império português. Lisboa: CNCDP, 1997.

SALLES, Fritz Teixeira de. *Associações religiosas no ciclo do ouro*. Belo Horizonte: UFMG: Centro de Estudos Mineiros, 1963.

SANTOS, Graça Maria de Abreu A. B. *A assistência da Santa Casa da Misericórdia de Tomar* — os expostos, 1799-1823. Tomar: Visualarte, 2004.

SCHWARTZ, Stuart. Brazilian etnogenesis: mestiços, mamelucos e pardos. IN: GRUZINSKI, S. (org.). *Le Nouveaux mondes*. Paris, 1996. p. 7-27.

SCOTT, Ana Sílvia Volpi. *Famílias, formas de união e reprodução no noroeste português*: séculos XVIII e XIX. Guimarães: Neps, 1999.

_____. Velhos portugueses ou novos brasileiros? Reflexões sobre a família luso-brasileira setecentista. In: *Anais da V Jornada setecentista*, Curitiba, nov. 2003.

SIGLE, Wendy; KERTZER, David I.; WHITE, Michael J. Abandoned children and their Transitions to Adulthood in Nineteenth-century Italy. *Journal of Family History*, v. 25 n. 3, p. 326-340, july 2000.

SILVA, Maria Beatriz Nizza da. *O problema dos expostos na Capitania de São Paulo*. Anais do Museu Paulista. São Paulo, USP, 1980/81. p. 95-104.

_____. *História da família no Brasil colonial*. Rio de Janeiro: Nova Fronteira, 1998.

SILVEIRA, Marco Antônio da. *Universo do Indistinto*: estado e sociedade nas Minas setecentistas (1735-1808). São Paulo: Hucitec, 1997.

SLENES, Robert W. *Na senzala, uma flor*: esperanças e recordações na formação da família escrava. Rio de Janeiro: Nova Fronteira, 1999.

SOUZA, Laura de Mello. *Desclassificados do ouro*: a pobreza mineira no século XVIII. 2. ed. Rio de Janeiro: Graal, 1986.

_____ (org.). *História da vida privada no Brasil*: cotidiano e vida privada na América Portuguesa. São Paulo: Companhia das Letras, 1997.

_____. *Norma e conflito*. Belo Horizonte: Editora UFMG, 1999a.

_____. As câmaras, a exposição de crianças e a discriminação racial. In: _____. *Norma e conflito*: aspectos da história de Minas Gerais no século XVIII. Belo Horizonte: Editora UFMG, 1999b. p. 63-79.

SOUZA, Maria Eliza de Campos. *Relações de poder, justiça e administração em Minas Gerais no setecentos*: a comarca de Vila Rica do Ouro Preto: 1711-1752. Niterói, 2000. Dissertação (Mestrado em História) — Universidade Federal Fluminense. Niterói, 2000.

TERMO de Mariana — História e Documentação. Mariana: Editora da Ufop, 1998.

THOMAS, Keith. Seres humanos inferiores. In: _____. *O homem e o mundo natural*. São Paulo: Companhia das Letras, 1988. p. 49-60.

THOMPSON, E. P. *Senhores e caçadores*: a origem da lei negra. Rio de Janeiro: Paz e Terra, 1997.

VAILATI, Luiz Lima. Os funerais de anjinho na literatura de viagem. *Revista Brasileira de História*, v. 22, n. 44, p. 365-392, 2002.

_____. *A morte menina*: práticas e representações da morte infantil no Brasil dos oitocentos (Rio de Janeiro e São Paulo). São Paulo, 2005. Tese (Doutorado em História) — Universidade de São Paulo. São Paulo, 2005.

VAINFAS, Ronaldo. *Trópico dos pecados*: moral, sexualidade e inquisição no Brasil. Rio de Janeiro: Nova Fronteira, 1997.

VASCONCELLOS, Diogo de. *História antiga das Minas Gerais*. Belo Horizonte: Imprensa Oficial do Estado de Minas Gerais, 1904.

VASCONCELLOS, Sylvio de. *Vila Rica*: formação e desenvolvimento — residências. São Paulo: Perspectiva, 1977.

_____. Formação das povoações de Minas Gerais. In: LEMOS, Celina Borges (org.). *Arquitetura, arte e cidade*: textos reunidos. Belo Horizonte: BDMG Cultural, 2004. p.145-147.

VAUCHEZ, André. *A espiritualidade na Idade Média ocidental, século VIII a XIII*. Tradução de Lucy Magalhães. Rio de Janeiro: Jorge Zahar Editora, 1995.

VENÂNCIO, Renato Pinto. A infância abandonada no Brasil colonial: o caso do Rio de Janeiro no século XVIII. *Anais do Museu Paulista*, São Paulo, 1986/1987.

_____. *Infância sem destino*: o abandono de crianças no Rio de Janeiro no século XVIII. São Paulo, 1988. Dissertação (Mestrado em História) — Universidade de São Paulo, 1988.

_____. *Famílias abandonadas*: assistência à criança de camadas populares no Rio de Janeiro e em Salvador — séculos XVIII e XIX. São Paulo: Papirus, 1999.

_____. Família e abandono de crianças em uma comunidade camponesa de Minas Gerais: 1775-1875. *Diálogos*, v. 4, n. 4, p. 111-123, 2000.

_____. Infância e pobreza no Rio de Janeiro, 1750-1808. *História: Questões e Debates*, Curitiba, n. 36, p. 129-159, 2002.

VILLALTA, Luiz Carlos. *A torpeza diversificada dos vícios*: celibato, concubinato e casamento no mundo dos letrados de Minas Gerais (1748-1801). São Paulo, 1993. Dissertação (Mestrado em História) — Universidade de São Paulo, São Paulo, 1993.

_____. O que se fala e o que se lê: língua, instrução e leitura. IN: SOUZA, Laura de Mello e (org.). *História da vida privada no Brasil* — cotidiano e vida privada na América Portuguesa. São Paulo: Companhia das Letras, 1997. p. 332-385.

_____. *1789-1808*: o Império luso-brasileiro e os Brasis. São Paulo: Companhia das Letras, 2000. Coleção Virando Séculos

WEHLING, Arno; WEHLING, Maria José. *Direito e justiça no Brasil colonial*: o Tribunal da Relação do Rio de Janeiro (1751-1808). Rio de Janeiro: Renovar, 2004.

Este livro foi produzido nas
oficinas da Imos Gráfica e Editora na
cidade do Rio de Janeiro